茶가
일상

| **일러두기** |

- 이 책은 국립국어원의 표기법을 따르되, 독자의 이해를 돕기 위해 일부 용어는 관용적으로 널리 쓰이는 표현을 우선해 표기했습니다.
- 영화나 작품은 〈〉, 책은 『』로 표기했습니다.
- 차와 관련된 용어는 전문용어로 간주하고 되도록 붙였습니다.
- 이 책은 매일경제신문이 발간하는 경제월간지 『럭스멘』에 연재된 「김소연 기자의 영화로 보는 차 이야기」 칼럼을 바탕으로 제작했습니다.

茶가
일상

차 한잔에
이렇게 재미있는
역사
문화
예술
영화
스토리가?

김소연 지음

ART LAKE

목차

들어가며 | 차덕후 선배가 들려주고 싶은 이야기 8

1장   Cha는 뭐고 Tea는 뭐야? 6대 다류는 또 뭐야?

포르투갈이 계속 유럽 최강국이었다면 전세계가 cha라고 불렀을텐데… 19

2장   세계사를 바꾼 차 그리고 지극히 계급적인 차

호문소연_서양의 시대 연 아편전쟁, 미국의 시대 연 보스턴 티 파티 32
비포 선라이즈_프랑스 혁명보다 더 민주주의에 지분이 많은 차 42
애프터 양_"나는 가루차는 안 마셔요." 가루차는 불가촉천민? 50
   차 한잔에 담긴 스토리 1 하버드대 학생의 70~75%가 장남… 찻잎이 가장 먼저 나오는 싹이 최고? 57
겨우 서른_내가 로우티를 마실 사람은 아니잖아… 로우티와 하이티의 세계 60
고스포드 파크_"미안하지만 우유는 나중에 넣어요." 우유 먼저? 차 먼저? 66
   차 한잔에 담긴 스토리 2 밀크티에 설탕 두 스푼 팍팍 치는 당신은 노동자 계급… 71

3장   똑같은 차나무 잎으로 녹차도 보이차도 만든다고?
부제: 6대 다류의 세계

〈백차〉 3년 묵으면 약, 7년 묵으면 보물이라는 '백차'

마리 앙투아네트_중국 황제가 보내준 재스민꽃차… 알고보니 백차? 74
   차 한잔에 담긴 스토리 3 마리 앙투아네트만큼 옥죄어 외로웠을 공예차 79

〈녹차〉 중국에서 가장 비싼 차는 '보이차' 아니고 '녹차'

보보경심_"4황자님은 태평후괴, 8황자님은 일주설아…" 이게 다 녹차? 82
　　차 한잔에 담긴 스토리 4 녹차 우리는 방법 '상투법' '중투법' '하투법' 90
　　차 한잔에 담긴 스토리 5 태평후괴의 마을, 원숭이가 찻잎 땄다는 '후갱' 92

〈황차〉 녹차와 흑차 사이 그 어드메 즈음 '황차'

경주_그는 왜 아는 사람이 없다는 황차를 주문했을까 94
　　차 한잔에 담긴 스토리 6 그래도 '군산은침'과 '몽정황아' 정도는 100

〈청차〉 청차는 어쩌다 '우롱차'가 되었을까

벌새_상처받은 은희에게 영지 선생님이 말없이 따라준 우롱차 한잔 102
　　차 한잔에 담긴 스토리 7 우롱차는 내가 주인공이야 '대만차' 109
　　차 한잔에 담긴 스토리 8 우롱차라는 이름으로는 다 담을 수 없는 무이암차의 세계 111

〈흑차〉 티베트 사람들이 없으면 못 살았다는 '흑차'

거유풍적지방_운남성에서 만든 차가 어떻게 티베트까지… 114
　　차 한잔에 담긴 스토리 9 돈은 없지만 맛있는 차 마시고 싶어 ① 수유차 122
　　차 한잔에 담긴 스토리 10 '육안차'로 알려진 '안차' 124

〈보이차〉 보이차는 어쩌다 '비싼 차'의 대명사가 됐을까

커피 오어 티_오래될수록 풍미와 구감이 좋아진다는 보이차 126
　　차 한잔에 담긴 스토리 11 와인에 '로마네꽁티'가 있다면 보이차에는 '노반장(라오반장)' 132
　　차 한잔에 담긴 스토리 12 보이생차와 보이숙차가 다른 거라고? 140

4장 수식어 없이 그냥 'TEA'라고 하면… 그것은 홍차

빅토리아&압둘_여행 중 길거리에서도 꼭 즐겨야 한다는 애프터눈티 144
공작부인: 세기의 스캔들_최초의 가향 홍차 '얼그레이' 탄생의 비밀 150
　　차 한잔에 담긴 스토리 13 얼그레이는 내가 유행시켰어 '레이디 그레이' 158
안나 카레니나_'사모바르'에 물 끓이고 '레몬' 동동… 러시아 홍차 160
　　차 한잔에 담긴 스토리 14 1인당 차 소비량 전 세계 1위 튀르키예 166

5장 종주국은 중국이지만 꽃은 우리가 활짝 피웠어요

〈대만차〉 "홍차도 녹차도 아닌 우롱차로 승부할래요."

　차금_대만차 주인공은 나야 나~ '동방미인'   170
　　차 한잔에 담긴 스토리 15 대만 가시면 여기는 꼭!!! ① 드라마 〈차금〉의 실제 인물
　　강아신(姜阿新)이 살던 '姜阿新洋樓'   177
　음식남녀_그 차를 마시면 정말 기분이 좋아질까 '고산차'   182
　　차 한잔에 담긴 스토리 16 대만 가시면 여기는 꼭!!! ② 영화 〈음식남녀〉에서 오천련이
　　남자친구와 만났던 찻집 '쯔텅루'   187
　상견니_버블티는 '사계춘'으로 우려낸다는데… 대만 대차의 세계   190
　　차 한잔에 담긴 스토리 17 대만 가시면 여기는 꼭!!! ③ 나도 리쯔웨이처럼 외쳐볼까
　　'첸탕 웨이빙'   196

〈일본차〉 일본차에서 단 하나의 단어를 알아야 한다면 '센노리큐'

　리큐에게 물어라_일본 다도에 '와비사비' 미학 입힌 센노리큐   198
　　차 한잔에 담긴 스토리 18 교토에서 센노리큐 흔적을 찾아나서다   203
　비긴어게인_사무라이들이 전쟁 나갈 때 마셨던 '말차'   208
　몽화록_말차의 기원이 된 그 차, 송나라 라떼아트   216
　　차 한잔에 담긴 스토리 19 일본 차가 여기서 시작됐다고? 중국 절강성 경산사   222
　나기의 휴식_말차는 일본차의 2%, 나머지 98%는? 증청녹차   224
　　차 한잔에 담긴 스토리 20 돈은 없지만 맛있는 차는 마시고 싶어 ② 호지차   228

〈인도차〉 그리고 스리랑카차 우리 없었으면 영국홍차는 없었다.

　다즐링 주식회사_인도차의 진짜 주인공 '다즐링티'   230
　　차 한잔에 담긴 스토리 21 돈은 없지만 맛있는 차는 마시고 싶어 ③ 마살라짜이   238
　추격자_세계 3대 홍차 나야 나~ 실론 우바홍차   240
　　차 한잔에 담긴 스토리 22 실론티의 아버지 '토마스 립톤'   246

〈케냐차〉 케냐는 커피의 나라? No! 茶의 나라

　아웃 오브 아프리카_전 세계 홍차 수출 1위 국가는 인도 아닌 '케냐'   248
　　차 한잔에 담긴 스토리 23 케냐식 밀크티 '차이(Chai)'   253

6장 아직 끝나지 않은, 그리고 또 재미있는 이야기

매디슨 카운티의 다리_"라면 먹고 갈래요?" 이전에 "아이스티 한잔하실래요?" 256
타샤 튜더_허브티는 차가 아니래요… 차를 대신하는 대용차의 세계 262
오페라 나비부인 & M. 버터플라이_시누아즈리와 자포니즘은 또 뭐길래 268
　차 한잔에 담긴 스토리 24 서양 자기의 원류가 된 드레스덴 그리고 마이센 274
집으로 가는 길_상처 회복하고 불완전함 즐기는 퍽퍽한 시대의 위안 '킨츠기' 美感 280
　차 한잔에 담긴 스토리 25 나도 해볼까 '킨츠기 멍' 288
적벽대전_"더 끓이면 물이 늙어 마실 수 없어요" 어쩌면 다구보다 더 중요한 물 290
러브 사라_'세상의 모든 디저트' 맛보고 싶은 당신 '세상의 모든 tea' 꿈꾸는 당신… 296

맺으며 | 그리고 매일매일 좋은 날
　일일시호일_그 작은 것들이 모여 그려진, 매일매일 소중했던 내 인생 302

칼럼 페이지 307
참고문헌 309

| 들어가며 |

차덕후 선배가 들려주고 싶은 이야기

장면 1

"다기도 다 최고급이더라고요. 하지만 비싼 게 꼭 좋은 건 아니죠. 잘 아는 사람들은 한눈에 디테일에 문제가 있다는 걸 알았을 거예요. 바로 저 식탁에서 애프터눈티를 마신 거죠. 원래 애프터눈티는 영국 왕실의 부인이 처음 시작한 건데 하이티와 로우티로 나뉘어요. 하나는 부인들을 위한 거고, 다른 하나는 평민을 위한 거죠." (구자)
"내가 로우티를 마실 처지는 아니잖아요?" (왕부인)
"진짜 귀족가의 사람들은 로우티를 즐겼어요. 여기서 말하는 하이와 로우는 테이블의 높이를 말하는 거예요. 여유 있고 한가로운 사람들은 낮은 테이블과 소파를 갖추고 애프터눈티를 즐겼죠. 높은 테이블은 평민이나 하인이 이용했어요. 서둘러 마시고 일을 해야 하니까요." (구자)

〈겨우 서른〉. 2020년 넷플릭스에 43부작 시리즈가 오르자마자 엄청난 화제를 불러일으켰던 중국 드라마다. 화려한 상하이 불빛 아래 오늘도 열심히 삶을 일구는 서른 살 세 친구 만니, 구자, 샤오친. 일도 연애도 가족 문제도 서툴고 어려운 게 많지만, 좌절하지 않고 희망도 놓지 않는다. 이제 겨우 서른이니! 못할 일이 뭐 있겠어!

최고급 주상복합아파트 1층 명품 매장에서 판매 사원으로 일하는 만니, 그 아파트 관리업체 직원으로 근무하는 샤오친, 외동아들을 명문 유치원에 보내기 위해 영끌해 그 아파트로 이사 온 구자. '겨우 서른'은 그 셋의 좌충우돌 생존기다.

오로지 아들의 명문 유치원 입학을 위해 무리해서 최고급 주상복합아파트로 이사한 구자였지만, 아들이 유치원 입학 인터뷰를 망쳐버리는 바람에 계획에 차질이 빚어진다. 대안을 고민하던 구자에게 동아줄처럼 나타난 사람이 바로 최고층 펜트하우스에 사는 왕씨 부인. 모네의 〈수련〉을 고흐의 〈수련〉이라 할 정도로 무식한 왕씨 부인이지만, 거실 한쪽을 다 채울만한 크기의 수련 그림을 턱턱 살 수 있을 정도의 재력가다. 게다가 왕씨 부인 남편은 그 명문 유치원에 매년 학생을 몇 명씩 입학시킬 정도로 영향력을 갖고 있는 인물. 그런 왕씨 부인 환심을 얻기 위해 구자는 직접 구운 케이크를 가져다주고, 왕씨 부인 모임 디저트도 만들어 주고 온갖 허드렛일을 마다 않는다. 그러나 왕씨 부인에게 구자는 그저 이용해먹고 팽~해도 상관없는 자신의 추종자 중 한 명에 불과할 뿐. 그런 왕씨 부인에게 구자가 대등한 입장에서 '서로 돕자'고 협상 카드를 내미는 계기가 된 것이 바로 왕씨 부인이 주최한 애프터눈티 파티다.

호화로운 식탁, 값비싼 다구, 근사한 디저트, 흥겨운 분위기… 파티는 겉으로는 성공적으로 끝난 듯 보이지만, 구자는 왕씨 부인이 애프터눈티의 유래도 모르고 정석도 모른다는 점을 꼬집어내며 자신이 왕씨 부인을 사교계의 중심이 될 수 있게 도와주겠다고 낚시찌를 내민다. 왕씨 부인에게 로우티와 하이티에 대해 얘기해준 후 구자는 이렇게 쐐기를 박는다.

"다른 여사님들의 오만함은 가문이 좋아서도 아니고 프랑스어를 할 줄 알아서도 아니에요. 아는 게 많아서 나오는 오만함이에요. 여사님이 가지신 게 제게 없듯, 제가 가진 걸로 여사님을 도울 수 있어요. 여사님이 모임의 중심에 앉게 해드릴게요."

이런 대본을 쓴 작가는 대체 누구일까. 로우티와 하이티의 개념을 정확하게 알고 있고 그 개념을 적재적소에 넣어 이렇게 멋진 에피소드를 만들어 내다니.

장면 2

워낙 호기심 많고 경험을 좋아하는 성정상 수많은 찻집과 차 판매점, 티룸, 티 오마카세 등을 찾아다녔다. 대부분 실망, 또 실망하면서도 "이번에는 혹시나?" 하며 새로운 공간을 기대하는 마음으로 찾아가곤 했다. 이제 감동은 바라지도 않는다. "이렇게까지 고객을 기만하다니…" 그런 곳만 아니었으면 할 뿐이다.

티 오마카세나 홍차 전문점에서 '퍼스트플러쉬'라는 단어를 종종 마주한다. 인도 다즐링에서 생산되는 홍차 중 첫물차를 '퍼스트플러쉬'라 부른다. 다즐링차는 인도홍차 생산량의 0.5%에 불과하고, 다즐링차 중에서도 '퍼스트플러쉬'는 첫물차로 가장 양도 적고 귀한 차이니, '다즐링 퍼스트플러쉬'는 서양 홍차에서 가히 최고의 차라 할 수 있겠다. (중국에서 생산되는 동양 홍차는 또 다른 세계다. 동양 홍차는 금준미 등 워낙 비싼 차가 많다.)

'홍차인 듯 홍차 아닌 홍차 같은 너'라고 이름 붙이고 싶은 퍼스트플러쉬는 아주 독특한 홍차다. 이름은 홍차지만 외양은 우리에게 익숙한 홍차색이 아니다. 찻잎 색부터 우려낸 차의 색상이나 맛 역시 홍차라기보다는 우롱차에 가깝다. 그래서 일각에서는 '우롱차 아니냐'라는 의구심을 쏟아내지만, 홍차 제다법으로 만들었기에 홍차로 분류해야 한다는 게 정설이다.

그런데 모 유명 홍차 전문점에서 '퍼스트플러쉬'라면서 내어 주는 것이 진한 붉은색 홍차. 심지어 차 맛도 떫기 그지없는 게 아닌가. 가격도 당연히 싸지 않고. 1인당 3만 5,000원에 6명이 참여하는 어떤 티 오마카세에서는 '이게 바로 퍼스트플러쉬 찻잎'이라고 보여주는데 온전한 잎이 아닌, 짜각짜각 잘린 형태 잎이었다. 우리가 자주 보는 틴 케이스에 들어 있는 서양 홍차는 짜각짜각 잘린 형태지만, 고급 홍차인 다즐링홍차, 그중에서도 더 고급인 퍼스트플러쉬는 당연히 짜각짜각 잘려 있지 않다. 짜각짜각 잘린 차는 고급 차가 아니니. 고급 차인 '퍼스트플러쉬'는 잎 전체가 온전한 '호울리프' 형태다. 도무지 '퍼스트플러쉬'라고 볼 수 없는 찻잎을 보여주면서 너무나 당당하게 "퍼스트플러쉬" 운운하는 모습에 기가 막힘을 넘어 화가 날 정도였다.

"퍼스트플러쉬인데 찻잎이 왜 이렇게 짜각짜각 잘려 있나요?" 질문하니 순간 당황하다 "사실 이게 올해 차가 아니고 작년 차인데

다 마시고 마지막 남은 부분 탈탈 털어서 가루가 많은가 봅니다." 하는 게 아닌가. 지난해 퍼스트플러쉬를 마시지 말란 법은 없다. 묵은 퍼스트플러쉬는 그 나름의 풍미와 아취가 있다. 그러나 퍼스트플러쉬는 향이 중요한 차인 만큼 이왕이면 향이 더 살아 있는 햇차가 정석이다. 그뿐인가. 그 순간 퍼스트플러쉬를 처음 알게 될 수많은 이들에게 이왕이면 제대로 된 퍼스트플러쉬 찻잎을 보여주고 맛을 보여주는 게 맞지 않을까. 퍼스트플러쉬가 고급이긴 하지만 그렇다고 가격이 어마무시하게 비싼 것도 아니다. 6명에게 차를 내어놓기 위해서는 찻잎 5g 정도만 써도 된다. 더욱이 저렴한 퍼스트플러쉬라면 원가 1,000원 정도만 해도 충분하다. 그럼에도 수많은 찻집과 티룸들이 그 정도 찻잎도 쓰지 않는다. "이게 맞나요?" "이건 좀 아니지 않나요." 이런 반응을 보이는 고객이 여럿 있다면 과연 그렇게 할 수 있었을까.

    그런가 하면 아예 처음부터 끝까지 거짓으로 일관하는 곳도 있었다. 차에 대한 설명이 계속 바뀌는가 하면(직접 무이산에 들어가 무이암차 만드는 법을 배워 만들어 온 차다 ⇒ 오랜 친분이 있는 무이산 현지 차농이 만든 차다 ⇒ 무이산에서 만들어 온 차다) 차부터 기물까지 말이 안 되는 내용을 줄줄이 늘어놓고 심지어 타오바오에서 2,000원이면 구할 수 있는 기물을 8만 원에 싸게 주겠다고 딜을 하다 하나같이 심드렁한 반응을 보이자 "그럼 얼마면 살 거예요?"라던 차상까지. 정말 차의 세계에는 수많은 거짓과 과장과 바가지가 난무한다.

장면 3
"형님이 좋아하는 차는?"
"태평후괴"
(중국 드라마 〈보보경심〉 中)

"홍차 주세요."
(2017년 개봉 한국 영화 〈더 테이블〉 中)

"홍차 주세요." 차 애호가로서 기가 막힌 주문 법이다. 샷 추가니 토핑 추가니 이런 건 열외로 하고 아아도 아니고 뜨아도 아니고 라떼도 아니고, "커피 주세요." 하는 것과 다를 바 없는 주문 법이다. 요즘 카페 가서 "커피 주세요." 했다간 주문받는 이가 눈이 동그래질 터.

커피는 열 발짝 앞서 있는데, 차는 여전히 "홍차 주세요." "녹차 주세요."면 끝이다. 하긴 커피 아닌 홍차 달라고 하는 게 어딘가만은. 그나마 홍차는 카페에서 가장 시킬 만한 차다. "보이차 주세요." "흑차 주세요." "황차 주세요."는 너무나 뜬금없을 터이니. 그런데 홍차도 그냥 '홍차'라는 건 없다. 〈더 테이블〉 속 카페 주인장은 과연 그녀에게 어떤 홍차를 내어줬을까. '얼그레이'였을까, '잉글리시 브렉퍼스트'였을까, 그것도 아니면 그냥 정말 이름 모를 홍차였을까. 이름 모를 홍차가 있을까 싶지만.

1990년대에는 "어떤 커피 좋아하세요?"라는 질문에 수많은 이들이 "헤이즐넛"이라고 천편일률적으로 답하곤 했다. 지금은 '콜롬비아 수프리모' '에디오피아 예가체프' '브라질 옐로우버번' 등 다양한 답변이 나온다. 가끔 '코피루왁(사향고양이가 커피 열매를 먹은 후 배설한 씨앗을 햇볕에 말려 볶아낸 커피)'을 말하는 이도 있고, 에스프레소 바가 인기인 요즘은 '더블 에스프레소'라고 답하는 이도 꽤 있을 터다. 심지어 최고 비싼 스페셜커피라는 '게이샤'를 얘기하는 이도 종종 본다.

차 애호가로서 "어떤 차 좋아하세요?"라는 질문에 "사봉용정을 제일 좋아하지만 비싼 데다 최상급 품질 차를 구하기 어려워 잘 못 마시니 안타깝다. 매년 5월 하동에서 녹차 명인이 정성스레 만든 우전을 공수받아 마시는 걸로 아쉬움을 대신한다." "바늘처럼 뾰족뾰족 길고 가는 은시옥로를 유리잔에 우려 마시면서 찻잎이 위아래로 흔들리며 몸을 펴는 장면을 바라보는 '차멍' 시간이 너무 행복하다." "마치 삶은 밤을 먹는 듯 구수한 향과 맛이 일품인 육안과편이 최고." 등등, 자신만의 세세한 취향이 한껏 녹아 있는 답변이 자연스러운 날이 하루빨리 오기를.

위 세 가지 장면은 이 책을 쓰게 된 기나긴 스토리의 시작입니다.

어릴 적부터 무언가에 빠지면 끝장을 보는 '덕후' 기질이 농후했습니다. 그런 제가 엄청나게 빠졌던 두 가지가 영화와 차입니다. 그 영화와 차가 절묘하게 만났습니다. 차에 빠지고 어느날부턴가 영화와 드라마를 보면서 차와 관련된 에피소드들이 눈에 띄기 시작했습니다. 그뿐인가요. 그냥 카페에서 "녹차 주세요." 주문하는 수준이 아닌, 무릎을 치게 만드는 에피소드가 절묘하게 스토리 안에 녹아 있는 그 장면들이 너무 놀라워 혼자만 알기 아깝다는 생각을 하게 됐죠. 차를 자유자재로 다양한 콘텐츠에 녹여내는 할리우드와 중국, 대만, 일본 등의 영화와 드라마는 정말 두 손으로 다 꼽을 수가 없습니다. 그래서 「김소연 기자의 영화로 보는 차 이야기」 칼럼을 (매일경제신문이 발간하는 경제 월간지 『럭스맨』에) 연재하게 됐고 그 칼럼이 이 책의 밑바탕이 됐습니다.

첫 번째 장면이 재미있는 스토리와 콘텐츠를 함께 나누고 싶은 순수한 열망이라면 두 번째, 세 번째 장면은 안타까움과 아쉬움에서 비롯된 열망입니다. 차를 알면 알수록 '말도 안 되는 차 업계의 엉터리 상술'이 차의 대중화에 제일 걸림돌이 되고 있다 싶었습니다. 보이차는 다 가짜고 너무 비싸다는 인식 때문에 차를 마시지 않는 사람도 수도 없이 많습니다. 먼저 오랫동안 차 생활과 공부를 하고 심지어 완전 '내돈내산'으로 수많은 차를 구입하고 경험하느라 어마무시한 시행착오를 한 선배로서 차에 막 관심을 가지기 시작한 후배들에게 하나하나 조근조근 스토리를 들려주어 그들의 시행착오를 조금이라도 덜어주고 싶다는 생각을 하게 됐습니다.

취향이 무한대로 세분화되는 시대. 차라는 취향은 이제 막 한 걸음 내디디는 단계입니다. 차에 대한 취향이 세분화되는 초입기에 조금 더 차에 대해 깊이 알고 싶어 하는 이들에게 차가 그냥 마시고 '땡'이 아니라 엄청나게 재미있고 다양한 스토리를 담고 있는 무궁무진한 '인문학의 보고'임을 들려주고 싶었습니다. 한결같은 그 마음으로 4년여 칼럼을 연재했고, 다시 다듬고 정리해서 원고를 마무리했습니다. '선배 차인이 후배 차인에게 줄 수 있는 최고의 선물'이란 평을 듣고 싶다는 마음 하나로 써 내려간 글들이 후배들에게 '콕' 다가가 닿을 수 있기를, 간절히 바라봅니다.

_ 2025년 10월 12일
필동에서

1장

Cha는 뭐고
Tea는 뭐야?
그리고 6대 다류는
또 뭐야?

포르투갈이 계속 유럽 최강국이었다면
전세계가 cha라고 불렀을텐데…

한국에서는 커피가 워낙 인기가 많지만, 전 세계적으로 커피보다 많이 소비되는 음료는 차다. 차를 가리키는 단어는 전 세계적으로 딱 두 가지다. Tea와 Cha. té도 있고 tee도 있고 chay도 있고 shay도 있지만 모두 tea나 cha와 유사하다. 어떻게 수많은 언어가 존재하는 전 세계에서 차를 지칭하는 단어가 딱 두 가지밖에 없을까?

차의 종주국이 중국이기 때문이다. 차(茶)라는 단어도 중국 만다린어에서 시작됐다. 차가 실크로드를 통해 중국 내륙에서 중앙아시아를 거쳐 페르시아까지 퍼지면서 그 길목에 있는 나라들은 모두 '차'라는 단어도 함께 받아들였다. chay, shay, chay 등의 단어가 생겨난 배경이다.

그럼 Tea는? 유럽 등에는 차를 육로로 보내기 어려웠다. 네덜란드 동인도회사는 복건성 항구 도시 샤먼(하문)에서 차를 배에 실어 유럽 등지로 보냈는데 복건성에서 주로 사용하는 민난(Min Nan)어에서는 차를 테(Te)로 발음했다. 그래서 차를 실은 배가 도착한 유럽과 아프리카, 인도네시아 등지에서는 지금도 차를 tea, tee, thee 등으로 부른다. 결국 육로로 갔느냐, 해상으로 갔느냐에 따라 이름이 달라진 셈이다.

　재미있게도 포르투갈은 유럽 국가임에도 'tea'가 아닌 '차'라고 부른다. 포르투갈은 바닷길이 아닌 육로로 간 것일까? 포르투갈 사람들도 바닷길로 가긴 했다. 그러나 그들이 도착한 항구는 샤먼이 아니라 마카오였다. 광동성과 맞닿아있는 마카오에서는 광동어 'ch'a'를 쓰고 있었고 그래서 포르투갈인도 '차'라고 불렀다. 문제는 포르투갈이 유럽 무역 패권을 오래 지키지 못했다는 것. 유럽 최강국 지위가 바로 네덜란드로 넘어가면서 네덜란드인이 사용한 'te'라는 단어가 유럽 전역에 퍼졌다. 포르투갈이 좀 더 오래 유럽 최강국 자리를 차지하고 있었다면, 어쩌면 오늘날 전 세계 사람들이 '차'라는 단어를 쓰고 있을지도 모르겠다.

　전 세계에서 차를 생산하는 국가는 64개국쯤 된다. 그중 생산량이 가장 많은 국가는 단연 차의 종주국 '중국'이다. 런던에 본사를 두고 연례 통계 회보(Annual Bulletin of Statistics)를 발간하는 국제차위원회(International Tea Committee, ITC)가 발표한 데이터에 따르면 2023년 전 세계 차 생산량은 660만 톤이다. 이 중 중국이 320만 톤으로 전 세계 생산량의 49%가량을 차지한다. 인도가 137만 톤 정도로 2위다. 3위는 아프리카 케냐. 60만 톤 정도 생산한다. 그다음이 실론티로 유명한 스리랑카. 이후 튀르키예, 인도네시아, 베트남, 방글라데시, 일본, 이란, 아르헨티나 등이 뒤따른다.

　중국은 생산량이 많은 만큼 수출도 제일 많이 한다. 그러나 전

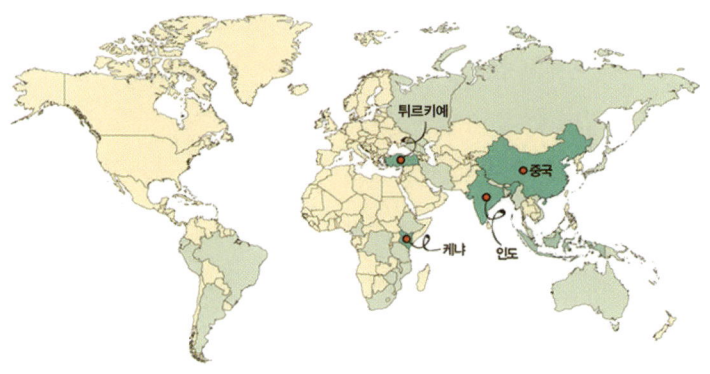

■ 색으로 표시된 중국·인도·케냐·튀르키예 등은 전 세계에서 차 생산량이 가장 많은 나라들이다. 색이 옅어질수록 차 생산량이 적다는 의미다.

세계 차 시장의 절반쯤 차지하는 홍차로 범위를 좁혀보면 또 상황이 달라진다. 세계 최고의 홍차 수출국은 어디일까? 중국도 아니고 인도도 아니다. 중국은 차 생산량의 60%가량이 녹차다. 홍차는 15%도 채 되지 않는다. 생산량의 대부분이 홍차인 인도는 생산량에서는 압도적인 세계 1위지만 생산량의 85%를 자국 내에서 소비한다. 수출할 수 있는 물량이 얼마 안 된다는 얘기다. 세계 3위 차 생산 국가 케냐는 생산량은 3위지만, 자국 내 소비는 5%에 불과하다. 95%를 수출한다는 의미다. 그래서 전 세계 홍차 수출 1위 국가는 케냐다. 2위 스리랑카, 그다음이 인도다.

생산국이 있으면 소비국도 있고, 수출국이 있으면 수입국도 있는 법. 2021년 기준 세계 최대 차 수입국은 의외로 파키스탄이다. 차를 많이 마시지만 파키스탄에서 차가 생산되지는 않으니 그럴 듯. 2020년 무려 6억 4,000만 달러어치 차를 수입했다는 파키스탄은 화폐 가치 하락과 인플레이션 등으로 국가 경제가 어려워지면 정부가 나서 국민에게 "하루 차를 한두 잔씩만 덜 마셔달라."라고 부탁하기도 했다. "기름 한 방울 안 나는 나라에서 석유 값이 폭등하는 요즘 자동차는 집에 두고 대중교통을 이용하자."라는 어디선가 자주 듣던 말과 비슷하다.

2위는 미국, 3위는 러시아다. 홍차의 나라로 유명한 영국은 의외로 4위에 그친다. 5위는 홍콩이다.

차 시장이 가장 크고 소비량이 가장 많은 나라도 중국이지만, 1인당 차 소비량으로 따지면 얘기가 또 달라진다. 중국은 차 시장이 크지만 인구가 워낙 많다 보니 1인당 차 소비량에서는 순위가 확 떨어진다. 1인당 소비량이 가장 많은 나라는 연간 1인당 차 소비량 3.16kg을 자랑하는 '튀르키예'다. 그렇게 소비를 많이 하는데 왜 수입국 리스트에는 이름이 없냐고? 튀르키예는 소비량의 대부분을 자체적으로 생산한다. 연간 차 생산량이 24만 톤 수준인데 그 물량을 수출은 하나도 하지 않고 오롯이 자국 내에서 전부 소화한다. 그다음이 아일랜드, 영국, 러시아, 그리고 '모로칸 민트티'로 유명한 모로코다. (2019년 기준)

전 세계 차 시장에서 가장 많이 생산되고 소비되는 차는 단연 홍차다. 전 세계 차 시장의 55~60%를 차지한다. 녹차가 25~30%로 그다음이다. 홍차는 전 세계인이 골고루 마시는 반면, 녹차는 마시는 지역이 한정되어 있다. 중국, 일본, 한국 등 아시아권에서 주로 마신다. 그다음이 우롱차로 5~7% 정도 된다. 백차, 흑차가 각각 2%쯤. 황차는 0.1%는 되려나? 아주 희소한 차라고 봐도 무방하다.

이 정도면 차 시장에 대한 대략적인 그림은 알게 된 셈이니, 이제 바로 본문으로? No No~ 꼭 알아야 할 게 또 있다.

'카멜리아 시넨시스'라고 들어보셨는지. 차의 학명이다. 좀 더 정확하게는 **Camellia sinensis** (L.) O. Kuntze다. (여기까지 온 역사가 있다. 1753년 스웨덴 식물학자 칼 폰 린네가 '이명법'을 적용해 **Thea sinensis (L.)** 이라는 이름을 발표했다. '이명법'은 속명과 종명을 함께 표기하는 방식이다. 앞에 나오는 속명 카멜리아는 대문자, 뒤에 따라붙는 종명 시넨시스는 소문자로 표기했다. (L.)은 린네를 의미한다. 1881년 독일 식물학자 쿤체가 **Camellia sinensis** (L.) O. Kuntze라는 새로운 학명을 발표한다. O. Kuntze는 오토 쿤체라는 이름이다.) 1953년 국제식물학회가 공식적으로 이 학명을 채택하면서 이게 차의 공식 학명이 됐다. 보통은 간단하게 줄여서 '카멜리아 시넨시스'라 부른다. 카멜리아 시넨시스는 무슨 뜻일까? 카멜리아는 동백나무, 시넨시스는 중국을 가리킨다. '중국의 동백나무'쯤 된다고 이해해도 무방하다.

차를 접하면서 가장 먼저 듣게 되는 단어가 '6대 다류'다. 차는 차나무 잎으로 만든다. 녹차나무, 홍차나무가 따로 있는 게 아니다. 똑같은 차나무 잎을 가지고 6대 다류를 만든다.

6대 다류는 무엇이고, 어떤 기준으로 나누는 것일까? 이것을 모르고 차를 마시는 것은 '앙꼬 없는 찐빵' 수준이 아니라 '설계도 없이 DDP를 지어보겠다고 나서는' 것과 다를 바 없다.

6대 다류를 구분하는 기준은 '제다 방식'과 '산화도'다. 산화는 찻잎 속에 들어있는 효소가 산소와 만나 이뤄진다. 녹차는 산화가 전혀 이뤄지지 않은 차다. 찻잎을 따자마자 솥에서 높은 온도에 덖어(살청) 효소를 '억제하기' 때문이다. 효소가 비활성화되면서 공기와 만나도 산화되지 않는다. 그래서 녹차를 '비산화차'라고 부른다.

백차는 산화도가 5% 정도 되는데 잎을 따서 그냥 말리는 자연건조 방식으로 만들어진다. 그냥 말려서 만드는 만큼, 가공 과정이 가장 간단하다. (이론적으로는 그렇다. 다만 차를 만드는 차농들 얘기를 들어보면 백차만큼 만들기 어려운 차도 없다나.)

산화도 10%가량인 황차는 녹차와 제다 방식이 거의 유사한데 녹차가 살청에 이어 유념(비비기)까지 한 후 건조 과정에 들어가는 데 반해, 황차는 유념 다음 '민황'이라는 과정을 거치는 게 특징이다. 민황은 유념까지 끝낸 찻잎 위에 살짝 종이나 천을 덮어주는 것을 가리킨다. 이때 살짝 산화되면서 녹차와는 또 다른 차가 만들어진다. 살청을 해서 효소를 비활성화시켰는데 어떻게 산화가 이뤄지냐고? 효소에 의한 산화가 아니라 일종의 자연산화다.

자연산화에 대해 조금 더 부연 설명. 녹차는 '비산화차'에 속하지만, 그렇다고 해서 산화가 전혀 일어나지 않는다는 뜻은 아니다. 정확히는 산화가 본격적으로 진행되기 전에 '신선한 상태'로 마시는 차다. 상미기간(가장 맛있게 마실 수 있는 기간)이 보통 12~18개월에 불과한 것도 이 때문이다. 시간이 지날수록 자연산화가 되면서 쩐내가 나기도 하고 맛도 이상해지기 때문이다. 다시 황차로 넘어가 보자. 황차는 '비빈 후 종이나 천으로 덮어 잠시 두는 과정에서 약간의 산화를 유도하는 차' 정도로 이해하면 된다.

산화도 15~85%로 스펙트럼이 엄청나게 넓은 청차는 종류가 300개를 넘어간다. 청차보다는 우롱차라는 이름으로 더 자주 불린다. 대만차 대부분이 청차에 속하고, 중국 복건성 무이산에서 생산해 무이암차라 불리는 대홍포, 육계, 수선 등도 다 청차다. 그런데 산화도를 마음대로 조절할 수 있냐고? 당연히 '마음대로' 조절할 수 있다. 청차는 찻잎을 딴 후 살짝 말리고(위조) 이후 '주청'이라는 과정에 들어간다. 주청은 다시 '요청'과 '정치' 과정으로 나뉜다. '요청'은 찻잎을 채반에 고루 펴서 일정 시간마다 흔들어 주는 것을 의미한다. 이때 찻잎이 채반과도 부딪히고 찻잎끼리도 부딪히면서 상처가 나고 찻잎 속 효소가 산소와 만나면서 산화가 이뤄진다. '요청'을 하고 나면 잠시 찻잎을 가만히 두는데 이를 '정치'라 한다. 이 과정을 여러 번 거치면서 원하는 산화도에 도달하면 살청을 해서 차가 더 이상 산화되지 않게 막아버린다. 이제 '산화도를 어떻게 조절하는지' 이해되셨을는지.

홍차는 거의 100% 산화된 차다. 어느날 중국에서 우연히 찻잎이 완전산화되면서 거무튀튀해진 상태의 찻잎이 발견됐다. 중국인이 이 이상한 차를 수출했는데 영국인이 열광하면서 세계적인 차가 됐다고 전해진다. 일각에서는 녹차를 수입했는데 배에 싣고 1년 정도 가다 보니 배 안에서 녹차가 산화돼 홍차가 됐다고도 얘기한다. 음~ 아무리 녹차가 산화되도 홍차가 되지는 않는다. 이상하거나 마시기 힘든 녹차가 될 뿐, 앞의 스토리가 더 맞아 보인다는 얘기다.

흑차는 6대 다류 중 유일하게 '산화'가 아닌 '발효'되는 차다. 다 만들어 놓고도 계속 발효된다는 의미에서 '후(後)발효차'라고도 한다. 흑차는 '악퇴'라는 독특한 과정을 거친다. 살청 ⇒ 유념 후 찻잎을 쌓아놓고 거기에 물을 뿌리고 온도를 높인다. 이때 고온다습한 환경을 좋아하는 미생물이 마구 달려든다. 그 미생물이 흑차에 붙어 살면서 흑차 성분을 발효시키는 원리다. 미생물이면 곰팡이? 곰팡이는 맞지만 걱정하지 마시길. 몸에 해로운 곰팡이가 아니라, 유익한 미생물이라 마셔도 괜찮다. 그 유명한 보이차 중 보이숙차도 흑차에 포함된다. '보이차는 오래 둘수록 좋아진다'는 얘기가 바로 '후발효' 되는 특징 때문에 나왔다. 보이생차는 그럼 어디에 속하냐고? 놀라지 마시라~ 보이생차는 제다 방법에 따르면 '녹차'에 속한다.

제다를 살청(덖기)으로 시작하는 차	
녹차	채엽-살청-유념-건조
황차	채엽-살청-유념-민황-건조
흑차	채엽-살청-유념-악퇴-건조
제다를 위조(시들리기)로 시작하는 차	
백차	채엽-위조-건조
청차	채엽-위조-주청(요청-정지)-살청-건조
홍차	채엽-위조-유념-산화-건조

다만 녹차와 보이생차는 차를 다 만들었을 때 남기는 수분 정도에서 차이가 난다. 녹차는 솥에서 덖어 만드는 덖음녹차와 증기로 쪄서 만드는 증제녹차로 나뉜다. 덖음녹차는 다시 솥에서 직열로 건조하는 초청녹차, 열풍으로 간접 건조하는 홍청녹차, 햇볕에 말리는 쇄청녹차로 구분한다. 보이생차가 쇄청녹차에 해당한다. 녹

차는 다 만들어진 차의 수분이 3% 정도 되는 데 반해, 보이생차는 12~13%까지 남긴다. 수분을 좀 남겨야 후산화가 이뤄지기 때문이다. 녹차는 신선한 맛을 즐기는 차라 가급적 후산화가 일어나면 안 되기 때문에 거의 수분을 다 날린다. 3%도 남기지 않고 다 날리면 안 되냐고? 그럼 차의 풍미가 완전히 없어진다는 설명이다.

"저는 아주 비싼 차를 마시고 싶어요. 6대 다류 중에서 가장 비싼 차는 뭐예요?"

6대 다류 중 어떤 차가 가장 비싸다고 단정 지어 말할 수 없다. 중국 경매 시장 판매 가격을 보면 전통적으로 최고급 녹차와 무이암차가 상대적으로 비싸게 팔리지만 그렇다고 "녹차와 무이암차가 가장 비싼 차"라고 얘기하기는 애매한 지점이 있다.

차 가격을 결정하는 몇 가지 기준이 있다. 첫째 싹인가 여부, 둘째 찻잎을 따는 시기, 셋째 물량, 넷째 희소성, 다섯째 고도, 여섯째 나무의 수령 등이다.

싹으로 만든 모든 차는 비싸다. 싹에는 겨우내 차나무가 몸속에 품고 있던 영양성분이 고스란히 응축되어 있다. 게다가 어린 찻잎이라 우렸을 때 맛이 훨씬 부드럽다. 영양성분은 더 많고 맛은 훨씬 부드러우니 더 고급으로 치고 가격도 더 비쌀 수밖에.

찻잎을 따는 시기도 어린잎과 관련이 깊다. 채엽 시기가 빠를수록 어린 찻잎을 따기 때문이다. 한국 녹차에서 가장 비싼 차는 우전이다. 곡우(4월 20일) 전에 찻잎을 딴다 해서 우전이다. 한국보다 더운 지역이 많은 중국은 청명(4월 5일) 전에 만든 명전차를 최고로 친다. 똑같은 명전차 중에서도 채엽 날짜가 빠를수록 가격이 비싸진다.

싹인가 아닌가와 찻잎을 따는 시기는 물량과도 연결이 된다. 싹이나 어린잎으로 차를 만들면 똑같은 품을 들였을 때 결과물로 나오는 차의 양이 훨씬 적을 수밖에 없다. 찻잎이 크면 만들어진 차의 양도 훨씬 많을 테니. 물량은 또 희소성과 직결된다. 희소하면 비싼 것은 당연한 이치다.

고도는 무엇? 고도가 높은 지역에서 딴 찻잎으로 만든 차가 더 비싸다는 의미다. 대만에 '고산차'라는 차가 있다. '고산(高山)'이라는 단어에서 바로 알 수 있듯, '높은 산에서 만든 차'를 가리킨다. 보통 1,000m 이상 해발고도에서 만든 차를 고산차라 부른다. 똑같은 차나무를 높은 지역에 가져다 심거나 높은 곳에서 자생하는 차나무 잎을 따서 차를 만들면 뭐가 좋길래 비싸냐고? 높은 산에는 운무가 꼈다 걷혔다 하는 현상이 자주 일어난다. 고지대에 심어진 차나무를 에워싸고 운무가 꼈다 걷혔다 하면서 일종의 독특한 '떼루아(작물 생산에 영향을 주는 토양, 기후 등 조건을 통틀어 이르는 말. 보통 와인을 두고 많이 사용하는 단어다.)'가 형성되는데, 그 떼루아의 결과 '산두운(山頭韻)'이라고 하는 독특한 고산차의 풍미와 정취가 생겨난다나. 낮은 지대에서 자란 차나무 잎으로 만든 차에는 없는 새로운 향미가 추가된 셈이니 역시 비쌀 수밖에.

마지막으로 나무의 수령. 보이차 중에서도 비싼 축에 속하는 고수차(古樹茶: 高가 아니라 古로 수령이 오래된 차나무를 의미한다)는 보통 100년 이상된 차나무로 만든 보이차를 가리킨다. 나무 수령이 오래된 덕분에 맛이 부드럽고 물질감이 좋다. 물질감이 좋다는 것은 와인으로 비유하면 바디감이 좋다는 의미다. 맛이 부드러운 것은 차나무가 나이를 먹어 힘이 빠져서 나타나는 결과다. 게다가 고수차는 대부분 높은 산에서 자생하고 있어 고유의 떼루아도 있다. 맛도 좋고 고유의 떼루아도 있으니 당연히 귀한 대접을 받지 않겠나. 무이암차 중 수선이라는 품종이 있다. 수선도 일반수선보다 노총수선이 훨씬 귀한 차로 인식된다. 수령이 50~60년 정도 되어야만 '노총수선'이라는 이름을 얻을 수 있다.

여기서 잠깐 상식. 보이차 고수차는 수령에 따라 소수, 중수, 대수, 고수, 단주 등으로 분류한다. 소수차는 수령 80년 미만, 중수는 80년 언저리, 대수는 80~100년, 고수는 100년 이상을 의미한다고 보면 대략 맞다. 단주는 원래 한 그루 나무를 가리켰다. 한 그루 나무에서 채엽한 찻잎으로 만들었다는 뜻인데 언제부턴가 '단주'라는 이름을 붙이려면 최소 300~500년 수령의 나무라는 의미가 덧붙여졌다. 나무 수령이 오래되어야 크기도 클테고 그래야 한 나무에서 채엽한 잎이 어느 정도 되어 그 한 그루에서 나온 잎으로만으로도 차를 만들 수 있을 테니, 나름 설득력 있게 들리는 내용이긴 하다.

cha와 tea에 대해서도 알게 됐고, 6대 다류도 알았고, 차 가격을 결정하는 요인도 알았으니, 이제 본격적으로 차에 얽힌 이야기를 시작해 볼까.

2장

세계사를 바꾼 차
그리고
지극히 계급적인 차

호문소연

청나라 도광제로부터 '아편 근절' 밀명을 받은 임칙서는 광동성에서 아편 2만여 상자를 압수해 1839년 6월 3일부터 25일까지 이 아편을 모두 소각한다. 이 장면을 일컫는 단어가 '호문소연(虎門銷烟)'이다. '호문'이라는 지역에서 '아편을 소각한다'는 뜻이다. 영화 〈호문소연〉은 바로 이 스토리를 그대로 담은 무협영화다. 도광제가 임칙서를 흠차대신으로 임명하고 광동성에 보내는 것으로 이야기가 시작한다. 물론 아편을 모두 소각하기까지 과정이 순탄치 않았을 터. 그 과정에 살을 입히고 복수 스토리를 덧붙였다.

여기서 잠깐 숨겨진 이야기 두 가지.

중국에서 제작한 영화인 만큼 영화는 일종의 '중국뽕'으로 마무리된다. 임칙서는 "아편이 없는 '안강성세'를 만들어 낼 거야" 다짐하고, 그가 일궈낸 작은 성공이 어떻게 중국 인민의 애국심을 일깨웠는지 중후한 글씨 자막이 주르륵 이어진다. 그러나 후세의 우리는 잘 알고 있다. 그 사건이 결국 '아편전쟁'으로 이어졌고 중국이 완벽하게 무릎을 꿇었다는 것을.

미국 역사상 최악의 마약으로 불리고 요즘 18~49세 미국인 사망 원인 1위라는 펜타닐. 펜타닐은 'China White'라고도 불린다. 펜타닐을 만드는 원재료 대부분을 중국에서 만들기 때문이다. 영국이 중국에 보낸 아편으로 인해 국부가 대거 유출되고 역사의 뒤안길로 물러나야 했던 중국이 펜타닐을 앞세워 서구 사회를 멸망의 길로 몰아가고 있다는 의미에서, 펜타닐 사태를 '제2의 마약전쟁'이라 부르기도 한다.

서양의 시대 연 아편전쟁, 미국의 시대 연 보스턴 티 파티

'세계 역사를 바꾼 茶?'

"말이 되나?" 반문하고 싶겠지만 진짜 그렇다. 차는 진정 세계사를 바꾼 주역이다. 중국이 알고 보니 '종이호랑이'였음을 만천하에 알려 서양과 동양의 무게추를 확실하게 돌려놨는가 하면, '잠자는 사자' 미국을 분노하게 해 패권국가 미국이 탄생하는 스토리 뒤에도 차가 존재한다.

아편전쟁 얘기를 하려면 당연히 영국 얘기부터 시작해야 한다. 1662년 '카타리나(영어로는 캐서린) 드 브라간사'라는 이름을 가진 포르투갈 공주가 영국 왕 찰스 2세와 결혼하기 위해 가지고 온 차 한 바구니가 영국을 '차의 나라'로 만들었다. 귀족들만 즐기던 차가 영국에서 널리 대중화된 계기가 있는데 바로 산업혁명이다. 산업혁명으로 도시에 공장이 대거 세워지면서 농촌에 살던 농민들이 일자리를 찾아 도시로 몰려들고 이들은 대부분 공장에 취직했다.

영국을 비롯한 유럽은 물에 석회석이 많이 섞여 있어 맛도 그

닥이고, 오래 마시면 담석도 잘 생겨 그런 이유로 수돗물을 그대로 식수로 쓰기가 쉽지 않았다. 유럽에서 일찌감치 와인과 맥주가 발달하고 술을 물처럼 마신 배경이다. 영국도 사정은 별반 다를 바 없었다. 이 같은 상황에서 산업혁명은 설상가상이 됐다. 산업혁명 이후 영국 도시에 엄청난 사회 문제들이 나타나기 시작했는데 가장 심각한 것 중 하나가 바로 물이었다. 특히 런던 템즈강은 소위 '똥물'이라 할 정도로 더러워졌다. 수도 정화 시스템이 거의 갖춰지지 않은 상태에서 엄청난 도시 쓰레기가 밀려들어 왔기 때문이다.

공장에서 일하는 이들에게 식수를 제공해야 하는 공장주들은 물이 마땅치 않다 보니 대신 맥주를 제공했다. 아침부터 맥주를 마시고 거나하게 취한 공장 직원들이 기계를 돌리면서 실수가 잦았다. 업무에 차질을 빚는 것은 물론 부상 사고도 만만치 않게 발생했다. 고민하던 공장주들이 찾아낸 대안이 바로 차다. 맥주 대신 차를 제공하면서 온갖 사고가 급감했다. 당연히 차를 원하는 수요가 급증했다. 당시만 해도 차를 생산하는 곳은 중국이 유일했으니 중국으로부터의 차 수입이 천정부지로 늘어난 것은 당연한 일이다.

당시 중국은 광동성에서만 외국과 교역을 할 수 있게 했다. 광동성에서 외국과의 무역을 담당하는 13가문이 있었는데 이들을 '십삼행'이라 불렀다. 중국과 무역을 하려면 무조건 십삼행을 통해야만 했다. 영국인을 비롯한 서양인은 십삼행이라는 독점 세력을 통해야 무역을 할 수 있는 것에 불만이 많았다. (뭐든 독점이면 가격도 비싸지니) 또 중국은 모든 물건에 대한 대가를 은으로만 받았다. 차 수입 물량이 어마어마해진 영국은 중국에 바치는 은이 너무 많아지자 무역적자를 줄이기 위해 고심했다. 중국에 영국 물건을 사 가라고 요구했지만 중국은 "오랑캐 물건 필요 없다."며 관심도 보이지 않았다. 중국으로 흘러 들어가는 은의 양을 감당하기 어려웠던 영국이 찾아낸 방법이 바로 아편 수출이다. 영국은 인도 벵갈 지방에서 재배한 양귀비로 만든 아편을 팔아 은을 다시 가져온다는 발상을 실행에 옮겼고 이 계획은 대성공이었다. 1780년 무렵 약 1,000상자에 불과했던 중국의 아편 수입량은 1830년에는 1만 상자, 아편전쟁 직전에는 4만 상자 정도로 늘어났다.

"다른 나라 사람들이 영국에 아편을 팔고 영국인을 부추겨 아편을 사서 피우게 한다면, 여왕께서도 크게 분노하시리라 믿습니다."

청나라 관리 임칙서가 영국의 빅토리아 여왕에게 보낸 편지에 나오는 문장이다. 청렴하고 강직해 '임청천(송나라 관리 '포청천'은 청백리의 대명사다)'이라 불렸던 임칙서는 관료로 봉직하면서 청나라가 점차 쇠퇴해 가고 있다는 사실을 알고 안타까워했다. 특히 당시 중국 내에 만연한 아편의 폐해를 절감하고 자신의 관할구역 내에서라도 아편을 근절하기 위해 노력했다. 임칙서가 아편을 증오한 데는 개인적인 배경도 있는데, 수재였던 형이 아편에 중독되어 요절했기 때문이다. 청나라 조정과 황제 도광제 역시 아편 문제의 심각성을 인지하고 있었다. 당시 청 조정에서는 아편을 일거에 근절하기는 어려우니 아편을 국산화하고 가격을 올려 점진적으로 막아나가자는 주장과 강력히 단

임칙서 초상화

속해 뿌리를 뽑아야 한다는 주장이 맞서고 있었다. 이때 도광제는 강력한 단속을 하는 쪽으로 방향을 잡고 그 일을 할 적임자로 임칙서를 선택했다. 임칙서를 흠차대신으로 임명하고 "아편을 뿌리 뽑으라."라는 명을 내린다. 흠차대신은 황제가 특정한 중대 사건을 처리하기 위해 임명하는 관직이다. 3품(品) 이상은 흠차대신, 4품 이하는 흠차관원이라 했다.

　흠차대신이 된 임칙서는 광동성으로 향한다. 당시 광동성이 유일하게 외국과 무역이 가능한 곳이었기 때문이다. 당연히 모든 아편이 광동성으로 들어와 중국 전역으로 퍼지는 구조였다. 임칙서는 광동성에 도착하기 전 미리 공문을 보내 "아편 무역을 중단하라. 밀매를 할 경우 재산을 몰수하고 사형에 처하겠다."라고 경고했다. 아편을 중국에 수출하던 영국 상인들은 코웃음만 쳤다. 뇌물 좀 찔러주면 문제가 없을 것이라고 판단했다. 그러나 완전 오산. 임칙서는 거침이 없었다. 위기감을 느낀 중국 쪽 상인들이 아편 1,000상자를 보냈다. 그러나 임칙서는 "숨긴 아편이 2만 상자가 넘는 것을 알고 있다."며 "모든 아편을 내놓으라."고 압박했다. 압박에도 말을 듣지 않자 이번에는 영국인 거주 지역을 봉쇄하고 물자가 드나들지 못하게 감시한다. 결국 식량마저 부족해지자 어쩔 수 없이 영국인들은 아편 2만 1,306상자(약 237만 근)를 내놓는다.

　임칙서는 1839년 6월 3일부터 25일까지 이 아편을 모두 소각한다. 이 장면을 일컫는 단어가 '호문소연(虎門銷烟)'이다. '호문'이라는 지역에서 '아편을 소각한다'는 뜻이다. 말 그대로 불태운 것은 아니다. 아편 폐기 방법을 고민하던 임칙서는 아편을 불태워 본 결과, 원래 양의 약 4분의 1 정도는 불타지 않고 녹는다는 것을 알았다. 녹아 나온 액체는 다시 아편으로 만들 수 있다. 아편을 완전 못 쓰게 할 방법을 찾다 아편이 석회와 소금에 약하다는 사실을 알게 됐다. 임칙서는 우선 해변을 막아 연못을 만들도록 지시했다. 바닷물이 담긴 연못에 잘게 자른 아편 덩어리와 석회를 같이 넣어 휘저어 녹인 후 연못 수문을 열어 바다로 흘려보냈다. 이 과정이 장장 23일 걸렸다. 석회가 물과 반응하면 열과 연기가 발생하는데, 그 연기가 나는 장면이 마치 아편을 태우는 것처럼 보여 '호문소연'이라는 단어가 생겨났다.

임칙서는 아편이 없는 '안강성세'를 꿈꿨으나 후세의 우리는 알고 있다. 그 사건이 결국 1840년 영국 함대가 광저우에 도착하면서 시작된 '아편전쟁'으로 이어졌고 전쟁에 패한 청나라가 영국의 모든 요구 조건을 다 받아들이며 항복했다는 것을. 심지어 1842년

아편전쟁 직전, 청나라 관리 임칙서가 광동의 '호문' 지역에서 아편을 소각했다는 의미의 '호문소연'을 그린 그림

8월에 맺어진 청나라 최초의 불평등 조약 '난징조약'으로 인해 홍콩마저도 영국 조차지(일정 기간 독점적, 배타적 지배를 설정한 토지)로 내놓아야 했다는 사실을. 그렇게 청나라가 이빨도 발톱도 아무것도 없는 '늙은 종이호랑이'였음이 만천하에 알려졌고,

아편전쟁	
날짜	제1차: 1840년~1842년 제2차: 1856년~1860년
장소	청나라 동부 해안
결과	서양 열강의 승리 불평등 조약 체결 제1차: 난징 조약 제2차: 베이징 조약, 톈진 조약

이후 중국은 서구 열강의 먹이로 전락했다. 그뿐인가. '호문소연'의 영웅 임칙서는 영국과 아편전쟁을 치르는 과정에서 임무를 제대로 수행하지 못했다는 죄를 받고 해임당했다. 이렇게 외피는 아편전쟁이지만, 그 뒤에 차가 있었다. 차로 인해 시작된 아편전쟁은 전 세계의 무게추를 동양에서 서양으로 확실하게 돌려놓는 계기가 됐다.

아편전쟁 때 영국 동인도회사 증기선이 청나라 정크선(목조 선박)을 파괴하는 모습

세계사의 무게추가 아편전쟁을 계기로 동양에서 서양으로 돌려졌다면, 서양 내부에서 그 무게추가 유럽에서 미국으로 돌려지는 계기가 되는 사건이 있으니, 바로 보스턴 티 파티와 그 뒤에 이어지는 미국 독립이다.

미국이 유럽을 제치고 전 세계 최고 열강으로 떠오른 시작점은 '미국독립전쟁'이다. 그 뒤안길에도 역시 차가 자리한다. 차의 역사를 논할 때 빠지지 않는 것이 '보스턴 차 사건(Boston Tea Party-보스턴 티 파티)'이다. 영어 단어인 '티 파티'라는 말만 놓고 보면 "보스턴에서 근사한 차 파티가 열렸나?" 싶지만, 실제로는 엄청난 소동이었다.

식민 지배를 받는 나라에서는 지배국의 유행이 그대로 퍼지기 마련이다. 인도 사람들이 홍차를 마시기 시작한 것도 영국인이 홍차를 즐겼기 때문이다. 미국도 다를 바 없었다. 1674년, 영국이 네덜란드로부터 뉴암스테르담을 빼앗아 '뉴욕'이라는 이름을 붙였을 때 이미 식민지 미국인들은 영국 전체 소비량보다 더 많은 차를 소비하고 있었다.

미국인이 차를 많이 마시자 영국은 꾀를 냈다. 프랑스와의 전쟁 등 이런저런 전쟁으로 재정이 힘들었던 영국은 1976년, 미국에 수출하는 일부 제품과 차에 일종의 식민지세를 부과했다. 심지어 차에는 100%가 넘는 세금을 매겼다. 미국인들은 정상적으로 관세를 내고 구입하는 대신, 세금을 내지 않아도 되는 네덜란드 동인도회사와의 밀수 거래를 선택했다. 미국인이 차를 사지 않으니 영국 동인도회사에는 차 재고가 나날이 쌓여갔다. 영국 동인도회사의 차 재고를 해결해야겠다 판단한 영국 정부는 차에 부과했던 과도한 세금을 대폭 낮추는 대신, '차 거래는 영국 동인도회사만 독점한다'는 새로운 규제를 만들었다. '자유'라는 가치에 목숨 걸었던 미국인은 엄청나게 분노했다. (사실 이는 외피였을 뿐, 이미 밀수를 통해 어마어마한 이익을 보고 있던 차 상인들이 기존 질서를 붕괴시키려는 시도에 분노했다는 게 일반적인 정설이다.)

이 같은 분노를 무시한 채 1773년 가을, 영국 동인도회사는 미국에 차를 실은 배를 보낸다. 그해 11월 28일 보스턴으로 차를 싣고 온 세척의 배 중 첫 번째 배가 보스턴 항에 입항했다. 보스턴 시민들은 차를 배에서 내리지 못하게 하고 24시간 감시했다. 그리고 12월 16일, 보스턴 항에 집결한 보스턴 시민들이 배에 실려있던 차를 바다에 다 던져버린 것이 바로 '보스턴 티 파티'다.

보스턴 티 파티 사건에 어마어마한 충격을 받은 영국 정부는 식민지 사람들 권리를 대거 규제하는 법안을 줄줄이 통과시킨다.

'보스턴 티파티'의 한 장면을 묘사한 E. Newberry의 판화, 1789. 뉴욕 공립 도서관

1774년, 영국은 보스턴 항구를 폐쇄하고 보스턴이 속한 매사추세츠 자치정부를 강제로 해산시켰다. 매사추세츠 자치정부가 갖고 있던 자치권을 회수하고 대신 영국 정부가 직접 통치하겠다고 나섰다. 이후 미국 지식인을 중심으로 독립에 대한 열망의 목소리가 커졌고, 그렇게 미국은 독립전쟁을 거쳐 결국 영국으로부터 독립했다. 독립 과정에서 '차'에 대한 반감이 높아진 미국 국민들은 이후 차 대신 커피를 마시기 시작했다. 마침 가까운 브라질에서 원두 생산량이 급증하면서 원두 가격이 저렴해진 것도 한몫했다.

지금 내가 마시는 것은 비록 '차 한잔'이지만 무궁무진한 스토리를 담고 있는 '차'라고 생각하면 허투루 여겨지지 않는다. 어디 차만 그러겠나. 어쩌면 우리가 잘 알지 못할 뿐, 수많은 식품과 상품과 이런저런 아이템이 모두 그럴 테다. 그게 어쩌면 역사, 예술, 문화 등 다양한 분야에 관심을 쏟고 공부하는 이유일지도.

🎬 비포 선라이즈

"오래된 부부는 서로 뭘 할지 뻔히 알기에 권태를 느끼고 미워한다고 했지? 내 생각은 반대야. 서로를 아는 것이 진정한 사랑일 거야. 머리를 어떻게 빗는지, 어떤 옷을 입을지, 어떤 상황에서 어떻게 말할 건지… 그게 진정한 사랑이야." (셀린)

"가장 낭만적인 사랑 이야기 영화 한 편을 꼽는다면?"

다양한 답이 나올 수 있겠지만 개인적으로 단연 〈비포 선라이즈〉를 선택하고 싶다. 파리 소르본느대학에 다니는 셀린(줄리 델피)은 여름방학 동안 헝가리 부다페스트에서 할머니와 시간을 보내다 개학을 앞두고 파리로 돌아가기 위해 유로스타 열차에 탑승한다. 그리고 스페인 마드리드에 유학 온 여자친구를 만나기 위해 유럽에 온 미국 청년 제시(에단 호크)가 있다. 그러나 제시가 맞부닥친 현실은 여자친구와의 아름다운 재회 대신 실연.

오스트리아 비엔나에서 출발하는 비행기를 타고 미국으로 돌아가기 위해 유로스타에 몸을 실은 제시는 우연히 기차에서 셀린과 만나 대화를 나누게 된다. 둘은 대화가 아주 잘 통했고, 마치 영혼의 단짝 같은 셀린에게 제시는 파리까지 가는 대신 자신과 함께 비엔나에서 내리자고 제의한다. 홀리듯 비엔나에서 제시와 함께 내린 셀린. 다음 날 아침 제시가 비행기를 탈 때까지 둘에게 남은 시간은 고작 하루 반나절과 밤을 거쳐 태양이 뜰 때까지의 짧은 시간. 그 시간 동안 둘은 비엔나 곳곳을 다니면서 사랑과 연애, 삶과 죽음 등 다양한 주제의 이야기를 나누며 사랑을 느낀다. 그리고 6개월 후, 비엔나역에서 재회하자며 헤어짐의 순간을 맞이한다.

'비포 선라이즈'가 수많은 젊은이들의 열렬한 호응을 얻고 30년이 다 되어 가는 지금까지 명작으로 추앙받는 것은 그저 '하룻밤 낭만적인 사랑 이야기'이기 때문만은 아닐 터. 둘의 끊임없이 이어지는 대화 속에 담긴 삶에 대한 진지한 태도와 성찰이 가슴 한 켠을 건드리기 때문은 아닐까.

프랑스 혁명보다 더
민주주의에 지분이 많은 차

'비엔나 홍보영화 아니야' 이런 생각이 들 만큼 비엔나 곳곳을 아름답게 그려낸 영화 〈비포 선라이즈〉를 보고 꼭 가보겠다며 버킷리스트에 넣어놓은 장소가 비엔나 대표 커피하우스 '카페 슈페를'이다. 셀린과 제시가 들어가 밤새 서로 대화를 나누던 바로 그 공간이다. 1880년에 문을 연 카페 슈페를은 지금도 꿋꿋하게 자리를 지키고 있고, 비엔나를 찾는 여행자들이 가장 가고 싶어 하는 장소 중 한 곳으로 유명하다.

카페 슈페를은 한때 유럽에서 유행했던 '커피하우스' 형태를 지금도 그대로 간직하고 있다. 비엔나는 커피하우스 전통이 아직도 남아있는 도시로 유명하다. 덕분에 비엔나 커피하우스는 2011년 유네스코 세계문화유산으로 등재됐다. 카페가 무슨 유네스코 세계문화유산까지? 커피하우스가 카페이긴 하지만, 요즘의 카페와는 살짝 결이 다르다. 고풍스러우면서 시간의 더께가 느껴지는 소파가 있는 것은 기본. 검은 정장을 입은 웨이터가 은쟁반에

제시와 셀린이 손전화를 하며 서로의 진심을 나누는 장소는 비엔나의 대표적인 커피하우스 '카페 슈페를'이다. 카페 슈페를에는 지금도 한편에 당구대, 신문스크랩 등이 놓여 있다.

서빙을 하는가 하면, 한쪽에는 스크랩한 신문과 잡지가 놓여있다. 구석에는 당구대와 체스판, 카드 게임판도 자리 잡고 있다. 그저 커피만 마시던 곳이 아니라 다양한 여가 활동을 즐겼던 공간임을 짐작해 볼 수 있는 단면이다.

'커피하우스'는 차의 역사에서 빼놓을 수 없는 단어다. 왜 커피하우스가 차의 역사에서? 커피는 9세기경 에티오피아에서 처음 마시기 시작했다는 게 정설이다. 예멘의 아덴항을 통해 전 아라비아반도로 퍼진 커피는 중동을 제패한 오스만제국에서 엄청 유행했는데 심지어 남편이 매일 일정량의 커피를 제공하지 못하는 것이 이혼 사유가 되기도 했다. 1475년 오스만 제국의 수도 콘스탄티노플(이스탄불)에 '키바 한(Kiva Han)'이라는 공간이 생겨났는데 '키바 한'은 세계 최초의 커피하우스로 알려져 있다.

오스만 제국의 한 커피하우스. 최초의 커피하우스는 1475년 오스만 제국 수도 콘스탄티노플(이스탄불)에 문을 연 '키바 한(Kiva Han)'이다.

커피 문화는 17세기 유럽으로 전파된다. 처음 유럽인들은 커피를 '이교도들이 마시는 음료'라며 꺼렸지만 교황 클레멘트 8세가 커피를 마셔본 후 "악마의 음료라기엔 너무 맛있으니 커피에 세례를 주겠다."고 한 이후 커피가 유럽에 널리 퍼졌다는 스토리가 전해 내려온다. 1629년 이탈리아 베네치아에서 유럽 최초로 커피하우스가 탄생했고, 1650년 유대인 무역상 제이콥이 옥스퍼드에 '카페 제이콥스'를 열었는데 이곳이 영국 최초의 커피하우스다. 뒤이어 런던에 10여 곳의 커피하우스가 문을 열고, 1700년경에는 런던에 3,000개가 넘는 커피하우스가 성황을 이뤘다.

수많은 커피하우스 중 1657년 런던 익스체인지 앨리에 문을 연 '개러웨이 커피하우스'는 처음으로 차를 취급했다. 개러웨이는

"동양의 근사한 음료 차는 만병통치약"이라 광고하면서 녹차를 내놓았다. 당시 포스터가 지금도 영국박물관에 보관되어 있는데 "오랜 역사와 문화를 자랑하는 나라들은 동양의 차를 두 배 무게의 은을 주고 수입하고 있다."라는 문구가 쓰여 있다. 차의 효능에 관한 설명도 자세하게 나와 있는데 두통, 결석, 괴혈병, 기억상실, 복통, 설사, 악몽 등의 증상에 효과가 있고 비만인 사람의 식욕을 억제하고 위장을 다스리며 폐병을 예방한다고도 되어 있다. 가히 '신비로운 만병통치약'이 맞아 보인다. 개러웨이가 대성공을 거두면서 런던의 커피하우스에서는 커피 대신 차를 주로 취급하기 시작했다.

런던의 커피하우스는 입장료 1페니만 내면 들어갈 수 있는 장소였지만, 남성만 출입할 수 있는 공간이었다. 커피하우스에 1페니를 내고 들어간 영국 신사들은 커피하우스에서 하루종일 시간을 보내며 다양한 주제의 이야기를 나누고 논쟁을 벌이곤 했다. 과학자와 지식인을 포함해 커피하우스에 다양한 신분과 직종의 사람들이 모이면서 정치인들이 자신의 정치적인 논리를 펴기 위해 가세하기 시작했고 그래서 '커피하우스 정치인'이라는 단어가 생겨났는가 하면, 커피하우스를 가리켜 '1페니 유니버시티(대학)'라 일컫기도 했다.

당시 커피하우스 운영자 중 한 명이 에드워드 로이드였다. 메리야스 공장 숙련공 출신 에드워드 로이드는 1687년 템즈강 부근에 커피하우스를 열었다. 로이드는 뱃사람들과 친했고 자연스레 뱃사람과 무역상인들이 로이드의 커피하우스에 자주 드나들었다. 그들은 바다 날씨와 만조 시간, 해적 출몰 지역, 나라별 특산품, 선박의 출항 및 도착 시간 등에 대한 정보를 주로 교환했는데, 그 모습을 본 로이드는 그런 내용을 칠판에 '로이드 뉴스'라는 제목을 달고 적어놓았다. '로이드 뉴스' 반응이 좋자 1696년부터는 '로이드 리스트'라는 이름으로 정보지를 발간하기에 이른다. 당시 걸핏하면 배가 난파하던 시절이라 로이드는 단골인 선주 몇 사람과 배가 항구에 무사히 도착할지를 두고 내기를 하곤 했다. 배가 무사히 도착하면 로이드가 돈을 따고 배가 가라앉으면 로이드가 그 손실을 물어주기로 했다. 이는 훗날 로이드 보험회사가 탄생하는 기반이 됐다.

소더비와 크리스티 같은 경매 회사도 시작은 커피하우스였다. 몇몇 커피하우스가 돈이 될 만한 여러 물건, 부동산, 골동품 등의 경매에 발을 담갔고 이후 경매로 특화된 커피하우스가 소더비와 크리스티의 전신이 됐다. 런던 증권거래소의 시초는 조나단 커피하우스다. 당시 런던에는 왕립거래소(Royal Exchange)가 있었다. 1696년 왕립거래소가 주식 중개인 출입을 까다롭게 하는 규정을 만들자, 주식 중개인들은 왕립거래소 대신 조나단 커피하우스에 모여 그날의 주식 시세와 각종 회사 정보를 공유하곤 했다. 여기서 존 캐스팅이라는 주식 중개인이 주식과 상품 가격을 칠판에 적기 시작했는데, 이게 최초의 주가 현황판이다. 이후 주식 중개인 150여 명이 클럽을 결성하고 조나단 커피하우스를 독점적으로 사용하는 계약을 맺었다. 조직이 날로 커지자 이들은 자금을 모아 새 건물을 짓고 '뉴 조나단'이라 이름 붙였다. '뉴 조나단'이 바로 런던 증권거래소의 모태다.

커피하우스는 민주주의가 꽃피는 자양분이 되기도 했다. 토론과 소통의 장이었던 커피하우스들이 앞다퉈 독자적으로 신문을 발행하기 시작한 덕분이다. 사람들이 모여 자유롭게 토론하고 비판하는 데 그치지 않고, 정치적인 논의를 거쳐 의견을 모으고 정부에 새로운 정책을 제안하는 것이 불편했던 찰스 2세는 1675년 12월, "1676년 1월 10일부터 영국의 모든 커피하우스를 폐쇄한다."고 공표했다. 그러나 영국 전역에서 항의 시위가 일어나는 등 저항이 워낙 거세자 1월 초 결정을 철회한다.

위정자들만 커피하우스를 불편해한 것은 아니다. 커피하우스가 남성만의 공간이다 보니 커피하우스를 출입하지 못하는 여성들의 불만도 거셌다. 1730년경에는 주로 도심에 있으면서 남성들의 전유물이었던 커피하우스 대신 남녀가 함께 차를 즐길 수 있는 장소인 '티가든'이 생겨난다. 티가든은 '가든'이라는 단어에서 유추해 볼 수 있듯 정원에서 티를 즐길 수 있는 곳인 만큼, 주로 런던 교외에 만들어졌다. 최초의 티가든은 '복스홀 가든스'인데 템즈강 남쪽, 복스홀 다리에서 동쪽으로 약간 떨어진 곳에 자리를 잡았다. 5월에서 9월까지 일요일만 빼고 매일 문을 연 복스홀 가든스에는 근사한 정원은 물론 중국풍 정자와 분수, 극장 등이 있었고 차와 함께 버터 바른 빵을 무료로 제공했는데 이걸 즐기기 위해 온 가족이 아침에 함께 오는 경우도 많았다고.

티가든에서는 단순히 차만 즐긴 게 아니라 산책길에서 산책도 하고 오케스트라 박스에서 열리는 연주회도 감상하고 불꽃놀이와 무도회를 즐기기도 했다. 예전의 '놀이공원'이었던 셈이다. 1859년

문을 닫은 복스홀 가든스를 아쉽게도 우리는 즐길 수 없지만, 여러 화가가 그린 그림을 통해 당시 풍경을 조금이나마 엿볼 수 있다.

An entertainment in Vauxhall Gardens in about 1779, by Thomas Rowlandson

🎬 애프터 양

2022년 6월에 개봉한 영화 〈애프터 양〉은 개인적으로 2022년 최고 영화로 꼽고 싶은 영화다. 한국계 미국인 영화감독 '코코나다'의 세 번째 영화다.(코코나다는 애플TV에서 방영한 드라마 〈파친코〉 감독이기도 하다.)

'애프터 양'의 4인 가족은 구성이 독특하다. 백인 아빠 '제이크'(콜린 파렐)와 흑인 엄마 '카이라'(조디 터너 스미스)는 중국인 여자아이 '미카'(말레아 엠마 찬드로위자야)를 입양한 후 미카의 정체성 형성을 돕고 미카를 돌봐줄 친구 겸 오빠로 중국인 남성 모습을 한 인공지능 안드로이드를 구입한다. 그 중국인 안드로이드의 이름이 바로 '양'(저스틴 H. 민)이다. 바쁜 부모 대신 미카를 살뜰하게 돌봐주는 양은 미카에게 친오빠 이상의 존재다. 어느날 양이 고장 나고, 고장 난 양을 고쳐서 꼭 자기 옆에 되돌려달라는 미카의 부탁에 제이크는 양을 고칠 수 있는 방법을 찾아 여기저기 헤매고 다닌다. 그 과정에서 양의 기억 장치를 발견하고 양의 기억을 엿보게 되는데….

그렇게 들여다본 양의 기억은 놀라움 그 자체였다. 양이 사랑했던 여인의 모습도 보인다. 근데 좀 이상하다. 안드로이드가 사랑을 한다고? 게다가 그 여인은 복제인간. 그 여인을 사랑하게 된 인연도 기가 막힌다. 이게 뭐지? 양의 지난날이 궁금해진 아빠는 양의 기억 속 여성을 찾아 나선다. 그렇게 만난 복제인간 '에이다.'

제이크는 묻는다.

"양이 인간이 되고 싶어 했나요?"

에이다가 대답한다.

"정말 인간다운 질문이군요. 왜 다른 존재가 다 인간을 동경한다고 생각하죠?"

"나는 가루차는 안 마셔요."
가루차는 불가촉천민?

'기억에 관한 가장 아름답고 독창적인 이야기'라고 극찬받는 영화 〈애프터 양〉에서 양의 기억을 엿보고 그 기억의 단서를 찾아 나선 백인 아빠는 특이하게도 중국차 가게 주인이다. 서양에서 중국차 가게라는 설정부터가 낯설다. 영화 초입, 한 손님이 들어온다.

"여기 가루차를 파나요?"
"우리는 가루차는 없어요. 잎차만 팝니다."

뜬금없이 나오는 잎차와 가루차 얘기를 하기 전에 잠깐 제이크에 대한 소개. 흑인 아내 '카이라', 입양한 중국인 딸 '미카', 안드로이드 '양'과 함께 '이상한 4인 가족'을 구성해 사는 아빠 제이크는 자신의 가족은 지극히 사랑하면서도 옆집의 복제인간 자매는 좋아하지 않는다. 옆집 가족과 친밀하게 교유하는 카이라도 못마땅하게 여긴다. 그뿐인가. 양을 끔찍이 생각하는 미카나, 미카만큼은 아니지만 그래도 양을 사랑하는 카이라와 달리, 제이크에게 양은 그저 '미카를 돌봐주는 도구'에 불과했다. 어쩌면 제이크는 '인간만이 인간과 함께 인간답게 살 수 있는 유일한 존재'라고 생각했던 걸까.

그런 제이크가 양의 기억을 따라가면서 조금씩 달라진다. 양의 기억을 엿보다 생각이 많아진 어느날, 제이크는 가루차를 물에 타서 마셔본다. 평생 쳐다도 보지 않았던 가루차를. 차에 관심이 없는 관객이라면 그냥 넘어갔을 이 장면을 '차 매니아'로서 '오호홋' 연신 감탄사를 내뿜으며 몇 번을 돌려봤다.

〈애프터 양〉 영화를 감독했을 뿐 아니라 각본까지 쓴 '코코나다'는 어떻게 가루차와 잎차의 비유를 들어 인간과 안드로이드, 복제인간의 얘기를 할 생각을 했을까.

가루차와 잎차가 대체 뭐길래? 가루차를 물에 타거나 잎차를 물에 우리면 똑같이 '마시는 차'가 되는 것이 아닌가? 완전 'No'다.

차나무 잎을 따서 말리고 덖어 만든 찻잎에는 등급이 존재한다. 잎을 일절 손상시키지 않고 고이고이 형태를 살려 만든 '호울리프(whole leaf)' 찻잎이 최고 하이퀄리티 찻잎이다. 찻잎을 잘게잘게 짜각짜각 자를수록 등급이 낮아진다. 호울리프 찻잎에서 조금 부서진 찻잎을 '브로큰(broken)'이라 하는데 이 '브로큰'이 두 번째 등급이다. 조금 더더더 잘라서 더더더 부서진 찻잎은 '패닝(fannings)'이라 하고 이게 세 번째 등급이다. 가장 낮은 등급은 가루 형태인 '더스트(dust)'다.

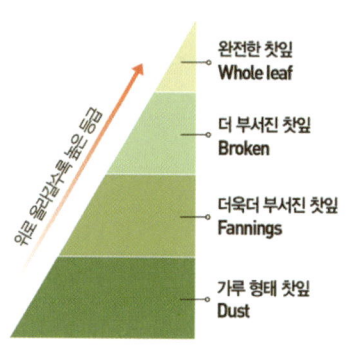

와인에 비교하면 '호울리프'는 부르고뉴 그랑크뤼 밭 수준, '브로큰'은 그냥 밭 수준, '패닝'은 마을 수준, '더스트'는 지역 수준이라 보면 이해가 쉬울지도. '호울리프'와 '브로큰'까지는 잎차로 팔리고 '패닝'과 '더스트' 등급 찻잎은 보통 티백으로 만들어진다.

가게를 찾아온 손님이 찾았던 가루차는 아마 '더스트'였을 테고, 제이크가 판다는 잎차는 분명 '호울리프'였을 터다. 제이크에게 인간은 호울리프고 복제인간과 안드로이드는 더스트쯤 됐을까.

주로 서양 홍차에서 이렇게 찻잎 등급을 나눈다. 동양 홍차를 비롯해 동양에서 즐겨 마시는 차는 '호울리프' 차가 대부분이다. 서양 홍차를 주로 마시는 서양에서는 가루차와 잎차 하면 바로 '계급적' 뉘앙스를 알아챈다. 그러나 가루차와 잎차에 대한 지식은 물론 사전 정보조차 별로 없는 동양인은, 영화 속에서 어쩌면 가장 중요할지 모르는 이 장면을 아무 생각 없이 그냥 흘려보낼 가능성이 높다.

서양 홍차를 얘기할 때 빠지지 않는 용어가 'CTC'다. 홍차에서 상당 비중을 차지하는 인도 아쌈차의 경우 차 캔이나 봉지에 '아쌈CTC'라고 표기된 경우가 대부분이다. CTC는 홍차 등급이 아니라 홍차 만드는 방식을 의미한다.

'CTC'는 'Crush(으깨고)' 'Tear(찢고)' 'Curl(휘마는)' 가공법으로 만들었다는 의미다. orthodox(오서독스) 방식이라 불리는 정통적인 홍차 제다 방식은 채엽 ⇒ 위조 ⇒ 유념 ⇒ 산화 ⇒ 고온건조 과정을 거쳐

CTC는 무엇?
Crush(으깨고)
Tear(찢고)
Curl(휘마는)

이뤄진다. 이 때 유념은 기계로 이뤄지고, 산화는 유념한 차를 잠시 펼쳐놔서 산화가 될 시간을 주는 것을 의미한다. CTC는 이 중 유념 과정을 CTC 기계로 진행하는 방식을 의미한다. CTC 공법으로 만들어진 차는 알갱이가 동글동글해진다. CTC는 품질이 일정하지 않은 찻잎을 한데 섞어 일정한 품질의 찻잎을 대량으로 만들고 결과적으로 가격도 낮추기 위해 고안된 가공법이다.

CTC 용법으로 가공된 찻잎은 당연히 잘게 으깨져 있다. 이 지점에서 CTC는 고급차가 아님을 알 수 있다. 아쌈차는 인도에서 생산하는 홍차 중에서도 저렴한 축에 속하는 만큼, 대부분 CTC 용법으로 만든다. 아쌈차의 90% 정도가 CTC 방식으로 만들어진다. 최고급 인도홍차로 꼽히는 다즐링차는 당연히 대부분 '호울리프'를 살려 만든다.

이 지점에서 질문. 찻잎을 따서 찻잎 형태를 그대로 살려낸 '호울리프'로 만들면 비싸게 팔 수 있을 텐데, 굳이 왜 찻잎을 짜각짜각 잘라 싸게 팔까. 물론 '호울리프' 형태로 팔면 훨씬 이윤이 높아질 것은 누구나 다 아는 사실이다. 그러나 사람이 따거나 기계가 채엽하거나 어느 경우라도 모두를 '호울리프' 형태로 딸 수는 없다. 호울리프를 먼저 골라낸 후 나머지 부서진 찻잎을 모아 낮은 등급 차를 만들 수밖에 없다. 기계로 채엽하면 사람이 딸 때보다 훨씬 부서진 잎이 많을 터다. 다만 기계 채엽의 경우 사람이 따는 것보다 훨씬 원가가 적게 들어가는 데다 대량으로 잎을 수확할 수 있다. 더 싼 가격에 팔아도 채산성은 충분하다. 게다가 워낙 수요가 많은 홍차는 일일이 수공으로 만들면 그 수요를 다 댈 수 없다. 당연히 오래전부터 기계 채엽이 일반화됐고 그 과정에서 자연스레 찻잎 등급이 나뉘었다. 그뿐인가. 차는 농산물인 만큼 재배하는 곳의 환경에 따라 맛과 품질이 180도 달라진다. 대량생산 해야 하는 입장에서 여러 지역 차를 한데 모아 일정한 맛과 품질의 차를 만들어 내야 하는데, 이때 짜각짜각 잘라서 마구 섞어야 훨씬 균질한 맛과 품질을 구현하는 데 유리하다.

'호울리프' 중에서도 또 등급이 나뉜다. 싹이나 어린잎으로 만든 차일수록 등급이 높고, 더 자란 찻잎으로 만든 차일수록 등급이 낮다.

'SFTGFOP' 'FTGFOP' 'TGFOP' 'GFOP' 'FOP' 'OP' 'P' 'PS' 'S'…

이것은 암호인가 무엇인가. 홍차 캔(보통 '티 캐디'라고 부른다)에 이런 뭔지 종잡을 수조차 없는 암호 같은 용어가 써 있는 경우를 보신 분이 꽤 있을 터다. 이 암호인지 뭔지는 바로 홍찻잎의 등급을 가리킨다. 가장 어린 싹인 TIP은 'Flowery Orange Pekoe'라 부른다. 그다음 작은 잎은 'Orange Pekoe', 세 번째로 작은 잎은 'Pekoe', 네 번째는 'Pekoe Souchong', 그다음은 'Souchong'이다. 여기서 퀴즈. 다섯 가지 중 가장 비싸고 등급이 높은 잎은? 당연히 'Flowery Orange Pekoe'다.

'SFTGFOP'은 'Special Finest Tippy Golden Flowery Orange Pekoe'의 약자다. 'Flowery Orange Pekoe'의 약자인 'FOP'만 되도 찻잎 등급이 꽤 높은데, 여기에 별별 수식어가 다 붙었다. 그래서 '글자가 길면 길수록 고급 등급'이라는 얘기도 나왔다. 'FTGFOP'

은 'Special'이 빠진 'Finest Tippy Golden Flowery Orange Pekoe', 'TGFOP'은 'Special'과 'Finest'가 빠진 'Tippy Golden Flowery Orange Pekoe'의 약자, 이런 식이다. 'P'는 'Pekoe' 'PS'는 'Pekoe Souchong' 'S'는 'Souchong'을 의미한다.

여기까지 OK. 그런데 어떤 차를 보니 이번에는 'FBOP'라 쓰여 있는 게 아닌가. 아니 'FOP'은 알겠는데 'FBOP'은 또 무엇? 여기서 'B'는 'Broken'의 'B다. 'FOP'급 찻잎인데 '호울리프'가 아니고 살짝 잘린 '브로큰' 등급이라는 의미다. 이 등급표기와 이름 읽는 법만 알아도 서양 홍차 캔에 쓰여있는 정보를 '거의 다 아는' 셈이다.

하버드대 학생의 70~75%가 장남…
찻잎도 가장 먼저 나오는 싹이 최고?

차 한잔에 담긴
스토리 1

마이클 샌델의 책 『정의란 무엇인가』에서 가장 기억에 남는 주제는 '능력주의'다. 일명 "능력과 노력에 걸맞게 보상과 대우를 받는 것은 공정한가?"라는 질문이다. 샌델 교수가 이 같은 질문을 던지자 강의를 듣던 대부분 학생이 "그렇다."고 답했다. "노력한 사람과 그렇지 않은 사람이 똑같은 대우를 받는다면, 누가 노력을 하겠느냐"며. 거기에 샌델 교수는 답을 하는 대신 질문을 하나 던진다.

"첫째인 사람 손 들어볼까?"

뜬금없는 질문에 다들 뜨악한 표정이지만, 한 명 두 명 손을 들기 시작했고 놀라울 정도로 많은 학생이 손을 들었다. 하버드 대학 보고서에 따르면 하버드대 학생의 70~75%가 장녀거나 장남이다. 샌델 교수는 꼭 장녀나 장남이 지적 능력이 뛰어나서라기보다, 부모들 대부분이 첫째 아이에게 훨씬 관심을 가지고 적극 지원하는 경우가 많기 때문이 아닐까 추정했다. 그러면서 다시 한번 질문을 던진다.

"당신이 장녀이거나 장남인 것은 당신들의 노력으로 일궈낸 게 아닙니다. 그 우연하게 얻어진 조건 덕분에 당신들이 뛰어난 성과를 만들어냈다면, 능력과 노력에 걸맞은 보상과 대우를 받는 게 공정하다고 과연 말할 수 있을까?"

인간 장녀와 장남이 더 뛰어난(?) 것처럼 놀랍게도 차도 장녀와 장남이 더 우수하다.

싹이 바로 차나무의 첫아이다. 싹에는 겨우내 차나무가 몸속에 품고 있던 영양성분이 고스란히 응축되어 있다. 한껏 겨울잠을 잔 차나무가 봄을 맞아 가장 먼저 나오는 싹에 모든 영양성분을 힘껏 밀어 올려준 덕분이다. 게다가 어린 찻잎이라 우렸을 때 맛이 훨씬 부드럽다. 영양성분은 더 많은 데다 맛은 훨씬 부드러우니 더 고급으로 치고 가격도 더 비싸다.

싹으로 만든 차에는 어떤 게 있을까.

세계에서 가장 비싼 홍차로 꼽히는 '금준미'가 대표적으로 싹으로 만든 차다. 금준미를 제일 처음 만든 업체는 중국 복건성 무이산 동목관에 위치한 '정산당'이다. 지금도 정산당이 판매하는 금준미는 50g에 20만 원 정도 한다. 물론 더 비싼 금준미도 수두룩하다. 보통 백화점에서 판매하는 캔 홍차가 캔 하나에 몇만 원 수준인 걸 감안하면 '헉~' 소리 날 만하지 않나. 백차 중 가장 비싼 '백호은침' 역시 싹으로 만든 차다. 싹으로만 만든 녹차도 여럿 있는데 '수미용아' '청하취아' '금산취아' 등 '芽(싹 아)' 자가 붙은 이름이 많다.

서양 홍차 중 다른 정보 하나 없이 'golden tip'이라고 씌어있는 홍차를 가끔 볼 수 있다. 'golden tip'이라고 써있으면 고급 홍차구나 생각해도 무방하다. 싹은 잎에 비해 상대적으로 엽록소가 적게 들어있다. 차를 산화시킬 때 엽록소가 적은 싹은 검은색으로 변하지 않고 금색으로 변화하는 경우가 많다. 금색이라 golden, 싹이라 tip이다. 'golden tip'이란 의미는 결국 '싹으로 만든 차'라는 의미다.

대만차 동방미인은 싹을 포함해 어린잎 2개 정도를 함께 따서 만든다. 일명 '1아2엽'이다. 정교하게 1아2엽만 따야 하니 기계로 딸 수 없고 사람 손으로 일일이 따야 한다. 그것도 아주 더운 6월에. 우리나라 6월

보다 훨씬 더운 대만의 6월이다. 동방미인이 대만차 중에서 가장 비싼 차가 된 이유를 어렴풋이라도 이해하셨을지.

세상에서 가장 비싼 홍차 '금준미'는 싹만 따서 만든다. 오른쪽은 완성된 금준미

🎬 겨우 서른

〈겨우 서른〉. 2020년 넷플릭스에 43부작 시리즈가 오르자마자 엄청난 화제를 불러일으켰던 중국 드라마다. 화려한 상하이 불빛 아래 오늘도 열심히 삶을 일구는 서른 살 세 친구 만니, 구자, 샤오친. 일도 연애도 가족 문제도 서툴고 어려운 게 많지만, 좌절하지 않고 희망도 놓지 않는다. 이제 겨우 서른이니! 못할 일이 뭐 있겠어!

최고급 주상복합아파트 1층에 위치한 명품 매장에서 판매 사원으로 일하는 만니, 그 주상복합아파트 관리업체 직원으로 근무하는 샤오친, 외동아들을 명문 유치원에 보내려면 그 주상복합아파트에 거주하는 게 도움이 된다는 얘기에 영끌해서 이사온 구자. '겨우 서른'은 그 셋의 좌충우돌 생존기다.

아들을 명문 유치원에 입학시키려는 구자의 원대한 계획은 그러나 아들이 입학 인터뷰를 망쳐버리는 바람에 틀어져 버린다. 대안을 고민하던 구자에게 동아줄처럼 나타난 사람이 아파트 최고층 펜트하우스에 사는 왕씨 부인. 모네의 〈수련〉을 고흐의 〈수련〉이라 할 정도로 무식한 왕씨 부인은 거실 한쪽을 다 채울만한 크기의 수련 그림을 턱턱 살 수 있을 정도의 재력가다. 게다가 왕씨 부인 남편은 그 명문 유치원에 해마다 몇 명씩 입학시키는, 어마어마한 영향력을 지닌 인물. 그런 왕씨 부인 환심을 얻기 위해 구자는 온갖 허드렛일을 마다하지 않는다. 그러나 왕씨 부인에게 구자는 그냥 이용해먹고 팽~해도 상관없는, 자신의 추종자 중 한 명에 불과하다.

그런 왕씨 부인에게 구자가 대등한 입장에서 '서로 돕자'고 협상 카드를 내미는 계기가 된 게 바로 왕씨 부인이 주최한 애프터눈티 파티다. 호화로운 식탁에서 값비싼 다구와 근사한 디저트로 서빙된 파티는 겉으로는 성공적으로 끝난 듯 보이지만, 구자는 왕씨 부인이 애프터눈티의 유래도 모르고 정석도 모른다는 점을 꼬집어내며 자신이 왕씨 부인을 사교계의 중심이 될 수 있게 도와주겠다고 낚시찌를 내민다.

내가 로우티를 마실 사람은 아니잖아…
로우티와 하이티의 세계

"다기도 다 최고급이더라고요. 하지만 비싼 게 꼭 좋은 건 아니죠. 잘 아는 사람들은 한눈에 디테일에 문제가 있다는 걸 알았을 거예요. 바로 저 식탁에서 애프터눈티를 마신 거죠. 원래 애프터눈티는 영국 왕실의 부인이 처음 시작한 건데 하이티와 로우티로 나뉘어요. 하나는 부인들을 위한 거고, 다른 하나는 평민을 위한 거죠." (구자)

"내가 로우티를 마실 처지는 아니잖아요?" (왕부인)

"진짜 귀족가의 사람들은 로우티를 즐겼어요. 여기서 말하는 하이와 로우는 테이블의 높이를 말하는 거예요. 여유 있고 한가로운 사람들은 낮은 테이블과 소파를 갖추고 애프터눈티를 즐겼죠. 높은 테이블은 평민이나 하인이 이용했어요. 서둘러 마시고 일을 해야 하니까요." (구자)

용어부터 어렵다. '로우티'는 무엇이고 '하이티'는 무엇인가.

'로우티' '하이티'는 애프터눈티 문화에서 나온 용어다. 1662년 영국 찰스 2세에게 시집온 포르투갈 공주 카타리나 드 브라간사가 가져온 차 한 바구니에서 시작된 영국의 홍차 문화는 이후 애프터눈티 문화로 화려하게 꽃핀다.

19세기 초 영국 귀족이나 상류 계층은 식사를 하루에 두 번만 했다. 오전 10시쯤에 아침을 먹고 오후 3시 전후에 근사하게 저녁을 차려 먹었다. 3시에 저녁을 먹으니 진짜 저녁이 되면 배가 출출했을 터. 그래서 7시경 '애프터디너티'라는 이름으로 간단히 차와 간식을 준비해 먹었다. 이후 생활 습관이 달라지면서 저녁 시간이 점차 늦어졌고 1850년경에는 7시 30분이나 8시까지 늦춰졌다. 이처럼 아침과 저녁 사이 시간이 길다 보니 그사이에 무언가를 먹어야 했고, 그렇게 점심이라는 개념이 생겨났다. 점심을 먹더라도 지금과 비교해 보면 저녁 시간이 늦긴 늦다. 그래서 오후, 더 정확하게는 오후 3~5시경에 차와 디저트를 챙겨 마시기 시작했고 이게 굳어진 것이 바로 영국의 '애프터눈티' 문화다.

애프터눈티가 정확하게 언제 누구에 의해 시작되었는지는 아무도 모른다. 다만 베드포드 공작 7세의 부인 '애나 마리아'가 애프터눈티를 유독 즐겼고, 그녀에 의해 영국 사교계에 널리 퍼졌다는 것이 정설이다.

다시 로우티, 하이티 이야기로. 단어 그대로 로우티는 하급 계층이 마시는 티, 하이티는 상류 계층이 마시는 티가 아닐까? 그런데 실상은 완전 거꾸로다. 로우티에서 '로우'는 높이가 낮은 테이블을 가리킨다. 하이티에서 '하이'는 높은 테이블을 의미한다.

호텔 라운지에 가면 높이가 낮아 식사하기는 어렵고 커피나 위스키 한잔 즐기기에 괜찮은 테이블이 즐비하다. 그 테이블이 바로 예전부터 귀족들이 차를 즐기던 '로우티'의 그 로우 테이블이다. 하인들이 낮은 테이블에 차를 서빙하면 귀족들은 잔을 들어 올려

최근 낮은 테이블을 갖춘 카페가 하나둘 생겨나고 있다. SNS에는 '요즘 카페 의자, 테이블 근황'이라는 유머러스한 '짤'도 많이 돌아다닌다.

왼손으로는 찻잔 받침을 잡고, 오른손으로 찻잔을 들고 우아하게 차를 마셨다. 차를 마시면 다시 낮은 테이블에 살포시 내려뒀다.

반면 '하이티'는 일반적인 식탁에서 식사를 하면서 차를 마시는 것을 의미한다. 빨리 식사를 마치고 시중을 들어야 했던 하인 계층이나 일반 평민이 '하이티'를 즐겼다. 상식적으로 생각해도 시중들어 줄 사람도 없고 내가 만든 음식 내가 서빙해 먹어야 하는데 낮은 테이블에 내려놓고 그 낮은 테이블에서 음식을 먹는 게 수월했을 리 없다. 바로 음식을 놓고 바로 앉아 먹고 일어나 바로 치울 수 있는 높은 테이블이 편했을 것이 너무 당연해 보인다.

하이티와 로우티는 테이블 높이만 다른 것이 아니라, 시간도 다르다. 진정한 애프터눈티를 의미하는 로우티는 당연히 애프터눈티 시간인 오후 3~5시경에 주로 이뤄졌다. 반면 하이티는 노동자와 서민이 하루 일을 마치고 집으로 돌아와 홍차와 함께 칼로리 높은 고기 등을 먹은 데서 유래한 만큼 주로 7시 이후 저녁 시간대에 진행됐다. 고기를 함께 먹는다 해서 '미트티'라고도 부른다.

결국 '로우티'는 일종의 간식 개념 휴식 시간을 의미하고, '하이티'는 티타임이라기보다 '저녁을 먹으면서 차를 즐긴 것' 정도로 정리해 볼 수 있다.

이 지점에서 다시 계급적인 단어가 등장한다. 귀족은 애프터눈티를 마시고 저녁 8시경 진짜 저녁을 먹었다. 이 저녁을 dinner 혹은 supper라 불렀다. 그중 supper는 좀 더 가벼운 저녁을 가리킨다. 그런데 노동자 계층이 귀족의 애프터눈티를 따라 저녁 7시경에 먹은 하이티는 애프터눈티라기보다는 그 자체로 저녁 식사였다. 이들은 그 저녁을 tea라고 불렀는데 그 문화가 지금까지 남아있어 저녁을 'tea'라고 하는 사람은 주로 하층 노동 계급 사람이라는 스토리다.

마무리는 '겨우 서른' 이야기로. 왕씨 부인에게 로우티와 하이티 이야기로 멋지게 한 방 날린 후 구자는 이렇게 쐐기를 박는다.

> "다른 여사님들의 오만함은 가문이 좋아서도 아니고 프랑스어를 할 줄 알아서도 아니에요. 아는 게 많아서 나오는 오만함이에요. 여사님이 가지신 게 제게 없듯, 제가 가진 걸로 여사님을 도울 수 있어요. 여사님이 모임의 중심에 앉게 해드릴게요."

하이티와 로우티를 구분하는 당신은 이미 '아는 게 많은 분' 반열에 들어섰다. 하이 소사이어티에 속해있는 것도 아니고 따라서 한껏 오만해질 것도 아닌데, 그깟 것 알아서 뭐 하냐고? 그렇다고 하이 소사이어티 용어와 문화까지 굳이 모를 이유는 없지 않은가.

이 지점에서 오카쿠라 덴신이 쓴 『차 이야기』 책의 첫 문장이 떠오른다.

"누구나 취미의 세계에서는 귀족."

고스포드 파크

1932년 1월 영국. 한눈에 봐도 수리가 하나도 된 것 같지 않은데다 뭔가 빈티 꼬질꼬질 나는 스산한 집에서 할머니가 나온다. 스러져 가는 집이지만 그래도 규모가 있는 데다 집사가 기다렸다 차 문을 열어주고 운전사도 옆에 하녀도 있는 걸 보니 귀족이다. 빙고. '트랜썸 백작부인'이다. 트랜썸 백작부인이 차를 타고 가는 곳은 '고스포드 파크'. 억만장자 맥코들 경의 집이다. 맥코들 경과 부인 실비아가 사냥 파티를 연다며 지인들을 초대한 것. 실비아의 두 여동생 부부, 맥코들 경 사촌이면서 미국에서 배우로 활동하고 있는 아이버, 아이버와 동행한 영화 제작자 등등 10여 명의 지인이 모였다. 이들을 따라온 시종들과 고스포드 파크에 원래 있는 수많은 하인들까지. 그야말로 고스포드 파크는 사람으로 넘쳐나며 북적댄다.

북적대는 와중에 묘한 질서가 엿보인다. 1층부터 위쪽으로는 귀족들의 공간. 초대받은 귀족을 따라온 하인과 시종은 앞문이 아닌 뒷문으로 들어가고 거처하는 공간과 생활 공간도 지하 1층부터 아래쪽이다. 이들은 시중들 때를 제외하면 가급적 1층 위로 올라가지 않는다. 아니 '올라가지 못한다'라는 표현이 맞으려나.

파티가 진행될수록 이들 간의 묘한 갈등 관계가 부각된다. 실비아의 숙모로 맥코들 경으로부터 생활비를 지원받고 있던 트랜썸 백작부인은 맥코들 경이 생활비를 끊으려 한다는 소식에 안절부절하며 그를 설득하려 한다. 백작부인뿐 아니라, 초대받은 이들 중 여러 명이 맥코들 경에게 부탁하거나 심지어 애원해야 할 것이 있다. 그렇게 긴장 수위가 높아지던 두 번째 날 밤, 맥코들 경이 서재에서 가슴에 칼이 꽂힌 채 쓰러진 모습으로 발견된다. 과연 범인은? 범인을 찾을 수 있기는 할까?

"미안하지만 우유는 나중에 넣어요."
우유 먼저? 차 먼저?

'홍차의 나라'면서 '애프터눈티 문화'를 활짝 꽃피운 영국은 철저한 계급 사회로도 유명하다. 이제 계급은 사라졌지만(?) 계급 문화는 지금도 여전하다. 미국식 영어에 비해 상류층 언어와 하층 언어가 여전히 명확히 구분되는 영국식 영어를 떠올려 보면 이해가 쉬우려나. 차와 관련된 단어와 문화에도 이러한 계급 문화가 고스란히 남아있다.

귀족과 하인들 세계를 대비해 그려낸 '고스포드 파크'니만큼, 당연히 계급 문화의 정수를 볼 수 있다. 대표적인 장면이 맥코들 경 사망 사건을 조사하기 위해 고스포드 파크에 온 톰슨 경위가 맥코들 경 부인인 실비아에게 차를 따라주는 장면이다.

살인 사건이 벌어진 서재에서 실비아에게 몇 가지를 묻기 위해 실비아를 부른 톰슨 경위는 뜬금없이 차를 따라주겠다며 잔에 우유를 붓는다.

"제가 따라드리죠."
(밀크피처에 담긴 크림을 찻잔에 따른다.)
"미안하지만 크림은(우유는) 나중에 넣어요."
"그러죠. 저도 항상 크림을 나중에 넣습니다."
"집사람이 크림을 먼저 넣다 보니… 그래야 소독이 된다나"

무슨 소독? 귀신 씻나락 까먹는 소리다. 이유가 있다.

영국에서 밀크티 마시는 방법은 두 가지, MIA와 MIF다. MIA는 'Milk in After'의 약자, MIF는 'Milk in First'의 약자다. 쉽게 말해 차를 먼저 넣은 다음 우유를 뒤에 넣을 것인가(MIA), 우유를 먼저 넣고 차를 뒤에 넣을 것인가(MIF)다. "그게 그거지, 뭐가 달라?" 싶으신가. 절대 '그게 그거지'가 아니다. '그게 그거지'라는 훌륭한 찻잔을 사용하는 현대인이기에 가능한 생각이다. (영국에서는 이게 국가적인 논쟁거리가 됐을 정도다. 결국 2003년 영국왕립화학회가 나서서 "고온살균우유는 별다른 차이가 없지만, 저온살균우유는 우유를 먼저 넣는 게 낫다."라고 교통 정리를 해주기도 했다. 물론 이는 MIA, MIF의 탄생 배경과는 전혀 상관없는 스토리다.)

도자기는 '도기'와 '자기'가 합쳐진 단어다. 900~1,000℃ 온도에서 구운 것을 '도기', 1,300℃ 넘는 고온에서 구운 것을 '자기'라고 한다. 더 높은 온도에서 구웠으니 그만큼 더 단단할 것은 당연하다. 고대 이래로 전 세계 곳곳에서 만들어질 만큼 도기는 만들기 쉽다. 그러나 얇으면서도 단단하고 투명하며 밝은 빛을 내는 데다 두드리면 맑은 소리를 내는 자기를 만들 수 있는 나라는 15세기까지도 중국과 한국이 유일했다. 일본은 16세기 임진왜란 때 조선 도공을 대거 끌고 갔고 이후 그들 덕분에 비로소 자기를 만들어 낼 수 있었다. 반면 유럽 사람들은 18세기까지 자기를 만들어 내지 못했다. 불 온도를 끌어올리는 방법을 몰랐고, 어떤 흙과 원료를 써야 하는지도 몰랐다. 유럽에서 자기를 만들기까지 유럽 귀족들은 중국과 일본으로부터 자기를 수입해 썼다. 자기 가격은 어마어마했고 자기를 보유했다는 것은 그만큼의 부를 지니고 있다는 것을 의미했다.

처음 귀족들만 마시던 차 문화는 산업혁명 이후 급속도로 평민에게까지 퍼져나갔다. 문제는 차를 마실 다구였다. 자기가 너무 비싸 평민들은 유럽에서 만든 도기에 차를 부어 마셨는데 차가 너무 뜨겁다 보니 종종 도기가 터져나갔다. 고민하던 이들은 찻잔에 미지근한 우유를 먼저 붓고 뜨거운 차를 그다음에 넣었다. 먼저 넣은 우유 덕분에 뜨거운 차를 부어도 차 온도가 자연스레 낮아져 도기가 깨지지 않았다. 그래서 나온 게 MIF, 즉 '우유를 먼저 넣은 후 차를 넣는' 방식이다. 당연히 비싸지만, 강도 높은 수입 자기를 사용하는 상류층은 찻잔이 깨질 염려 없이 뜨거운 차를 먼저 붓고 우유를 넣는 'MIA' 방식

요즘은 밀크티에 타르트 등 다양한 디저트를 곁들이지만 클로티드크림과 잼을 바른 스콘과 함께 서빙하는 게 정석이다.

으로 차를 즐겼다. 이런 문화는 유럽에서 자기를 만들어 낸 이후로도 계속 이어졌다.

　이제 실비아가 우유를 먼저 붓는 경위에게 "미안하지만 우유는 나중에 넣어요."라고 말한 이 장면의 의미를 이해하실는지. 더 나아가 1930년대 당시 경위는 평민 계층이었음도 짐작해 볼 수 있다. "집사람이 크림을 먼저 넣다 보니… 그래야 소독이 된다나" 이 문장을 보면 왜 크림을 먼저 넣는지도 모르고 그저 문화로 굳어져 있음을 알 수 있다.

　이런 스토리도 있다. 귀족 흉내를 내는 아가씨가 차를 대접하는데 컵에 우유 먼저 따르는 모습을 본 이들이 이 아가씨가 '귀족이 아님'을 간파한다나 어쨌다나~

밀크티에 설탕 두 스푼 팍팍 치는 당신은 노동자 계급…

차 한잔에 담긴
스토리 2

다시 〈고스포트 파크〉의 톰슨 경위와 실비아 장면으로 돌아가 볼까. 차 먼저 넣고 우유 넣은 다음 톰슨 경위가 또 한 번 묻는다.

"설탕?"

"아뇨."

영국에서는 전통적으로 사회적으로 하층이고 가난할수록 설탕을 많이 먹는다는 인식이 있었다. 이 같은 인식은 현대에도 여전하다. 영국에서 발간되는 '데일리 메일'이라는 신문이 있다. 2015년 9월 20일, 이 신문에 실린 기사 제목이다.

Two sugars in your cuppa? Then you are more likely to be in a low income bracket. (당신의 차에 설탕이 두 조각 들어갔다면 당신은 저소득층일 가능성이 높다.)

기사는 한 보고서의 설문조사를 인용했다. 조사 결과에 따르면, DE계층(전통적 노동 계층과 빈민층)은 36%가 차에 설탕을 넣는 반면, AB계층(전통적 중산층) 26%만 차에 설탕을 넣었다. 차에 설탕을 2개 이상 넣는 사람은 AB계층은 9%, DE계층은 19%다. 런던 사람 중 28%는 차에 우유를 넣지 않는다고 답했다. 영국 귀족문화의 정수를 맛보겠다며 애프터눈티 상차림을 근사하게 해놓고 가루홍차에 우유 잔뜩 붓고 설탕 팍팍 치는 장면이 뭔가 이상하다고 느낀다면 이제 당신은 '홍차의 계급성'을 정확하게 이해했다 봐도 무방하다.

그나저나 영국 하층계급은 어쩌다 이렇게 설탕 섭취를 많이 하게 됐을까. 원래 설탕은 아주 귀하고 비싼 식재료였다. 그래서 귀족들은 자신의 부를 자랑하기 위해 설탕을 가득 담은 설탕기를 테이블에 무심하게 올려놓곤 했다. 그러다 영국이 식민지인 카리브해 나라들에서 대규모 설탕 플랜테이션 농업을 진행하면서 설탕 가격이 엄청 싸졌고, 이제 귀족들은 값싸진 설탕을 처다보지 않게 됐다. 반면 노동자들은 열량 보충을 위해 설탕을 대량 소비하기 시작했다. 영양이 불량한 극빈층이 아이에게 잘 나오지 않는 젖 대신 설탕물을 줬다는 스토리도 전해진다. 하층계급이 마신 홍차는 싸구려 홍차였던 만큼 쓰고 떫은 맛이 강해 이 쓰고 떫은 맛을 가리기 위해 설탕을 많이 넣었다는 얘기도 설득력 있게 들린다.

그럼 영국 중산층과 상류층은 어떤 홍차를 주로 마셨고 마실까. 전통적으로 얼그레이에 우유도 설탕도 넣지 않고 마셨다. 얼그레이에서 얼(Earl)은 백작이다. '그레이 백작이 좋아하던 차'라는 의미의 이름이다. 백작이 마시던 차 정도는 마셔줘야 중산층이라 할 수 있으려나? 최근에는 다즐링 다원의 최고급 퍼스트플러쉬를 애프터눈티에 많이 곁들인다는 전언이다.

비슷한 맥락에서 영국에 'builder's tes'라는 차가 있다. 'builder'라는 단어는 묘한 어감을 지녔다. 최하층 노동자라는 뉘앙스가 들어있다. builder's tes는 건설노동자들이 건설 현장에 나가기 전에 전날 진탕 마신 술도 깨고 각성도 할 겸(그래야 사고가 나지 않을 테니) 진한 차에 설탕 여러 스푼 팍팍 넣은 차를 의미한다. 정말 대단한 영국이다.

3장

똑같은
차나무 잎으로
녹차도 보이차도
만든다고?

부제: 6대 다류의 세계

마리 앙투아네트

"빵이 없으면 케이크를 먹으면 되죠."

　이 한 문장으로 기억되는 그녀, 루이 16세와 함께 단두대의 이슬로 사라진 마리 앙투아네트다. 사실 이 문장은 역사상 가장 새빨간 가짜뉴스 중 하나다. 당시 프랑스에서는 외국 출신 왕비를 모략하고 음해하는 일이 많았다고. 비난을 퍼부을 희생양으로 프랑스 물정에 밝지 않고 철없어 보이는 외국 출신 왕비가 '딱' 걸린 셈이다.

　커스틴 던스트가 마리 앙투아네트로 열연한 영화 <마리 앙투아네트>에도 그런 내용이 가감 없이 그려져 있다. 마리 앙투아네트는 1755년 오스트리아 빈에서 황제 프란츠 1세와 마리아 테레지아 사이 열다섯 번째 자녀로 태어났다. 마리아 테레지아는 신성로마제국 왕가의 유일한 상속자였다. 그러나 여자는 신성로마제국 황제가 될 수 없었기에 마리아 테레지아의 남편 프란츠 슈테판이 명목상 황제로 즉위했다. 황제는 프란츠였지만 사실상 마리아 테레지아가 실권을 쥔 통치자였고, 전성기에 비해 한참 쇠약해졌던 오스트리아 국가 개혁에 성공해 지금까지 '오스트리아의 위대한 국모'로 불리운다. 프랑스에서 빈으로 유학 온 9살 연상 프란츠 공과 한눈에 반해 연애결혼을 한 마리아는 그러나 자녀들은 오스트리아를 위해 줄줄이 정략결혼을 시켰다. 특히 프랑스와의 불화를 종식시키기 위해 막내딸 마리 앙투아네트를 프랑스 루이 16세의 아내로 보냈다.

　영화 <마리 앙투아네트>는 바로 그날 이야기로 시작한다. 한눈에도 고급스럽게 꾸며진 침대에서 세상 걱정 하나 없이 잠들어 있는 금발 미녀의 얼굴이 클로즈업 된다. 막 잠에서 깨어 아직 제대로 정신도 차리지 못한 그녀에게 프랑스로 가라는 명이 떨어진다. 베르사유 궁전에 들어서는 마리 앙투아네트를 힐끔힐끔 쳐다보며 사람들은 수군댄다.

　"저 촌뜨기 오스트리아 공주가 프랑스 왕궁에서 얼마나 버텨낼 수 있겠어?"

| 백차 | 3년 묵으면 약, 7년 묵으면 보물이라는 '백차'

중국 황제가 보내준 재스민꽃차⋯ 알고보니 백차?

영화 〈마리 앙투아네트〉에 꽤 비중 있게 출연하는 '꽃을 피우는 차'는 찻잎 위에 말린 꽃을 올리고 전체를 실로 가볍게 묶은 후 증기로 찐 다음 말려서 만든다. 동그랗게 말려있다 물을 부으면 화려한 꽃이 피어난다고 해서 '공예차'라고도 한다. 꽃을 감싸는 찻잎은 주로 백차나 녹차를 쓴다.

'현미녹차' '우전' '세작'으로 유명한 녹차는 알겠는데 백차는 잘 모르겠다는 분이 많을 터. 백차는 6대 다류 중 가장 가공을 하지 않는 차다. 열을 가해 덖거나 비비기를 하지 않고 시들리기만 한 후 그대로 건조시켜 만든다.

'1년 묵은 백차는 차, 3년 묵은 백차는 약, 7년 묵은 백차는 보물'

차 세계에서 가장 흔하게 들리는 문구 중 하나다. 약을 넘어 보물이라고? 백차가 그렇게 대단한 차라고? 사실 가장 비싸고 귀한 차의 대명사는 백차가 아닌, 보이차다. 보이차는 중국에서 투자상품으로 여겨진다. 중국 보이차 거래소인 '동허'에서는 주식처럼 매일 변하는 보이차 종류별 시세를 볼 수 있다. 내가 10만 원에 산 보이차 A 시세가 200만 원이 될 수도 있고, 거꾸로 80만 원에 구입한 보이차 B 시세가 50만 원으로 떨어질 수도 있다. 거래소가 있는 만큼 환금성이 높은 보이차는 중국에서 선물을 넘어 뇌물용으로도 많이 활용됐다.

시진핑 정부가 이를 딱 겨냥했다. 시진핑은 중국 국가주석으로 취임하자마자 부패를 척결한다며 '공적비용 절감 3대 원칙'을 실시했다. 이와 관련 고급 차관 출입 자제, 보이차 선물 지양 등을 꼬집어 말했다. 이후 보이차 시장이 싸늘하게 얼어붙으면서 반사이익을 본 것이 백차였다. 중국 차 관계자들이 보이차 대신 백차를 밀기 시작했고 그렇게 백차 시장점유율이 올라갔다. 당연히 백차 생산량도 급증했다. 2012년도와 2020년을 비교하면, 중국 차엽 총생산량이 179만 톤에서 298.6만 톤으로 1.7배 늘어나는 동안 백차 생산량은 1.02만 톤에서 7.35만 톤으로 약 7.2배나 증가했다.

시중에서 백차를 자주 볼 수 있게 되면서 '1년 묵은 백차는 차, 3년 묵은 백차는 약, 7년 묵은 백차는 보물(일년차 삼년약 칠년보(一年茶 三年药 七年宝)'이라는 문장이 툭 튀어나와 유행하기 시작했다. 일각에서는 백차를 띄우기 위한 마케팅 문구 정도로 이해한다.

보물까지는 애매하지만, '약'이라는 게 아예 없는 말은 아니다. 백차는 6대 다류 중 제다 과정이 가장 간단하다. 자연 상태에서 그냥 말려 차를 만든다. 차의 차가운 성질이 그대로 남아있어, 뜨거운 물에도 우려 마시지만 주로 여름에 냉침(찻잎을 차가운 물에 한나절가량 넣어두었다 마시는 것)해서 마신다. 냉침한 백차는 특히 열날 때 열을 내려주는 효능이 있는 것으로 이름이 나 있다. 중국에서는 홍역이나 감기에 걸린 어린아이의 열을 내리기 위해 해열제를 먹이는 대신 백차를 마시게 했다. 말 그대로 "해열제가 없으면 백차를 마시면 되죠"다.

그뿐인가. 백차에는 폴리페놀의 일종인 카테킨이 6대 다류 중 가장 많이 들어있다. 폴리페놀에는 항산화 성분이 많다. 당연히 백차는 6대 다류 중 항산화력이 가장 강하다. '커피 대신 차를 마시면 노화가 늦게 온다'라는 말도 있는데 거기에 가장 적합한 차가 바로 백차인 셈이다.

수백 가지 종류가 있는 녹차와 달리 백차는 몇 가지 없다. 크게 백호은침-백모단-공미-수미 정도로 나뉜다. 백차 중에서도 최고봉인 '백호은침(白毫銀針)'은 어린싹으로 만드는데 어린싹은 보통 솜털로 덮여 있다. 백호은침이라는 이름 또한 솜털 때문에 붙여진 이름이다. 하얀 솜털이 송송하다 하여 白毫요, 은빛 바늘과같이 뾰족하다고 해서 銀針이다. 차의 가격을 높이는 요인 중 한 가지가 바로 싹으로 만들었는가다. 당연히 싹으로 만든 백호은침은 백차 중 최고 가격을 자랑한다.

백모단(白牡丹)은 잎과 싹을 섞어 만든다. 수미와 공미는 백호은침과 백모단을 고르고 남은 잎으로 만든다. 예전 백성들이 마시던 수미차를 맛본 황제가 호평했다나. 이후 백성들이 수미 중에서도 고급품을 황제에게 바치기 시작했고 그래서 '공미'라는 이름이 붙었다고 전해진다. '공물' 등에 쓰이는 단어 '공(貢)'은 '바친다'라는 의미다.

공예차도 꽃을 활용해 만든 차이긴 하지만, 전통적인 꽃차라 할 수는 없다. 전통적인 의미의 꽃차는 어떤 게 있을까.

중국의 대표적인 꽃차는 재스민차다. 중국 식당에 가면 늘 가장 먼저 내어주는 바로 그 차다. 2020년 기준 중국 전체 차 생산량의 3.8%를 차지하는 것으로 알려졌다.

재스민차는 국화차, 매화차처럼 재스민꽃으로 만든 차가 아니다. 엄밀하게 얘기하면 재스민향을 입힌 차다. 주로 녹차에 재스민향을 입힌다. 이 과정을 '음화'라 한다. 녹차에 재스민차를 뒤섞은 후 재스민향이 거의 다 빠지면 꽃을 걷어내고 다시 새로운 재스민꽃을 섞는다. 어떻게 녹차와 재스민 꽃잎이 섞인 상태에서 꽃잎만 거르는 게 가능하냐고? 찻잎만 빠지고 꽃은 걸러지지 않는 크기의 채로 거른다.

고급 재스민차는 이 같은 음화 과정을 7~8번 정도 거쳐 만들어진다. 가끔 고급 재스민차보다 저렴한 재스민차에서 재스민꽃 향이 더욱 강렬하게 날 때가 많다. 저렴한 재스민차는 재스민꽃 향기를 스며들게 한 것이 아니라, 만들어 낸 재스민향을 더했기 때문이다. 최근에는 재스민차 베이스로 백차를 쓰기도 한다. '말리은침왕(茉莉銀针王: 茉莉花는 재스민의 한자)'이라는 차가 있는데 백호은침을 베이스로 만든 재스민차다.

마리 앙투아네트만큼 옥죄어
외로웠을 공예차

차 한잔에 담긴
스토리 3

오스트리아에서 한참 마차를 타고 와서 프랑스 국경에 도착한 마리. 동행한 친구는 오스트리아로 돌아가야 한다. "프랑스 것이 아닌 것은 아무 것도 프랑스 안으로 들어갈 수 없다."라는 원칙에 따라 속옷부터 새로운 옷으로 갈아입혀지고 아끼던 애완견마저 빼앗긴다. 홀로 덩그러니, 그것도 자신을 향한 따뜻한 시선이라고는 한 움큼도 없던 프랑스 왕실에 '살려면 살고 죽으려면 죽어라' 식으로 떨어진 마리 앙투아네트. 비록 정략결혼이라지만 믿을 건 그래도 남편밖에 없었을 텐데, 엄청나게 내성적인 남편 루이 16세는 아내에게 별 관심이 없는 듯하다. 그뿐인가. 오스트리아 공주인 그녀에게도 베르사유 궁전의 예법은 숨이 막힌다. 게다가 아들을 낳으라는 압박은 상상을 초월한다. 특히 엄마 마리아 테레지아는 프랑스 주재 오스트리아 대사를 통해 수시로 편지를 보내는데 매번 내용은 "네가 아들을 낳아야 오스트리아와 프랑스의 관계가 견고해지고…블라블라~~~"다.

그럼에도 마리 앙투아네트가 오래도록 아이를 낳지 못하자 마리아 테레지아는 급기야 당시 신성로마제국 황제였던 아들 요제프를 마리아에게 보낸다. 천진난만하게 오빠를 반가워하는 동생에게 오빠가 하는 말도 역시 다를 바 없다.

"네가 아들을 낳아야 오스트리아와 프랑스의 관계가 견고해지고…블라블라~~~"

요제프가 도착한 날 환영 파티에서 마리는 요제프에게 다정하게 차를 한 잔 권한다.

"중국 황제가 보낸 차예요. 꽃을 잘 보세요. 재스민이에요."

마리가 오빠에게 대접한 차는 '꽃을 피우는 차'다. 동그랗게 말려있다 물을 부으면 화려한 꽃이 피어난다고 해서 '공예차'라고도 한다. 꽃 핀 모습이 워낙 화려해 한동안 선물용으로 각광받았다. 공처럼 동그란 공예차는 어떻게 만들까?

우선 찻잎 여러 장을 모아 밑동을 꽉 잡는다. 찻잎이 펼쳐진 위에 말린 꽃을 올리고 전체를 실로 가볍게 묶는다. 이후 증기로 쪄서 말리면 실을 풀어내도 동그란 형태가 유지된다. 이 동그란 차를 뜨거운 물에 퐁당 빠트리면 차가 물에 젖어 풀어지면서 찻잎 속에 숨겨져 있던 꽃이 피어나는 원리다.

왜 마리는 오빠한테 굳이 공예차를 내놓았을까. 오랫동안 나를 붙잡았던 질문이다. 각본가와 감독이 굳이 의미도 없는 그 장면을 단지 시간 때우고 눈을 즐겁게 하려고 집어넣었을까. 어쩌면 마리는 공예차를 보면서 외양은 한없이 아름답지만, 실상은 옥죄이고 쪼임을 당해 그저 처연한 자신의 처지를 떠올렸을지도 모르겠다.

　더할 나위 없이 화려하지만, 자연스러운 본연의 찻잎 형태가 아니라 실로 꽉 묶이고, 증기에 쪄지고, 이후 실을 풀어내고 나서도 자연스러운 원래 형태로 돌아오지 못하고 실로 꽉 묶여있던 때와 다를 바 없는 공예차. 마리도 안쓰럽고 공예차도 안쓰럽다.

　20여 년 전만 해도 중국 공항 면세점에 가면 가장 흔하게 마주칠 수 있는 차가 공예차였다. 지금은? 눈 씻고 찾아봐도 찾을 수가 없다. 실로 묶는 게 아니라 접착제를 쓴다나 등등 다양한 괴담도 떠도는데, 그 때문은 아닐까 혼자 그런 생각을 해본 적이 있다.

보보경심

이준기, 아이유, 강하늘 주연으로 인기를 끌었던 드라마 〈달의 연인-보보경심 려〉는 중국 드라마 〈보보경심〉이 원작이다. 역사적 사실에 상상력을 가미한 팩션(fact+fiction) 〈보보경심〉은 중국에서도 엄청난 인기를 끌었지만, 한국에서도 '보보경심 때문에 중드를 보기 시작했다'라는 이들이 많을 정도로 화제를 모았다.

현대의 한 여성이 어느 날 사고로 정신을 잃었는데 눈을 떠보니 청나라 강희제 때로 타임슬립이 되어 있고 자신은 귀족 여인이 되어 있는 게 스토리의 시작이다. 언니가 8황자의 아내였던 터라 자연스레 황실과 엮이면서 스토리가 펼쳐진다.

주인공 장효(류스스)는 귀족 여인 '마이태 약희'가 되고 강희제의 아들 14명 중 4황자, 8황자, 14황자와 깊은 인연의 끈으로 묶인다. 이 중 4황자는 훗날 옹정제가 된다.

한국 드라마 〈달의 연인〉에서는 고려 시대로 타임슬립해 '해수'라는 아가씨로 눈을 뜬 여주인공이 태조 왕건의 4황자로 훗날 광종이 되는 왕소와 '달의 연인'이 된다는 내용이다.

보보경심에는 유난히 차와 관련된 장면이 많이 나온다. 당시 중국 사람들이 차를 일상적으로 즐겼기 때문이기도 하지만, 주인공 약희가 하는 일이 궁에서 차 시중을 드는 일이었기에 자연스레 차와 관련된 에피소드가 종종 등장한다. 능력을 인정받아 차 시중을 총괄하게 된 약희는 "앞으로 기호에 따라 차를 올리라"고 명한다. 그리고 이렇게 덧붙인다.

"4황자님은 태평후괴, 8황자님은 일주설아, 9황자님은 어전용정"

| 녹차 | 중국에서 가장 비싼 차는 '보이차' 아니고 '녹차'

"4황자님은 태평후괴, 8황자님은 일주설아…" 이게 다 녹차?

"4황자님은 태평후괴, 8황자님은 일주설아, 9황자님은 어전용정"

    태평후괴는 무엇이고 일주설아는 무엇이고 어전용정은 또 무엇인가.

    차의 종주국이면서 한때 차로 전 세계를 쥐락펴락했던 중국에서 가장 많이 생산하고 소비하는 차는 무엇일까. 이런 질문에 "그 엄청 비싸다는 보이차?"하는 사람이 많지만, 땡~ 답은 녹차다. 2020년 기준 중국 차 생산량 중 녹차가 차지하는 비율이 61.7%다. 소비 비율은 50%가 넘는다. "중국인이 녹차를 제일 많이 마신다고? 중국 가면 어느 식당이나 재스민차만 엄청 주던데… 녹차는 본 적이 없는데…" 할 수도 있겠다. 실제 외국인이 중국에 가서 가장 자주 접하는 차는 아마도 재스민차일 터다.

    사실 재스민차가 전 중국에서 가장 많이 마신 차는 아니다. 재스민차는 주로 베이징을 중심으로 한 강북 지역(양자강 북쪽)에서 마셨다. 중국 전역으로 범위를 넓혀보면 중국인이 가장 많이 마셨고 지금도 중국에서 소비량이 가장 많은 차는 녹차다. 2022년 기준 약 55%에 달한다. 그런데 녹차의 주요 생산지는 강남(양자강 남쪽) 지역인 절강성과 안휘성이다. 녹차는 오래 저장하는 차가 아니다. 주로 생산한 그해 다 마신다. 그뿐인가. 녹차는 웬만하면 냉장 보관이 권장된다. 녹차는 햇차의 색과 맛을 즐기는 차인데 실온에서는 빨리 산화돼 그 성질이 변하기 때문이다. 냉장 물류는 당연히 없고 교통도 좋지 않은 시절, 햇녹차를 만들어 황제가 있는 베이징에 올리기가 쉽지 않았을 터. 황제에게는 어찌어찌 올린다 해도 햇녹차를 강북의 모든 백성이 마시기는 더더욱 쉽지 않았을 터. 산화된 녹차는 맛이 훨~씬 떨어진다. 그 맛이 떨어진 녹차를 조금이라도 맛있게 마시기 위해 고민한 결과가 녹차에 재스민향을 입힌 재스민차다.

당연히 녹차의 생산지에서는 재스민차가 아닌 녹차를 주로 마셨다. 한국인이 중국에 간다고 하면 가장 먼저 가는 지역이 베이징이고 베이징에서는 지금도 재스민차를 많이 마시기에 '중국은 재스민차'라는 인식이 생겼을 뿐, 중국은 생산량이나 소비량이나 '녹차의 나라'다. 사실 식당에서 재스민차를 주로 만나는 것과 관련해서는 또 한 가지 이유가 있다. 재스민차가 녹차에 비해 한결 저렴하기 때문이다. 예전에는 맛이 떨어진 녹차를 주로 재스민차 베이스로 이용했다면, 지금은 처음부터 등급이 낮은 녹차를 베이스로 만든다. 식당에서 전통 음화 과정을 거친 재스민차를 쓰지 않을 것은 당연한 일. 등급 낮은 녹차에 재스민향을 더하는 재스민차는 일반 녹차에 비해 당연히 가격이 낮을 수밖에 없다.

우리나라에서는 녹차 하면 '오설록 현미녹차 티백'을 주로 떠올리고 녹차 좀 아신다는 분들은 '우전' '세작' '중작'을 말하겠지만 그게 전부가 아니다. 중국에서 녹차는 엄청나게 다양한 이름의 차로 만들어진다. 옹정제가 되는 4황자가 좋아하는 태평후괴와 9황자가 좋아하는 어전용정도 모두 녹차다.

여기서 다시 질문 하나. 중국에서 가장 비싼 차는? 눈치 빠르신 분은 "보이차 아니고 녹차?" 할 수도 있겠다. 딩동댕! 90%쯤은 맞다. 최근 고급차의 대명사쯤으로 인식되는 보이차는 원래 중국 남쪽 국경에 접한 운남성에서 생산해 현지인이 주로 마시던 차였다. 보이차가 중앙 무대에 본격적으로 모습을 드러낸 것은 청나라 대에 들어서면서다. 그 이전까지 중앙에서는 대부분 녹차를 마셨다. 당연히 가장 고급차면서 가장 비싼 차는 녹차였다.

일상에서 '현미녹차 티백' 정도 볼 수 있는 우리나라에서는 녹차가 저렴한 차로 인식되지만, 중국에서 최고급 녹차는 50g에 몇백만 원을 호가한다. 보관과 관리도 무척 까다롭다. 일부 마시고 남은 녹차는 꼭꼭 밀봉해 보관한다. 차 냉장고나 와인 냉장고에 보관하는 이도 있다. 그냥 상온에 던져두면 차 맛이 변질되어 그 풍미를 제대로 즐길 수 없다는 이유에서다.

그뿐인가. 중국은 매년 10대 명차를 선정해 발표하는데 10대 명차 중 늘 7~8개가 녹차로 채워진다. 육안과편, 서호용정, 벽라춘, 황산모봉, 태평후괴, 안길백차, 은시옥로, 산양모첨 등이 10대 명차에 단골로 포함되는 녹차다. 이 중 일반적으로 서호용정이 가장 비싸고 그다음이 태평후괴라고 알려져 있다.

중국 녹차에 비해 다양하지 않은 한국 녹차는 우전과 세작, 중작 정도가 있다. 모두 녹차의 채엽 시기와 연관이 있다. 보통 곡우 이전에 잎을 따 만든 녹차를 '우전'이라 부른다. '곡우 전'이란 뜻이 담겨 있다. 그해 처음으로 잎을 따서 만든 차라는 의미로 '첫물차'라고도 한다. 곡우와 입하 사이에 따는 두물차가 '세작'이다. 세작은 참새의 혀를 닮았다 해서 '작설'이라고도 부른다. 입하 이후로 따는 차는 잎의 크기에 따라 중작, 대작 등으로 부르는데 품질이 썩 좋지 않아 잎차로 마시기보다는 다양한 가공차의 원료로 활용한다. 한국에서는 거의 볼 수 없지만 중국에서는 우전 이전에 '명전'이라고 더 어린 잎을 따서 차를 만든다. (한국에서는 '특우전'이라는 이름으로 간혹 유통된다. 다만 '특우전'이라면서 가격이 50g에 몇만 원 한다고 하면 진짜 '특우전'이 맞을까 고민해 보시길.)

또 한국에서 녹차는 종이컵에 티백 하나 넣어 마시는 차라는 이미지가 있지만, 중국에서는 보통 녹차를 긴 유리잔에 우려 마신다. 찻잎이 물에 가라앉았다가 떠오르면서 자리를 잡는 모양새 자체가 아름다워 이를 즐기기 위해서다. '차를 마시고 즐기는 것'은 예로부터 중국 문인들의 호화로운 풍류 생활로 여겨졌다. 녹차를 즐기는 법에서도 그런 풍류의 한 단면을 엿볼 수 있다.

다시 어전용정과 태평후괴로. '어전용정'이라는 이름의 차는 없다. 그저 흔히 용정차라 불리는 서호용정의 한 종류가 아닐까 짐작된다. 용정차는 중국 여행을 다녀오는 사람들이 면세점에서 가장 많이 사오는 차 중 하나이기도 하다.

서호용정은 '서호를 둘러싼 용정 인근에서 만들어진 차'라는 의미다. 절강성 항저우시 서쪽에 위치한 호수인 서호는 중국 최고의 호수로 꼽힌다. 중국은 뭐 하나 좋다 하면 우르르 따라 하는 경향이 있다. 그래서 중국 전역에 '서호'라는 이름이 붙은 호수가 한 3,000개쯤 존재한다고. 서호 인근은 차를 재배하는 데 최적의 조건을 갖춘 지역으로 꼽힌다. 용정차는 2~3cm 길이에 찻잎이 납작하게 눌려있는 모양이다. 차를 덖을 때 눌러서 만들기 때문이다. 가장 유명한 지역은 사봉(獅峰), 매가오(梅家塢), 호포천(虎跑泉) 등. 이 중 사봉 지역 차를 '사봉용정'이라고 부르는데, 사봉용정은 서호용정 중 최고 몸값을 자랑한다. 호포천은 물맛이 으뜸이라 이름이 났는데, 호포천 인근 찻집에 가면 호포천 물로 우려낸 용정차를 맛볼 수 있다.

용정차가 명실상부 명차 반열에 오른 건 청나라 건륭제 (1711~1799) 때다. 건륭제는 단 하루도 차를 마시지 않은 날이 없을 정도로 차 애호가였다. 60년간 황제 자리를 지킨 건륭제의 장수 비결로 호사가들은 차를 꼽기도 한다. 건륭제가 특별히 좋아한 차가 용정차다. 용정차밭에 가서 차 따는 장면을 구경하고, 용정차에 관한 시를 짓기도 했다. 특히 사봉산 아래 차나무 18그루를 '어차수(御茶水: 황제의 차나무)'로 지정했다. 이 18그루 차나무에서 채엽한 찻잎으로 만든 용정차를 '서호용정어전십팔과'라고 불렀다.

훗날 옹정제가 되는 4황자가 가장 좋아하는 태평후괴는 어떤 차일까. "이것은 해초인가 녹차인가" 태평후괴를 보고 사람들이 농담 삼아 하는 말이다. 길이 6~7cm에 작은 미역 같은 비주얼을 지녔고 실제 우리면 해초 맛도 꽤 난다.

서호용정의 서호가 지역 이름인 것처럼 태평후괴(太平猴魁)의 태평도 지명이다. 태평후괴는 안휘성 황산시 태평호 인근에서 만들어진다. (황산에 가보신 분들은 황산에 운곡 메이블카, 옥병 케이블카, 태평 케이블카 등 3개의 케이블카가 있는 걸 아실 터. 운곡과 옥병은 황산의 앞과 옆쪽이고 태평 케이블카는 황산 뒤쪽으로 내려간다. 태평 케이블카의 태평이 바로 태평호의 그 태평이다). 후괴의 猴는 '원숭이 후'인데 나무가 높아 원숭이를 훈련시켜 찻잎을 따게 한데서 유래된 이름이라는 설도 있고, 아기원숭이가 죽었는데 어느 노인이 그 원숭이를 묻어준 자리에서 이 차나무가 자랐기에 '후'자를 붙였다는 설도 있다. 魁는 '우두머리 괴'다. 차의 우두머리라는 의미를 담았을 수도 있고, 태평후괴를 처음 만든 것으로 알려진 왕괴성 선생 이름에서 따왔을 수도 있다.

서호용정의 서호가 지명인 것처럼, 태평후괴의 태평도 지명이다. 안휘성 황산시 태평호 인근에서 만들어진다. 사진은 길쭉한 잔에 넣어 우려진 태평후괴

태평후괴는 중국의 '외교차'로도 이름을 날렸다. 워낙 이름부터 '태평'이 아닌가. "나라가 태평하길"이라는 기원을 담았다고 하면 이보다 그럴싸한 스토리가 없다. 1972년 2월 21일 미국 대통령 닉슨이 중국을 처음 방문했을 때 저우언라이(주은래) 총리가 "양국 관계가 앞으로 태평하기를 기원한다"며 '태평후괴'를 선물했다. 후진타오 주석이 2007년 모스크바를 방문할 때도 푸틴 대통령 선물

로 '태평후괴'를 들고 갔다. 이후 '푸틴이 가장 좋아하는 차'로 둔갑하면서 한동안 불티나게 팔렸다는 후문이다.

사실 태평후괴는 서호용정이나 황산모봉 같은 전통의 명차에 비하면 역사도 오래되지 않았고 최근까지도 '듣보잡' 차였다. 1915년 샌프란시스코에서 열린 파나마 만국박람회(파나마 운하 개통을 기념해 파나마 만국박람회라고 이름 붙였다)에서 금상을 차지하며 비로소 이름을 알렸다. 2004년 열린 상하이 국제차박람회에서 '녹차 왕'에 오른 후 2005년 경매에서 특등급 100g이 3,000만 원에 낙찰되면서 세상을 놀래키기도 했다.

중국 차는 중국 정치인들과 얽힌 다양한 스토리로도 이목을 끈다. 태평후괴는 후진타오 주석과 인연이 깊다. 후진타오의 아버지 후쩡위는 안휘성에서 차 가게를 운영했다. 어려서부터 차와 가까웠던 후진타오가 칭화대 수력공학과에 합격해 베이징 유학길에 오를 때 가져간 차가 태평후괴로 알려졌다. 이후 후진타오 후광을 업고 후진타오 시대에 태평후괴가 중국을 대표하는 명차 반열에 올랐다는 스토리다.

이 외에도 이름은 백차인데 실제로는 녹차인 안길백차, 소라처럼 꼬불꼬불 말려있어 외양부터 눈길을 끄는 벽라춘, 솥에서 덖어내는 게 아니라 찜통에서 쪄서 만들어 내는 은시옥로 등 다양한 녹차가 존재한다.

녹차 우리는 방법
'상투법' '중투법' '하투법'

차 한잔에 담긴
스토리 4

차를 마시는 것은 말 그대로 차를 마시는 것이기도 하지만, 풍류를 즐기고 취향을 드러내는 일종의 의례이기도 하다. 풍류에 복잡한 형식이 빠질 수 없다. 중국에서는 계절과 종류에 따라 '상투법' '중투법' '하투법'이라는 이름의, 각각 다른 방식으로 녹차를 우려 마셨다.

상투법은 물을 먼저 넣고 찻잎을 넣는 방식이다. 찻잎 무게가 가벼워서 빨리 가라앉는 경우 상투법으로 우린다. 계절적으로는 여름에 이런 방식으로 마셨다. 중투법은 봄, 가을에 마시는 법으로 물 넣고 찻잎

녹차는 꼭 상투법, 중투법, 하투법으로 우리지 않더라도 이렇게 가늘고 긴 형태의 유리잔에 종종 따라마신다.

넣고 다시 물을 넣는 식이다. 용정차같이 찻잎이 평평한 차는 주로 중투법으로 마셨다. 하투법은 묵직한 차를 우리거나 겨울에 즐긴 방식이다.

단 이렇게 상투법, 중투법, 하투법으로 녹차를 우리려면 가늘고 긴 형태의 유리잔이 필요하다. 가늘고 긴 아무 유리잔이나 써도 상관없지만, 순전히 녹차를 우리는 용도로 만들어진 유리 잔도 있다.

녹차 말고 다른 차는 어떻게 우려 마셨을까. 보통 '차를 우려 마신다' 하면 개완이나 다관에 찻잎을 넣고 물을 넣어 우려 마시는 걸 생각한다. 이렇게 차를 우리는 방식은 명나라 이후 굳어졌다. 명나라 황제 주원장이 "앞으로 차는 찻잎에 물을 부어 우려 마신다."라고 칙령을 내렸기 때문이다. 이렇게 우려 마시는 방법을 포다법(泡茶法)이라 한다. 일반적으로 찻잎을 넣고 물을 넣었으니 하투법이라 할 수 있다. (결국 상투법, 중투법, 하투법 모두 포다법의 일종이다.)

그럼 명나라 전에는 찻잎에 물을 부어 우려 마시지 않았느냐고? 명나라 이전에는 주로 단차를 마셨다. 딱딱하게 굳힌 단차를 가루로 만들어 물을 붓고 차선이라는 도구로 휘휘 저어 마셨다. 말차 만드는 법을 생각하면 쉽다. 이렇게 우리는 방식은 점다법((點茶法)이라 불렀다.

태평후괴의 마을,
원숭이가 찻잎 땄다는 '후갱'

차 한잔에 담긴
스토리 5

4황자님이 제일 좋아한 태평후괴의 고향은 중국 안휘성에 위치한 태평호 인근 마을 후갱이다. 주로 후갱에서 생산되고 더 오지인 후강에서도 생산된다. 진짜인지 아닌지 아무도 모르지만, '후괴왕'이라 이름 붙인 태평후괴 모수차도 후갱에 있다. 모수차가 뭐냐고? 母樹茶라는 한자에서 유추해 볼 수 있듯, 그 차의 기원이 된 나무를 의미한다.

귀하디 귀한 태평후괴 모수차를 보러 가는 길인데 '순탄하면' 그게 이상치 않나. 45인승 버스는 마을 어귀에조차 들어가질 못한다. 20여 명 탈 수 있는 버스를 타고 20여 분 가야 비로소 후갱촌 입구에 도착한다. 가장 먼저 보이는 원숭이 동상이 여기가 '후갱'임을 실감 나게 한다.

마을 입구에서부터는 후갱촌에 거주하는 사람들이 운행하는 SUV만 탈 수 있다. 길이 워낙 험해 후갱촌 사람들만 운전할 수 있다나. "상술이 심하군" 싶던 생각은 6인승 SUV 타고 올라가면서 "이 차를 타고 와서 다행이다."라는 생각으로 바로 바뀐다. 징하게 꼬불꼬불, 한쪽 낭떠러지 1차선 길. 가다가 맞은편에서 차라도 맞닥뜨릴라치면 손에

후갱촌 상징인 원숭이 동상을 후갱촌 곳곳에서 만날 수 있다.

땀이 난다. 한쪽 절벽인 그 좁은 길을 아슬아슬 스쳐 지나가야 하니. 바퀴 하나가 순간 허공에 들려지기라도 하면 가슴은 콩닥콩닥 두근반세근반이다. 그나마 10여 분 정도만 가면 도착이니 그걸로 다행인가.

잠시 공부 시간. 녹차는 덖음녹차와 증제녹차로 나뉜다. 증제녹차는 쪄서 만드는 녹차다. 일본녹차가 증제녹차다. 우리나라 녹차와 중국 녹차는 대부분 덖음녹차다. 말 그대로 솥에서 덖는 녹차인데 덖음녹차는 다시 초청녹차(솥의 직열로 그냥 건조) 홍청녹차(열풍으로 간접 건조) 쇄청녹차(햇볕에 건조)로 분류된다. 태평후괴는 대표적인 홍청녹차로 길이가 7cm 정도 되는 걸 최상품으로 친다.

태평후괴 모수차 '후괴왕' 주인은 태평후괴 비물질문화유산인 방계범 선생이다. 방남산 선생이 연 '남산차호' 때부터 방계범 선생이 5대, 방 선생의 젊고 예쁘장한 딸이 6대로 가업을 잇고 있다. 공산당 당서기라는 방계범 선생을 위해 중국 정부는 태평후괴박물관을 건립해 줬다고. 박물관에는 '남산차호'의 옛 모습이 그대로 재현되어 있고 이후의 가문 역사와 태평후괴 역사를 잘 알 수 있게 구성이 잘 되어 있다. 방 선생이 만든 태평후괴는 '후갱'이라는 브랜드를 달고 판매되는데, 현재 후갱은 태평후괴 최고 브랜드로 알려져 있다.

🎬 경주

"경주 관광 영화 아니야?" 이런 반응이 나올 정도로 잘 가꿔진 경주의 아름다운 풍광 곳곳을 영화에 아낌없이 담아낸 영화 〈경주〉.

친한 선배의 장례식에 참석하기 위해 오랜만에 한국을 찾은 북경대 교수 최현(박해일)은 문득 7년 전 경주의 한 찻집에서 봤던 춘화의 기억을 더듬으며 충동적으로 경주에 간다. 당시 춘화를 봤던 찻집을 찾아가 찻집 주인 윤희(신민아)에게 대뜸 "7년 전 여기 있던 춘화 못 봤어요?" 묻는 최현.

로맨스인 듯 스릴러인 듯 둘 사이에 내내 묘한 분위기가 연출되고, 1박 2일 그들이 경험했던 모든 것이 현실인지 꿈인지 환상인지 모를 순간에 부닥친다. 삶과 죽음, 실제와 허상, 기억과 진실이 오묘하게 겹치며 수많은 생각을 불러일으키는 영화 '경주'는 중국에서 태어나 연변대 중국문화과를 졸업한 조선족 장률 감독의 작품이다.

최현의 이틀 동안 경주에서의 기묘한 일상을 그린 영화 〈경주〉에 이어 장률 감독은 〈군산〉과 〈후쿠오카〉 영화를 세상에 내놓았다. 두 작품 모두 기이하고도 독특한 것은 〈경주〉와 다를 바 없다. 사실 '기묘' '기이' 이런 표현 자체가 맞는 것인지도 모르겠다. 꿈같고, 허상 같고, 다른 차원에 잠시 다녀온 것 같고… 그런 경험 다들 가끔 하면서 살아가고 있지 않나.

| 황차 | 녹차와 흑차 사이 그 어드메 즈음 '황차'

그는 왜 아는 사람이 없다는
황차를 주문했을까

영화 〈경주〉에서 윤희(신민아)에게 최현(박해일)은 메뉴판을 본 후 황차를 마시겠다고 주문한다. 윤희는 "황차를 아느냐"며 "황차를 아는 사람이 별로 없는데…" 신기해한다. 윤희는 최현에게 "운이 좋다."고도 얘기한다. "마침 어제 절에 가 스님이 만든 좋은 황차를 가져왔다."면서.

왜 최현은 하필 황차를 주문했을까. 아니 더 원초적인 질문이 앞선다. 한국에 황차라는 이름의 차도 있었던가. 녹차와 홍차는 모른다면 외려 이상할 테고, 보이차는 뭔지는 모르더라도 대충 이름은 한 번씩 다들 들어봤을 테고, 백차는 요즘 MZ세대 사이에서 인기를 끄는 차다. 청차가 낯설 수 있지만, 한때 열풍이 불었던 '우롱차가 바로 청차'라고 하면 "아하" 하시는 분이 많을 터! 그런데 황차는 정말 낯설다. 차를 전혀 모르는 사람에게만 낯선 게 아니라, 차를 좀 마셔봤다는 사람 중에서도 황차를 마셔본 경험이 있는 이는 그리 흔치 않다.

황차는 기본적으로 녹차 제다법을 따른다. 녹차 제다법과 다른 점은 딱 한 가지. 녹차가 살청 ⇒ 유념 ⇒ 건조의 과정을 거치는 데 반해, 황차는 살청 ⇒ 유념 ⇒ 민황 ⇒ 건조의 과정을 거친다. '민황'은 찻잎을 종이나 천으로 싸거나 덮어두고 그 위에 물을 뿌리거나 온도를 올려 가볍게 자연산화시키는 과정이다. 민황 과정은 몇 시간에서 며칠까지 이어진다. 민황 과정을 거친 황차는 녹차보다는 수색이 좀 더 노란 황금색을 띤다. 그래서 '황차'라는 이름이 붙었을지도.

이런 제다 과정을 알고 있으면 '녹차와 흑차, 그 어드메쯤에 존재하는 황차'라는 수식어가 이해가 되시려나. 흑차도 악퇴 과정에서 물을 뿌리거나 온도를 올린다. 흑차는 이 과정에서 미생물이 관여하면서 후발효되고, 황차는 후산화로 살짝 다르긴 하지만. (묘하게 영화 〈경주〉와 닮았다. 삶과 죽음이 공존하는, 삶과 죽음 그 어드메쯤에 자리 잡은 '경주'와 '황차'의 정체성이 오묘하게 오버랩된다. '경주에서 황차를 마시는 것' 이보다 더 근사한 조합이 있을까.)

차의 종주국이면서 셀 수 없이 많은 차가 존재하는 중국에서도 황차는 손에 꼽는다. 생산이 많이 되지도 않고, 쉽게 구할 수 없으니 소비자도 잘 찾지 않는다. 군산은침, 몽정황아 정도 꼽을 수 있다. 녹차가 수백 가지에 달하는 것에 비하면 단출하다.

중국에서도 찾아보기 쉽지 않은 '황차'라는 단어가 의외로 한국 차에서는 자주 들린다. 한국에서 차를 많이 재배하는 곳으로 하동, 보성, 제주가 꼽힌다. 또 절에서 스님들이 차나무를 소량 재배해 본인만의 제다법으로 차를 만들어 내는 경우도 많다. 스님이 만든 차나 하동, 보성 등지에서 만든 차는 녹차 아니면 대부분 황차다. 그러나 실상 한국에서 '황차'라고 불리는 것들은 6대 다류 중 하나인 전통적인 의미의 황차라기보다는 그냥 '다양한 방식으로 발효시킨 발효차'인 경우가 많다. 특히 '황차'라는 이름으로 많이 팔리는 하동 잭살차는 홍차에 더 가까운 발효다. "중국황차와 한국황차는 다르다"라고 하는 것은 바로 이런 이유에서다.

그래서 윤희가 최현에게 준 차는 황차였을까? 발효차였을까? 스님이 만든 한국식 발효차일 가능성이 99.999%쯤?

영화에 뜬금없이 황차가 나온 이유가 있다. 〈경주〉는 장률 감독이 실제 경주에 갔을 때의 경험과 느낌으로 가득 차 있다. 영화에서 윤희가 운영하는 찻집 '아리솔'은 실제 경주에 있던 같은 이름의 찻집이다. 아쉽게도 '아리솔'은 2019년 폐업했다. 우연히 아

능포다원에서 만난 '더덕황차'

리솔에 들렀던 장 감독은 그곳에서 왠지 묘하게 눈길과 마음을 끄는 춘화를 만났고, 영화를 준비하는 과정에서 자신이 봤던 그 춘화를 그린 이를 수소문했다.

춘화를 그린 이는 동국대 미술학과 김호연 교수. (2023년 67세 나이로 아쉽게 작고하셨다.) 마침 김 교수 부인이 경주에서 '능포다원'이라는 찻집을 운영하고 있었다. 임금의 무덤을 뜻하는 '능(陵)'과 물가를 뜻하는 '포(浦)'가 합쳐진 단어 능포. '능 옆 물가 찻집'이란 의미의 능포다원은 영화배우 배용준이 쓴 『한국의 아름다움을 찾아 떠난 여행』이라는 제목의 책에 소개되면서, 특히 일본인 사이에 엄청 핫~한 찻집으로 떠올랐다. 책을 읽고 경주를 찾은 일본 여행객이 늘어나면서 일본 매스컴의 능포다원에 대한 관심도 높아졌다. 어느 날 한 방송사가 "촬영하러 갈 테니 가장 한국적인 차를 준

능포다원 곳곳에 김호연 교수가 그린 '춘화'가 널려 있다.

비해달라"고 요청했다. "한국적인 차로 녹차를 낼 수도 없고, 도대체 무슨 차를 내어야 하나" 고민하던 능포다원 이일순 대표가 평소 즐겨 마시던 황차(역시 발효차일 터)에 더덕, 도라지, 홍삼 엑기스를 가미해 더덕황차, 도라지황차, 홍삼황차를 만들어 냈다. 이런 에피소드가 모두 영화 속에 그대로 녹아들어 가 '황차 장면'이 만들어졌다는 후문이다. 웃어야 할지 울어야 할지~~~

그래도 '군산은침'과 '몽정황아' 정도는

차 한잔에 담긴
스토리 6

황차의 대표주자로 보통 '군산은침'을 꼽는다. 중국을 대표하는 용정차 중 '사봉용정'을 기억하실는지. '사봉 지역에서 나는 용정차'라는 의미다. 그럼 군산은침은? '군산에서 나는 은침차?' 딩동댕!!! 은침에서 '침'은 찻잎을 납작하게 눌러 '뾰족뾰족 침 같다.'라는 의미에서 붙여졌다. '은'은? 금은 할 때 그 은이 맞다. 어린 찻잎에는 보통 '백호'라고 하는 하얀 털이 붙어있다. 그 색상이 은빛을 띤다고 해서 '은'자를 붙였다.

군산은침은 호북성과 호남성의 경계를 이루는 중국 최대 호수 동정호 안에 위치한 작은 섬 군산도 일대에서 생산된다. 동정호와 동정호를 조망할 수 있는 악양루는 중국 역사에 자주 등장하는 명소다. 악양루에서 바라보는 동정호의 일몰이 특히 장관이라고. 오죽하면 '천하의 호수 중에는 동정호가 으뜸, 천하의 누각 중에는 악양루가 으뜸'이라는 문장도 있을까. 각각 시성(詩聖)과 시선(詩仙)으로 불리는 당나라 시인 두보와 이태백이 앞다퉈 '악양루에 오르다'는 의미의 '등악양루(登岳陽樓)' 시를 발표한 이후 동정호와 악양루는 '인문학에 관심 쫌 있다는' 이들의 필수 탐방 명소로 자리 잡았다.

동정호는 적벽(삼국대전의 그 적벽이 맞다)을 지나 양쯔강으로 이어진다. 촉의 유비와 형주(지금의 호북성·호남성)를 놓고 다투던 오의 손권은 대장군 노숙에게 전략 요충지인 동정호 부근을 장악할 것을 지시했다. 노숙은 동정호에서 수군을 훈련시키면서 감독할 수 있는 망루를 지었는데, 이게 바로 '악양루'다. 악양루에서 동정호를 바라보면 호수와 함께 호수 가운데 떠 있는 군산도가 한눈에 들어온다. 그 모습이 마치 '은쟁반 위에 놓인 푸른 조개'처럼 보인다 해서, 군산도는 '동정호의 진주'로도 불린다.

호남성을 대표하는 명품 차 군산은침은 황차로서는 유일하게 중국 10대 명차에 선정된 차다. 특히 마오쩌둥이 군삼은침을 좋아한 것으로 알려졌다. 마오쩌둥은 호남성 성도인 창사에서 남서쪽으로 130km쯤 떨어진 샤오산에서 태어났다. 자신이 태어난 곳을 대표하는 차라서 그랬을까. 마오쩌둥은 생전 군산은침을 즐겨 마셨을뿐더러, 중대 결단을 해야 할 때마다 고향을 찾아 군산은침을 마셨다는 스토리가 전해 내려온다.

호남성에 군산은침이 있다면, 사천성에는 몽정황아가 있다. 이제는 차 이름만 들어도 바로 아실 터. '몽정황아'는 사천성 몽정산에서 나는 찻잎으로 만든 황아차다. 황아에서 '芽'는 싹을 뜻한다. 결국 '황아'는 '싹으로 만든 황차'라는 의미다.

🎬 벌새

　벌새는 1초에 적게는 19번, 많게는 90번 날갯짓하는 몸집이 아주 자그마한 새다. 벌새는 어쩌면 '90번 날갯짓'을 하며 죽을똥 말똥 매일매일을 살아내는 중학교 2학년 은희(박지후)를 의미하는지도 모르겠다.

　서로 죽일 듯 싸우다 언제 그랬냐는 듯 화해하는 부모님, 부모님 기대를 한 몸에 받는 모범생이지만 걸핏하면 폭력을 휘두르는 오빠, 겁 없이 남자친구를 방에 데리고 와 재워주는 비행 소녀 언니와 함께 사는 은희는 중학교 2학년이다. 대치동에 살지만 학업에는 별 의욕이 없다. 친한 친구도 몇 없다. 그 나이대 아이들이 으레 그렇듯 꽤 염세적인 편이고, 비속어도 곧잘 쓴다. 풋풋한 것인지 그저 풋내 나는 것인지 그런 연애도 하고 가끔은 콜라텍도 간다.

　응어리를 분출할 때보다 삼킬 때가 많고 언제나 경계를 서성이는 은희. "괜찮냐?"는 물음에 "그렇다"라고 대답하는 은희는 겉으로 보기에는 진짜 '괜찮아' 보인다. 사실 객관적으로도 환경이 그다지 나쁘지는 않다. 떡집 장사를 하는 부모님은 은희에게 애정 어린 관심을 보여주지는 않지만, 그렇다고 무작정 무관심으로 방치하지도 않는다. 어쩌면 영화의 배경인 1994년, 그때 우리는 다 그렇게 비슷비슷하게 살지 않았을까.

　'어정쩡한' 결핍에 시달리며 '어정쩡한' 반항을 하는 은희가 유일하게 맘을 열고 기대는 이가 한문 학원에서 만난 영지(김새벽) 선생님이다. 어느 날 영지 선생님은 친구로 인해 상처받은 은희에게 말없이 차 한 잔을 따라준다.

　"무슨 차예요?"

　묻는 은희에게 영지 선생님이 대답한다.

　"우롱차."

| 청차 | 청차는 어쩌다 '우롱차'가 되었을까

상처받은 은희에게 영지 선생님이 말없이 따라준 우롱차 한잔

'우롱하다' 할 때의 그 '우롱'이 아니다. 한자로 '오룡차(烏龍茶)'라고 쓰는데, 그 '오룡'의 중국어 발음이 '우롱'이라 '우롱차'다. 찻잎이 까마귀처럼(烏) 검고 용처럼(龍) 구부러졌다 해서 지어진 이름이다. 우롱차는 특히 심신을 안정시키는 효과가 뛰어난 것으로 알려졌다. 영지 선생님이 은희에게 우롱차 한잔을 내려주는 장면을 보며 영화 〈기생충〉의 그 유명한 대사 "너는 다 계획이 있구나" 감탄을 내뱉은 이유다.

우롱차는 6대 다류 중 청차를 가리킨다. 녹차는 영어로 green tea, 백차는 white tea, 황차는 yellow tea라고 부른다. 모두 단어 그대로 영어로 번역했다. 그런데 청차는 blue tea가 아닌 'Oolong tea'다. 왜일까?

서양에서 가장 흔하게 마시는 차는 홍차와 우롱차다. 1980년대 대만 사람들이 우롱차라는 이름으로 차를 대량 수출하면서 서양 사람들은 우롱차에 익숙해졌다. 대만은 왜 청차가 아닌 우롱차라는 이름으로 수출했을까? 대만 청차의 대부분이 '청심오룡' 품종으로 만들어진 차다. 그래서 대만에서는 청차를 우롱차라 불렀다.

　차의 종주국이면서 청차도 가장 많이 생산했던 중국은 공산화와 문화대혁명을 거치면서 차 산업이 거의 방치되다시피 했다. 당연히 수출은 꿈도 못 꿨다. 그 틈을 대만이 파고들었고 그렇게 청차는 '우롱차'라는 이름으로 전 세계에 퍼져나갔다. 중국 개방 후 비로소 서구인들이 중국에 들어오기 시작하는데 이들이 "우롱차를 사고 싶다"라며 우롱차를 찾았고 이런 이유로 청차의 영어 표기법은 자연스레 'Oolong tea'가 됐다.

　여기서 잠깐. 홍차는 red tea가 아닌 black tea라 부르는데, 여기에도 이유가 있다. 두 가지 설이 있다. 첫 번째는 동양은 탕색으로 차 이름을 짓고, 서양은 찻잎 색으로 차 이름을 지었다는 설이다. 완전산화차인 홍차는 찻잎 색이 검다. 그래서 black tea라는 이름이 붙었다고 전해진다. 두 번째는 루이보스 설이다. 영국이 홍차를 수입할 때 영국에는 이미 red tea라 불리던 차가 있었다. 남아프리카공화국에서 수입한 루이보스티였다. 허브차의 일종인 루이보스차는 당시 영국에서 꽤 인기를 끌었는데 탕색이 붉어 red tea라고 불렀다. 홍차를 들여오긴 해야겠는데 red tea로 들여올 수 없어 고민하던 영국인들은 찻잎이 검다는 의미로 black tea라고 명명했다. 다음에 다시 흑차 표기 문제가 생겼다. 흑차야말로 black tea가 아닌가. 고민하던 서구인들은 흑차에는 dark tea라는 이름을 붙였다. 엉망진창 차 이름 표기의 역사다.

　다시 청차 이야기로. 청차는 6대 다류 중에서 스펙트럼이 가장 넓다. 6대 다류를 가르는 기준은 제다 방법과 산화도다. 그중 산화도만을 따졌을 때 녹차는 비산화차, 홍차는 100% 산화차, 백차는 덖지 않고 그냥 시들리기만 해 아주 미약하게 산화된 차, 황차는 가볍게 민황해서 살짝 자연산화시킨 차, 흑차는 제다 후 발효 과정을 거친 차 등 명확한 정의가 가능하다. 그러나 청차는 산화도 15~85%에 달하는 모든 차를 아우른다. 찻잎 색깔이 옅은 황색일 수도, 황갈색일 수도 있다는 의미다. (산화도가 낮을수록 찻잎 색깔이 녹색에 가깝고 산화도가 높을수록 찻잎 색깔이 진해진다.)

청차는 전통적으로 중국 복건성과 광동성에서 만든다. 청차를 크게 네 가지로 분류하는데 '민북우롱' '민남우롱' '광동우롱' 그리고 '대만차'다. 모두 지역에 의한 분류다.

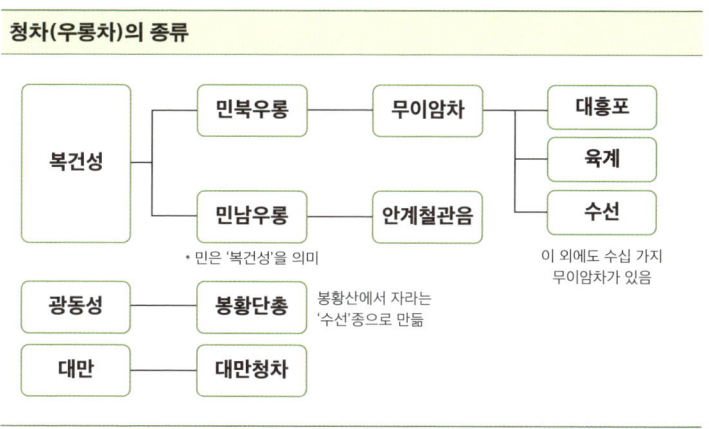

청차(우롱차)의 종류

우선 민북우롱과 민남우롱. 여기서 '민(閩)'은 복건성을 가리킨다. 중국 남동부에 위치한 복건성은 바다 건너 동쪽으로 대만과 마주 보고 있다. 청나라 때 대만은 복건성에 속한 부속섬이었다. '민'은 한자로 '閩(민)'이라고 쓰는데, '문 앞의 벌레'라는 뜻이라나. 우리나라를 '동이(동쪽의 오랑캐)'라고 불렀던 것과 비슷하다. 이전만 해도 중앙에서 복건성은 저 먼 변방의 일종 오랑캐가 살던 지역쯤 됐을 테니.

'민'이 복건성이니 '민북'은 복건성 북쪽, '민남'은 복건성 남쪽이라는 의미다.

민남우롱의 대표주자로 안계철관음이 있다. 안계 지역에서 만드는 '철관음'이란 이름의 차다. 민북우롱은 보통 '암차'라고 불리는 '무이암차'를 가리킨다. 복건성 북쪽에 중국 차의 아주 중요한

왼쪽 차는 민남우롱의 대표주자인 '철관음'. 오른쪽 차는 민북우롱의 대표주자인 무이암차 '육계'. 차는 산화도에 따라 탕색이 달라진다. 옅은 색 철관음은 산화도가 낮고 좀 더 짙은 붉은색 '육계'는 산화도가 높은 차임을 알 수 있다.

산지인 무이암산이 자리한다. 원래 이름은 무이산. '암'이라는 단어가 붙은 데서 볼 수 있듯, 사방 천지에 바위가 널린 산이다. 그 무이암산에서 자라는 차나무로 만든 차가 바로 '무이암차'다.

무이암차는 최고급 녹차 다음 '두 번째로 비싼 차'로 꼽힌다. 차는 와인처럼 생산 지역이 좁게 규정될수록 가격이 더 비싸진다. 무이암산 중에서도 가장 좁은 단위가 '정암', 정암 주변을 둘러싸는 지역이 '반암', 반암 주위 산 중턱 아래로 내려오는 지역이 '주차', 무이산이 아닌 무이산 주변을 '외산'이라 부른다. 당연히 가격은 정암차가 가장 비싸고 반암, 주차, 외산으로 가면서 낮아진다. 특급이라 할 수 있는 정암차는 일반인은 거의 구경도 하기 어렵다는 게 정설이다.

갑자기 '나도 최고급 녹차에 이어 두 번째로 비싸다는 암차 한번 마셔보고 싶다'라는 생각이 들 수도 있을 터. 그렇다고 찻집에 가서 "암차 주세요." 하지는 말 것. 전통차를 판매하는 곳에서도 암차를 취급하는 곳은 많지 않다. 또한 암차는 무이암산에서 나는 차를 통칭하는 용어일 뿐이다. 암차의 종류만도 수십 가지다. 그중 가장 대표적인 암차로 '대홍포' '육계' '수선' 등이 있다. "암차 있나요? 육계 마셔보고 싶어요." 이 정도는 얘기해야 '차 좀~ 아시는 분'이 된다.

광동성에서는 어떤 청차를 만들까. 복건성 북쪽에 무이산이 자리한 것처럼, 광동성에는 봉황산이 자리 잡고 있다. 봉황산에서 만들어 내는 청차를 '봉황단총'이라 한다. '봉황우롱'이 아니고 '봉황단총'? '단총'은 '자연적인 수정에 의해 잡종이 생기지 않도록 주위 환경을 조성해, 한 종류 나무에서 채엽한 찻잎으로 만든 차'라는 의미다. 봉황단총을 만드는 품종은 모두 수선이다. (무이암차에서 나왔던 그 수선 맞다. 수선화 할 때 수선(水仙)과 한자가 같다.) 봉황단총은 향에 따라 '봉황단총 ○○향' 이런 식의 이름으로 구분한다. 가장 유명한 것이 '오리똥 향'이라는 뜻의 '압시향'이다. 진짜 오리똥 향이 나서 '압시향'이란 이름이 붙었다고도 하고, 차가 너무 좋아 '오리똥 향이 나니 관심 두지 말라' 해놓고 몰래 마시려고 그런 이름을 붙였다는 설도 있다. 이 외에도 '계화향' '만리향(재스민향)' '지란향' '강화향(생강향)' '유화향' '밀란향' 등 다양한 봉황단총이 존재한다. 그리고 마지막이 대만차다. 오늘날 우롱차를 전 세계에 널리 알리는 데 가장 중요한 역할을 한 것이 대만에서 생산되는, '대만차'라고 불리는 차다.

우롱차는 내가 주인공이야 '대만차'

차 한잔에 담긴
스토리 7

대만 우롱차가 조금씩 존재감을 알리고 인기를 끌면서 대만은 차를 좀 더 잘 수출하기 위한 다양한 기계와 방법을 고안해 낸다. 대만에서는 차를 압병하지 않는다. 보이차는 보통 357g 무게를 동그란 모양으로 만드는데, 이런 모양의 차를 병차라 한다. 병차를 만들기 위해서는 잎으로 만든 차에 증기를 씌우고 압력을 가해 동그랗게 모양을 만들고 위에서 눌러줘야 한다. 이 과정을 '압병한다'고 부른다. 대만차는 압병하는 대신 찻잎 모양을 그대로 유지한다. 이런 차를 산차(흩어진 차)라 부른다.

산차는 병차에 비해 부피가 크다. 대량으로 수출해야 하는 상황에서 별로 좋은 조건이 아닌 셈. 대만 사람들은 산차 부피를 줄이기 위해 산차를 동글동글하게 말았고(이를 포유라 부른다) 92년에는 포유하는 기계인 '포유기'도 만들어 낸다. 포유기를 통해 작고 동글동글하게 말려진 차는 알루미늄박 봉투에 넣어 밀봉한다. 이렇게 포장하면 오랜 기간 배를 타고 운반되는 과정에서도 차가 변질될 우려가 없어진다. 이런 과정을 거쳐 대만차는 전 세계로 불티나게 팔려나가기 시작했고, 우롱차 점유율 7%라는 영광스러운 결과물까지 이끌어 낸다.

청차는 동글동글 말려 있는 '구슬' 형태가 대부분이다.

대만차는 그 뿌리가 중국 복건성에서 기원한다. 대만이 원래 복건성의 부속섬이었음을 감안하면 고개가 끄덕여진다. 복건성은 중국에서 청차를 주로 만들던 곳이다. 당연히 대만에서도 청차가 주로 만들어졌다. 그런데 대만에서는 청차 중에서도 청심오룡 같은 오룡차(오룡의 중국어 발음이 우롱이다)를 주로 재배했다. 중국이 세계 경제에 편입되기 이전 대만이 '우롱차'라는 이름으로 차를 전 세계에 수출했고, 그렇게 우롱차가 전 세계에 유명해졌다.

요기서 팁 하나. 가끔 '80년대 청차'라고 하면서 단단하게 포유된 차가 돌아다닌다. 80년대에도 포유된 차가 있긴 했다. 그러나 기계 포유가 아니라 손으로 포유한 만큼 기계 포유 차처럼 단단하지도 않고 포유 상태가 일률적이지도 않고 들쭉날쭉하다. 이런 차를 만난다면 믿고 거르시길. 실제 한 유명 대만차 브랜드의 노오룡차가 그랬다. 분명 기계 포유인데 설명하는 연도가 맞지 않는 게 아닌가. 대만 브랜드 본사에 문의하니 "우리는 그렇게 얘기한 적이 없다."라는 답변이 돌아왔다. 한국 판매상이 맘대로 '몇 년 된 노오룡차'로 홍보하며 판매했던 것. 이런 차는 사야 하나 말아야 하나. 뭐 브랜드 본사는 잘못이 없으니 그냥 대만 갔을 때 한 통 구입했다. (한국 판매 가격의 절반 정도에.)

우롱차라는 이름으로는 다 담을 수 없는 무이암차의 세계

차 한잔에 담긴
스토리 8

중국 패키지여행 프로그램 중 '무이산 패키지'라는 것이 있다. 복건성에 위치한 무이산은 차와 상관없이도 중국 10대 명산으로 꼽히는 산이다. 무이산의 계곡, 봉우리 등 여러 절경을 둘러보고 차밭도 함께 돌아보는 패키지다. 그중 하룻저녁에는 공연을 보는데 '붉은 수수밭'으로 유명한 장예모 감독의 '인상대홍포'라는 공연이다. 3,000여 석 의자가 놓여진 야외 공연장에서 수백 명의 출연진이 나와 펼치는 공연은 엄청난 장관이다. 무이산 옥녀봉과 대왕암의 유래, 무이산을 대표하는 차인 대홍포에 대한 이야기 등을 담은 스토리라고.

사실 무이암차는 우롱차라는 이름으로 다 담을 수 없다. 무이암차라는 분류를 따로 떼어내어야 하는 것 아닐까 싶을 정도로 방대한 세계를 자랑하는 게 무이암차다.

무이산은 성리학(주자학)의 창시자인 주희의 흔적이 강하게 남아있는 곳이다. 성리학을 집대성한 주희는 54세가 되던 1183년 제자들과 무이산으로 들어가 그곳에서 강론과 저술에 몰두했다. 주희가 은거했던 무이산 구곡의 절경을 담은 '무이구곡도'도 유명하다.

그 무이산에는 예로부터 바위가 많았다. 무이암차의 '암'이 바로 '바위 암'이다. 바위가 많은 지역이라 '암'을 붙여 '무이암차'라 불렀다. 또 차나무가 자라나 바위의 '운'을 품고 있다고 해서 최상급 무이암차는 '암운이 느껴져야 한다'라고 얘기하는데, 여기서 '암'도 당연히 바위 '암'

111

자다.

무이암차의 대표주자는 대홍포다. 무이산 구룡과라는 지역에 가면 여섯 그루의 '모수 대홍포'가 지금도 남아있다. 이 모수 대홍포에서 시작한 대홍포를 무성꺾꽂이해 대홍포가 만들어지기 시작했다. 대홍포 외에 육계와 수선까지가 무이암차의 대표적인 차다. 수선이 육계에 비해 훨씬 잎이 크고 맛이 살짝 거칠다. 그래서 육계는 상관없지만, 수선은 훨씬 부드러운 노총수선(차나무 수령이 50~60년 정도 된 수선)을 일반수선보다 한 단계 높은 등급으로 본다. 최근에는 대홍포도 대홍포 자체 나무로 만든 것보다 육계와 수선을 블렌딩해 만든 대홍포가 일반적이다. 그래서 "대홍포는 이런 맛"이라 얘기하기 애매한 지점이 있다. 브랜드마다 차농마다 대홍포 맛이 다 다르기 때문이다.

무이암차는 무이산 중심 지역인 정암에서 생산되는 차가 가장 비싸고, 정암 인근 반암 지역 차가 그다음으로 비싸고, 반암 주위 산 중턱 아래로 내려오는 주차는 더 싸고, 무이산이 아닌 무이산 주변 외산 지역 차가 가장 싸다. 다들 '정암'이라 얘기하지만, 실제 정암 차는 거의 없다는 게 정설. 반암차만 되어도 황송하고, 주차가 상당 부분일 것이라는 추정이다. 정암은 보통 '삼갱 양간'이라는 이름으로 통칭되기도 하는데 도수갱, 혜원갱, 우란갱 등 삼갱, 유향간, 오원간이 양간이다. '우란갱 육계' 이런 식으로 이름이 붙으면 1번 우려 마실 수 있는 9~10g 한 포에 중국 현지 가격으로 10~20만 원 찍는 것은 보통이다.

갱(坑), 간(澗) 외에 반죽과 등 과(窠)로 불리는 지역까지가 무이산의 대표적인 차 산지인데, 이런 이름이 들어간 곳은 모두 양쪽이 바위산이고 중간이 낮은 지형이다. 중간 낮은 지형에서 차나무가 자란다. 아~ 그래서 '암운'이구나 좀 감이 오실는지~ '삼갱 양간' 지역은 길이가 2km

가량, 면적은 1만 2,000평 정도에 불과하다. 여기서 생산되는 봄차는 300kg 정도라고. 중국 부호들 수요를 채우기에도 턱없이 부족한 양이다. 이제 "무이산 정암차를 일반인이 마시기 쉽지 않다."라는 의미가 이해가 되시려나. 게다가 정암차라면서 한 포에 2~3만 원 한다면 그냥 믿고 거르는 게 맞을 수도.

무이암차에 대홍포, 육계, 수선만 있는 것은 아니다. 무이암차는 아주 다양한 종류가 있고 최근에도 신품종으로 만든 새로운 차가 계속 나오고 있다. 종류가 워낙 많으니 다 알기는 어렵지만 그래도 이 정도는 알아야 차 좀 안다 명함 내밀 수 있겠다.

5대 명총: 무이암차 4대 명총(대홍포, 수금귀, 철라한, 백계관) + 반천요
10대 명총: 5대 명총 + 금쇄시, 금계, 백서향, 백모단, 북두

이 중 백서향은 '백 가지 상서로운 향'이라는 뜻인데 정말 마시면 이름처럼 100가지 상서로운 향이 느껴질까? 궁금하면 500원~ 여기서 "왜 육계와 수선은 무이암차 대표주자라면서 5대 명총에 들어가지 않는가?"라는 질문이 나올 수 있다. 5대 명총은 전통과 역사에 기반한 선정이라면, 육계와 수선은 시장에서 소비자에 의해 선택받은 품종이다. 그래서 육계와 수선은 5대 명총은커녕 10대 명총에도 포함되지 않지만, 무이암차를 대표하는 차의 자리에 올랐다.

🎬 거유풍적지방

2023년 중국 춘제(春節: 음력설) 연휴에 방영된 류이페이(유역비), 리셴(이현) 주연 드라마 '거유풍적지방(去有風的地方)'이 인기를 끌면서 드라마 배경으로 나온 운남성 다리(大理: 대리)가 그해 중국 내 최고 여행지로 떠올랐다는 전언이다.

5성급 호텔 호텔리어 쉬훙더우(유역비). 냉장고에는 유통기한이 한참 지난 음식만 들어차 있을 정도로 끼니도 제대로 못 챙기며 하루하루 정신없는 일상을 살아간다. 가끔 그런 일상을 벗어나는 것은 절친 천난싱과 만나 술잔을 기울이며 이런저런 얘기를 나눌 때 정도. 그 천난싱이 갑자기 췌장암에 걸려 사망하자 쉬훙더우는 삶의 의욕을 잃는다. 무작정 회사를 그만두고 친구가 평소 "꼭 함께 가보자"라고 조르곤 했던 운남성으로 혼자 여행을 떠난다. 쉬훙더우가 '운남성 석 달 살기'를 위해 선택한 숙소는 윈먀오촌의 정감이 물씬 풍기는 시골집이다.

쉬훙더우가 윈먀오촌에 도착한 날부터 맞부딪히기 시작해 계속 인연이 이어지는 세즈야오(이현). 세즈야오는 대학에서 경제학 석사를 마친 후 투자전문가로 일하다 고향을 살리기 위해 돌아온 남자다. 자칭 '마을 대표 미남'인 그는 자칭에 부끄럽지 않게 잘생기고 성격도 좋다. 친할머니와 남동생과 함께 살면서 고향 마을 발전을 위해 다양한 사업을 하고 또 마을의 여러 일에 적극적으로 나서 해결해 주는 해결사이기도 하다. 쉬훙더우가 운남에 머무는 동안 서로 마음을 열고 장밋빛 감정에 물들어 가는 두 사람, 그리고….

| **흑차** | 티베트 사람들이 없으면 못 살았다는 '흑차'

운남성에서 만든 차가 어떻게 티베트까지…

운남성 다리 지역은 예로부터 차마고도(茶馬古道)로 유명한 곳이다. 단어에서 바로 알 수 있듯 '차와 말을 바꾸기 위해 다녔던 높고 험준한 옛길(높을 고(高)가 아닌 옛 고(古)자를 쓴다)' 정도 된다.

차마고도는 두 가지 루트가 있었다. 하나는 운남 루트, 또 하나는 사천 루트다. (운남성과 사천성은 둘 다 티베트와 국경을 맞대고 있다.) 두 루트는 각각 운남과 사천에서 만든 차를 가지고 가서 티베트인에게 건네주고 대신 말을 받아 오는 교역로였다. 이 길은 티베트를 넘어 네팔, 인도까지도 이어졌다.

그중 운남 루트는 운남성 시솽반나에서 시작해 다리, 리장, 샹그릴라를 거쳐 티베트에 이르는 길이다. 길이 약 5,000km에 평균 해발고도 4,000m 이상인 험한 길이지만 설산(雪山)과 진사강(金沙江), 란창강(瀾滄江), 누강(怒江) 등을 지나는 와중에 만나는 아찔한 협곡은 세계에서 가장 아름다운 길 중 하나로 꼽힌다. 세 강이 어우러져 만들어 낸 '삼강병류 협곡(Three Parallel Rivers of Yunnan Protected

Areas)'은 2003년 유네스코 세계자연문화유산으로 등재됐다.

다리, 리장, 샹그릴라는 오래도록 중국 운남성 여행의 핵심 지역으로 꼽혀왔다. 차마고도를 따라 물건을 교역하던 상인 조직을 '마방'이라 불렀는데 이들 마방이 중간에서 말도 바꾸고 휴식도 취하고 하던 곳이 바로 다리, 리장, 샹그릴라다.

차마고도가 네팔, 인도까지 뻗어갔지만 가장 중요한 도착지는 중국 서남쪽, 중앙아시아 고원

운남성 시샹반나의 차마고도 시작점은 현재 공원으로 조성돼 있다.

에 자리 잡은 티베트였다. 여기서 퀴즈 하나. 중국에서 차 소비량이 가장 많은 지역은 어디일까? 보이차가 생산된다는 운남성? 아무래도 차가 호사스러운 일상이다 보니 수도인 베이징이나 돈이 많다는 상하이? No No~ 중국에서도 가장 외진 곳에 자리한 티베트다.

티베트는 당나라 시절 '토번'이란 이름으로 불린 독립국이었다. 세력도 당나라에 밀리지 않을 정도로 강성했다. 티베트는 종종 당나라를 침략해 왔다. 가끔은 수도 '장안'까지 쳐들어와 난리를 쳐놓고 돌아가기도 했다. 그런 티베트를 일거에 '순한 양'으로 만든 것이 바로 '차'였다.

티베트는 평균 해발 4,000m가 넘는 고원 지대에 위치해 있다.

당연히 여름이 짧고 농사를 짓기 어렵다. 그래서 티베트 사람들은 풀이 자라는 곳을 따라 이동하며 소와 양을 키우고 그 소와 양을 잡아먹으며 살았다. 곡물이라고는 짧은 여름 한철 잠시 자라는 청보리가 전부였다. 육식 위주 식단에 익숙한 티베트 사람들을 오래도록 괴롭혀 온 질병이 있었으니, 바로 괴혈병, 각기병 등 비타민이 부족해 나타나는 질병이다. 그런데 이게 웬일? 차를 마시기 시작한 후 어느 순간부터 그런 질병이 싹 사라진 게 아닌가. '차'에 들어있는 무엇인가가 고질병의 해결사라 믿게 된 티베트 사람들은 '차'에 엄청나게 집착하기 시작한다. 당나라가 차를 주면 대신 티베트의 질 좋은 '말'을 주겠다고 먼저 제안하고 나선 것도 티베트 사람들이었고, 그때부터 차마고도가 극도로 번성하기 시작한다.

차를 모르던 티베트 사람들이 어떻게 차를 알게 되었을까? 티베트에 처음 차를 전한 인물은 당나라 황제의 조카딸 문성공주였다고 전해진다. (문성공주 이설안은 실제로는 당나라 황제 조카딸이 아니었다. 당시 화번공주 대다수는 진짜 공주가 아니라, 공주로 둔갑시킨 경우가 많았다. 화번공주를 맞는 나라에서도 이를 묵인했다. '중국 황실의 공주'라는 타이틀이 중요하지, 진짜 공주인가 여부가 중요한 게 아니었기 때문이다.) 티베트가 심심하면 당에 쳐들어와 괴롭히자 당나라 황실은 공주를 보내 결혼시키고 평화를 도모하자고 의견을 모았다. 당시 중국 왕조에는 황실 여성을 이민족의 처로 보내 그들을 달래는 전통이 있었다. 이렇게 이민족의 처가 되라는 임무를 받고 떠나는 여인을 화번공주(和番公主)라고 불렀다.

당시 티베트는 최초 통일 왕국을 세운 송찬간포가 다스리고 있었다. 당나라 황실은 송찬간포 며느리가 될 화번공주로 당시 황제의 조카인 문성공주를 선택했다. 일반적인 스토리라면, 먼 변방 오랑캐 국가에 시집간다고 슬퍼했을 테지만 문성공주는 달랐다. 자신이 당나라와 티베트 사이 가교가 되어 두 국가가 평화롭게 지내는 데 도움이 되겠다고 의지를 다지며 티베트로 떠났다. 시집갈 때 문성공주가 바리바리 싸간 물건에 차가 포함되어 있었고 그렇게 티베트에 차가 알려졌다는 후문이다. (진짜 그랬는지, 역사적으로 미화된 것인지는 확인할 수 없지만 티베트에서 문성공주는 아직도 무척이나 사랑받는 공주다.)

"외로워도 슬퍼도 나는 안 울어" 캔디처럼 떠나온 문성공주의 굳센 의지가 무색하게 남편은 일찍 세상을 떠났다. 젊어서 과부가 된 문성공주를 하늘이 안타까이 여겼을까. 다행히 문성공주는 시아버지인 송찬간포의 부인이 되었고 둘은 오래도록 금슬 좋게 살았다. 당시 유목민 사이에서는 남편이 죽은 며느리가 시아버지와 결혼하는 것이 흔한 일이었다.

차를 알게 되면서 자신들도 모르게 비타민을 공급받고 지긋지긋한 질병에서 벗어난 티베트 사람들은 "식량 없이는 3일을 살아도 차가 없으면 하루도 살지 못한다"라면서 물처럼 차를 마시기 시작했다. '차'라는 무기를 쥐게 된 당나라는 티베트에 조금이라도 수가 틀릴라치면 "차를 보내지 않겠다." 엄포를 놓곤 했다. 티베트는 차를 얻기 위해 어떻게든 당나라 비위를 거스르지 않으려 했고, 그렇게 당나라는 티베트라는 골칫거리를 해결했다.

티베트 사람들은 어마어마한 양의 차를 수입해 갔는데, 그 양을 다 대기 힘들자 중국인들은 싸구려 차를 대거 만들어 티베트에 보냈다. 당나라 때는 사천성에서 만든 차가, 명나라 때는 호남성에서 만든 차가 주로 들어갔다. 그러다 청나라 때는 운남성에서 만든 차가 들어가기 시작했다. 차마고도가 티베트와 국경이 맞닿아 있는 사천, 운남 두 곳에서 시작하는 이유다. 호남성에서 만들어진 차 역시 사천, 운남으로 옮겨진 후 차마고도를 따라 티베트로 들어갔다.

티베트에 들어간 싸구려 차는 어떻게 만들어졌을까. 찻잎은 어린잎이 가장 비싸다. 어린잎이 비싸다는 것은 곧 많이 자란 잎은 싸다는 의미가 된다. 많이 자란 잎으로 차를 만들어 우리면 거친 느낌과 쓰고 쇠한 맛이 난다. 중국인들은 많이 자란 저렴한 잎으로 만든 차와 좋은 차를 만들고 남은 찌꺼기로 만든 값싼 차를 티베트에 보내 비싼 값에 팔았다.

그래도 마지막 양심이 있었는지, 그렇게 만들어 낸 맛없는 차를 어떻게 하면 조금이라도 더 맛나게 만들 수 있을까 고민은 한 모양이다. 고민 끝에 찾아낸 방법이 차를 만든 후 차에 물을 듬뿍 뿌려 습도를 높이는 것이었다. 습도가 높다 보니 자연스레 미생물이 발생했고 그 미생물이 찻잎을 발효시켜 훨씬 달고 부드러운 차 맛을 만들어 냈다. 그렇게 발효시켜 주로 티베트로 들어갔던 싸구려 차를 '흑차'라 부른다. 그래서 6대 다류 중 흑차는 지금도 제일 가

거친 싸구려 잎으로 만든 흑차는 주로 네모난 모양으로 만들어졌다. 이런 모양 차를 '전차'라 부른다.

격이 저렴한 차에 속한다.

흑차는 6대 다류 중 유일하게 산화가 아닌 발효에 의해 만들어지는 차다. 찻잎에 수분과 열을 가해 찻잎에 미생물이 붙고 이를 통해 발효가 일어나게 하는 게 핵심으로, '시간이 만든 차(Tea of Time)'로도 불린다. 제다는 살청 ⇒ 식히고 말리기 ⇒ 적당히 섞어 주기 ⇒ 쌓아서 발효 ⇒ 가공과 압병으로 이뤄지는데 쌓아서 발효 하는 과정이 바로 찻잎을 잔뜩 쌓아놓고 수분과 열을 가해 미생물 발효를 유도하는 과정이다. 이 과정을 '악퇴'라 부른다. 압병한 보이차는 동그랗게 제작했지만, 흑차는 대부분 직육면체(일명 벽돌형) 형태로 만들었다. 이런 벽돌 모양 차를 '전차'라 부른다. 가끔 버섯 모양으로도 만들었다. 주요 소비처인 티베트에서 버섯 모양을 선호했기 때문이라는 설명이다. 버섯 모양 차는 '긴차'라고 불렀다.

호남성 안화현에서 만들어지는 안화흑차가 유명한데 안화흑차의 대표 격으로 '천량차(千兩茶)'가 있다. 천량차라는 이름은 무게에서 비롯됐다. 청나라 도량형 기준 한 냥(兩)이 37.5g이다. 1,000냥은 3만 7,500g, 즉 37.5kg이라는 의미다. 보통 높이 150cm, 지름 20cm 안팎의 원기둥 모양으로 생겼다. 백량차, 십량차도 있는데 각각 무게가 백량, 십량 나가는 차다.

호남성에서 만드는 또 다른 대표적인 흑차로 '복전차(茯茶砖)'가 있다. '복(茯)'은 여름철 삼복(三伏) 할 때 그 복이요, '전(砖)'은 벽돌형이라는 의미다. '여름 더위에 벽돌처럼 압축해서 만든 차'라는 이름쯤 되겠다. 복전차는 '금화가 피는 차'로 유명한데, 이 '금화'라는 것이 흑차의 대표적인 특징 중 하나로 꼽힌다. '금화'라는 이름에서 알 수 있듯, 노란색 가루가 점점이 뿌려져 있는 것처럼 보인다. 복전차 발효 과정에서 자연스레 생겨나는 일종의 균사체인 금화의 정식 명칭은 아스페르길루스 크리스타투스균(Aspergillus cristatus). 일명 '황금꽃곰팡이'다. 곰팡이 핀 차를 우려 마신다고? 걱정하지 마시길. 금화는 몸에 좋은 유익균이라 많이 필수록 좋은 복전으로 여겨진다. 혹시 자연적으로 피지 않을까 봐 요즘은 아예 복전을 만들 때 금화균을 주입하기도 한다.

광서성 육보차도 유명한 흑차다. 육보차는 중국 광서성 장족 자치구 육보진에서 만든다고 해서 육보차다. '여섯 가지 보물'이란 뜻의 육보가 아니다. 이외에 흑전차, 화전차, 공첨, 천첨, 청전차, 안차 등이 흑차에 포함된다.

돈은 없지만 맛있는 차는 마시고 싶어 ①
수유차

차 한잔에 담긴
스토리 9

모든 음식의 역사는 값싼 재료로 만든 맛없는 음식을 조금이라도 맛있게 만들어 먹으려는 '도전'의 연속이다. 티베트인들도 싸구려 흑차를 조금이라도 맛있게 우려 마시기 위해 자기네만의 방식으로 변형을 가했다. 그렇게 탄생한 것이 티베트식 밀크티인 '수유차'다. (밀크티 역시 맛없는 홍차를 조금이라고 맛있게 마시기 위해 만들어졌다)

티베트 수유차는 진하게 우려낸 차에 수유를 넣어 만든다. 수유는 야크나 양, 소의 젖을 끓인 후 식힐 때 생겨나는 지방 덩어리를 가리킨다. 수유뿐 아니라 소금도 조금 넣고 막대기로 오랫동안 휘저으면 수유차가 완성된다. 티베트 사람들은 이 수유차를 수시로 데워서 마시는데 평균 15~20잔을 마시는 것으로 알려졌다.

티베트 수유차는 어떻게 만들까.

① 벽돌 모양 전차는 워낙 단단해서 일반적인 차칼로 뜯어내기 어렵다. 아주 단단한 흑차용 칼을 이용하거나 심지어 망치로 필요한 양만큼 부순다.

② 냄비에 찻잎을 많이 넣고 걸쭉해질 때까지 끓여낸다.

③ 우린 찻물을 1미터 정도 길이 나무로 만든 원통형 통에 따른다. 그런 독특한 나무통에 넣는 이유가 있다. 나무통에 수유와 소금을 조금 넣고 휘휘 돌려 섞어준다. 이 과정을 '교반'이라고 부른다. 수유차를 만들 때 가장 중요한 과정이 바로 이 교

반 과정이다. 재료를 잘 섞어서 버터가 뭉치지 않게 해야 한다. 또 교반 과정에서 생긴 거품이 부드러운 식감을 만들어 내는데 이 식감이 수유차의 맛을 크게 좌우한다.

④ 교반한 차를 찻주전자나 보온병에 넣어 보관하면서 수시로 데워서 마신다. 아무리 차를 꼭 마셔야 해도 이런 복잡한 과정을 거쳐 어떻게 만드냐고. 티베트 사람들도 마찬가지일 터. 그래서 요즘은 교반 과정을 핸드믹서기로 갈아서 대신한다나.

수유차는 1미터 정도 길이 원통 모양 나무통에 우린 차를 따르고 수유와 소금을 넣은 후 나무 막대로 휘휘 저어 완성한다.

'육안차'로 알려진 '안차'

차 한잔에 담긴
스토리 10

한때 흑차 중 손의순육안차를 참 좋아했다. "(향이 너무 강한) 육보차는 취향이 아닌데 (맛과 향 둘 다 편한) 육안차는 너무 좋아"하면서.

육안차 이름과 관련한 몇 가지 스토리가 있다.

① 육안에서 만든 차라 육안차다.
② 오장육부를 편안하게 해주는 효능이 있다 해서 육안차다.
③ (모 차 판매 사이트 설명에 의하면) '육안과편'을 후발효시킨 차다.

그런데 안차의 고향에 가보니 맞는 게 하나도 없는 게 아닌가.

① 일단 육안이 아니고 안휘성 기문에서 만들어진다. 기문홍차의 그 기문이다. 기문 곳곳에서 만들어지는데 특히 용구(溶口), 로계(芦溪) 이런 지역에서 많이 만든다. 참고로 육안과 기문은 같은 안휘성이긴 하지만 650km 이상 떨어져 있다. 현지에서는 육안차라는 이름은 없고 안차가 공식 명칭이다. 육안차는 안차가 만들어질 당시 육안의 차가 좋아서 좋은 차라는 의미로 육안차라 불렀을까 추정될 뿐, 안차가 정확한 명칭이라는 설명이다.

② 몸을 편안하게 해주어 안차고 특히 몸의 습기 제거에 좋다는 얘기가 있다. 그래서 청나라 시절부터 광저우 옆 불산이 안차의 최고 소비지였고 불산에서 동남아로 수출이 됐다. 90년대 안차를 접한 차인들은 홍콩, 마카오 등지에서 안차를 처음 알게 된 경우가 많다고 전해진다.

③ 육안과편을 후발효 시켰다고? 비싼 녹차 육안과편을 후발효 시켜 훨씬 저렴한 흑차를 만든다는 발상 자체가 말이 되지 않는다. 그냥 기문의 차를 가지고 처음부터 안차를 만들었고 기문홍차와 안차를 만드는 차나무가 똑같다.

한국의 차 상인들이 차를 제대로 알지 못하면서 마구잡이로 파는 사례가 한둘이 아니지만 특히 안차가 심한 경우가 아닐까. 참고로 한국에서는 손의순 육안차가 유명하고, 심지어 '손의순이 처음 육안차를 만든 할머니다'라는 얘기까지 나도는데, 그저 안차의 주요 브랜드 중 3순이 있을 뿐이다. 손의순, 정의순, 선의순이 그 3순이다.

안차는 명나라 때는 주로 베이징에서 소비됐고, 청나라 때는 광저우와 동남아가 주요 소비지였다. 1937년쯤 명맥이 끊겼다가 1992년 이후 다시 만들어지기 시작했다. 따라서 '70년대 손의순 육안차'라는 것은 없다. 그런 차 판매하는 곳은 믿고 거르시길~ 다만 기문안차 생산이 중단된 후 졸지에 공급선을 잃은 불산 등지에서 자체적으로 차를 생산해 안차로 판매했다는 기록은 있다. 그러나 이는 정통 안차가 아니고 손의순안차는 더더욱 아닐 터.

'육안차'라는 이름으로 알려진 '안차'는 안휘성 기문에서 만드는 흑차의 한 종류다.

안차의 주요 생산지 중 한 곳인 안휘성 로계에서 만난 '공손순 차창'. 3순이 유명해서 다른 '00순' 차창도 생긴 걸까.

🎬 커피 오어 티

'티 오마카세'는 '찻집은 나이 지긋한 어르신들이나 가는 곳'이라는 편견을 깨트리고 MZ세대 사이에서 '인스타 핫플'로 자리매김하고 있다. 어쩌면 전통이 전통으로 머물러 있지 않고, 젊은 층과 끊임없는 소통을 통해 새로운 전통, 젊은 전통으로 다시 태어나는 대표적인 사례일 수 있겠다.

영화 〈커피 오어 티〉는 바로 그 전통과 전통에 맞서는 젊은이의 새로운 도전을 다룬 영화다. 도전하는 스타트업마다 10전 10패 하면서 번아웃된 이과형 창업덕후 '웨이 진베이(류호연)'('대륙의 박보검'으로 불리는 인기스타다.), 대륙 횡단 새벽 배송을 꿈꾸며 고향으로 컴백한 무한 긍정 예체능형 배달덕후 '펑 시우빙(팽욱창)', 보이차의 고장에서 '나 홀로 스벅'을 외치는 마이웨이 문과형 커피덕후 '리 샤오췬(윤방)'. 중국에서도 제일 서남쪽, 남쪽으로 미얀마, 라오스, 베트남과 국경을 맞대고 있는 깡시골 운남에서 의기투합한 극과 극 세 청춘의 난리법석 스토리다.

베이징에서 우연히 만난 시우빙 손을 잡고 시우빙의 고향 운남으로 온 진베이. 시우빙은 베이징에서 죽어라 번 돈으로 고향에서 택배업을 하기 위해, 수차례 창업했다 모두 말아먹고 우울증에 시달리던 진베이는 잠시 마음의 여유를 찾기 위해, 그렇게 서로 다른 생각으로 함께 온 것. 고향에 돌아와 야심 차게 시작한 택배업에서 실패하고 의기소침해진 순간, 시우빙과 진베이는 샤오췬을 만난다. 대대손손 차를 경작하고 차에만 얽매이는 인생이 싫어 반항의 표시로 커피를 재배하는 샤오췬. 그런데 이 샤오췬이 재배하고 로스팅하는 커피가 꽤 훌륭하다. 커피 전문가 샤오췬, 택배 전문가 시우빙, 그리고 전자상거래 전문가라고 자부하는 진베이는 힘을 모아 '운남 푸얼 커피'의 영광의 순간을 만들어 낸다.

| **보이차** | 보이차는 어쩌다 '비싼 차'의 대명사가 됐을까

오래될수록 풍미와 구감이
좋아진다는 보이차

"6대 다류에 뭐가 있을까요?" 질문하면 대부분 "녹차" "홍차" 얘기하고는 말문이 막힌다. 차 쫌~ 아시는 분이라면 "백차" "보이차"를 외친다.

"음~~~ 녹차, 홍차, 백차 맞아요. 그리고 황차, 청차, 흑차가 있어요." 하면 꼭 이런 질문이 따라붙는다.

"그 유명한 보이차는 왜 6대 다류가 아닌가요?"

6대 다류 분류법은 1960년대 중국 안휘 농업대학 차학과 진연 교수가 최초로 정립했다. (안휘성과 절강성은 중국의 대표적인 녹차 산지이고, 안휘 농대 차학과는 절강 농대 차학과와 함께 중국에서 쌍벽을 이루는 차학과다.)

진연 선생이 6대 다류를 정리할 때만 해도 보이차는 지금처럼 유명한 차가 아니었다. 보이차는 제다법만 놓고보면 보이생차는 녹차, 보이숙차는 흑차에 속한다. 이런 이유로 최근 보이생차는 녹차, 보이숙차는 흑차에 포함시키자는 의견도 나오고 있지만, 중국에서 받아들여지지 않고 있다고. 보이차가 워낙 유명해지고 시장이 커져서 보이차는 그냥 보이차로 두자는 식이다. 6대 다류가 뭐? 보이차는 그냥 보이차야~

'그냥 보이차'라는 독보적인 위치를 차지한 보이차의 고향은 운남이다. 보이차에서 '보이'는 중국 발음으로 '푸얼'인데 운남성 푸얼시에서 이름이 유래됐다. 안타깝게도 요즘은 그 푸얼시조차 커피가 장악했다. 중국산 커피의 99%가 운남성에서, 그중 절반 이상이 푸얼시에서 생산된다. 운남성 젊은이들도 찻집에서 차를 마시기보다는 카페에서 커피를 마시는 이가 훨씬 많다는 전언이다. 아무리 커피에 영광을 넘겨주고 있다지만 그래도 보이차는 여전히 운남성의 찬란한 문화유산이다.

보이차는 '아주 귀하고 비싼 차'의 대명사다. 사실 보이차가 마냥 '아주 비싼' 차는 아니다. 동그란 접시처럼 생긴 보이차는 보통 1편이 357g이다. (접시처럼 생긴 그걸 '편'이라 부른다.) 1편에 싼 차는 2~3만 원짜리도 있고 비싼 차는 억대를 호가하기도 한다.

보이차는 다른 차와 달리 정의부터 독특하다. 중국 정부는 보이차를 '운남 지역 대엽종 차나무 잎을 쇄청한(햇볕에 말린) 원료로 만든 차'라고 정했다. 아무리 보이차 제다 방식으로 차를 만들었더라도 '운남성에서 생산된 찻잎' 그것도 '대엽종 찻잎'이 아니면 보이차라 이름 붙일 수 없는 셈이다.

운남성은 알겠는데 대엽종 찻잎은 무엇일까. 찻잎은 크기에 따라 대엽종, 중엽종, 소엽종으로 나뉜다. 우리가 자주 접하는 녹차는 찻잎 크기가 작은 소엽종에 속한다. 보이차는 손바닥 크기만 한 크기의 대엽종으로 만든다. '잎의 크기를 정하는 공식'이 있다. '잎의 가로×잎의 세로×0.7'의 결과물로 판단한다. 0.7을 곱하는 것은 타원형 면적이 일반적으로 사각형 면적의 70% 정도를 차지하기 때문이다. 이 공식에 맞춰 계산한 숫자가 28~48 일 경우 대엽종으로 분류한다. 보이차를 대엽종으로 만드는 이유가 있다. 운남성은 미얀마, 라오스와 국경을 맞대고 있다는 설명에서 알 수 있듯, 이름만 중국이지 실제로는 동남아시아 '뻘'이 나는 지역으로 연평균 기온이 17~22도 정도 된다. 이곳에서는 당연히 같은 차나무라도 잎이 큰 대엽종이 될 수밖에 없다.

보이차는 어쩌다 귀하고 비싼 차의 대명사가 됐을까.

'오래될수록 풍미와 구감이 좋아진다'라는 보이차의 독특한 특성과 관련이 있다. 보통 녹차는 생산된 그해에 마시는 게 가장 좋다. 서양 홍차는 그 기한이 3년 정도로 늘어난다. 가장 맛있게 마실 수 있는 기간을 의미하는 '상미기한'이 그렇다. 물론 상미기한이 지나도 마실 수는 있지만, 향도 다 날아가고 가끔 '쩐내'라 부르는 이상한 맛이 나기도 한다.

그런데 보이차는 오래될수록 좋아진다니? 보이차는 예전부터 만든 그해에 마시는 차가 아니었다. 보이차는 만든 첫해는 물론 몇 년이 지나도 고삽미(쓰고 떫은 맛)가 강해 바로 마시기 쉽지 않다. 프랑스 보르도 와인이 적어도 10년은 숙성시켜야 '마시기 좋은 상태로 열리는' 것과 비슷한 이치다. 생산된 지 얼마 안 된 보르도 와인을 마시면 탄닌만 강하고 별맛도 없다. 보이차도 만든 지 얼마 안 됐을 때는 뱉어버리고 싶은 맛이 나다 오랜 시간 숙성시키고 발효시키는 과정을 거치면서 비로소 부드럽고 마시기 좋은 차로 완성된다. '할아버지가 사들여 손자가 마시는 차'라는 말이 나온 배경이다. 이런 이유로 차가 오래될수록 가격이 높아졌다. 예를 들어 처음 세상에 나왔을 때 1만 원도 채 되지 않았던 차가 30년 정도 지나면 수백만 원에도 거래되는 차로 업그레이드되기 다반사다. (이런 가격 메커니즘 역시 와인과 똑같다.)

이렇게 나이를 먹으면서 가격도 비싸진 차를 '노차'라고 하는데 2000년대 들어 보이차 인기가 급상승하면서 노차 가격도 천정부지로 올라갔다. 최고급 노차는 수천만 원에서 수억 원에도 거래가 된다. 이때부터 '보이차는 비싼 차'라는 이미지가 생겼다.

'아주 귀하고 비싼' 보이차는 그러나 차를 대중화시키기는커녕 외려 차를 외면하는 문화를 만들어 낸 주역으로 꼽힌다. 이건 또 무슨 말일까. 이번에도 '노차' 때문이다. 찾는 사람이 많으면 꼼수도 많아지는 법. 오래 묵은 차가 무한정 존재할 수는 없다. 당연히 '몇 년 되지 않았거나 갓 만든 차를 오래된 차처럼 보이게 할 수는 없을까, 그러면 비싸게 팔 수 있을 텐데' 이런 생각을 하는 사람들이 생겨났고 가짜노차를 만들어 조직적으로 유통시키는 세력도 나타났다. 이렇게 가짜로 만든 노차를 '작업차'라 부르는데, 작업 과정에서 오래된 차처럼 보이게 하려고 약품을 쓰는 경우까지 나타났다. 당연히 이런 차를 마시면 건강에 좋을 리가 없다. 이렇게 보이차 업계가 혼탁해지고 어지러워지면서 '보이차는 가짜가 대부분'이라고 생각하는 이가 많아졌고, '진짜 보이차는 구할 수 없고 자칫 가짜차를 마셨다 건강을 해칠 수도 있으니 아예 마시지 않는 게 낫다'라는 인식이 팽배해졌다. 그렇게 보이차를 외면하는 문화가 널리 퍼졌다.

2010년대 이후로는 구하기 어렵고 가짜가 판치는 '노차' 대신 '고수차(古樹茶)'로 눈을 돌리는 이가 많아졌다. 고수차는 100년 이상, 심지어 수천 년 세월을 살아낸 나무에서 따낸 찻잎으로 만든다. 고수차는 첫해부터 어느 정도 세월을 살아낸 보이차의 맛과 향을 낸다. 그래서 만든 첫해부터 편하게 바로 마실 수 있다. 그뿐인가. 고수차는 대부분 해발 1,800m 이상 지역에서 야생으로 자란 차나무에서 따낸 찻잎으로 만든다. '차나무는 1년 위로(가지) 자라면 1년 아래로(뿌리) 자란다'라는 말이 있다. 오랜 세월 깊게 뿌리를 내린 고수차나무는 따로 물과 양분을 공급하지 않아도 자력으로 살아낸다. 1,500m 이상 고지대에서는 해충도 살 수 없어 농약을 칠 필요도 없다. 이처럼 고수차는 '비료도 농약도 치지 않은 청정하고 마시기 편한 차'라는 인식을 얻으면서 보이차 업계의 주역으로 떠올랐다.

가격은? 당연히 비싸다. 100g에 수십만 원대를 호가하기 일쑤다. 보통 차를 한번 우릴 때 찻잎 3~4g을 넣는다. 100g에 30만 원이면 한번 우리는 찻잎 가격이 1만 원 정도 되는 셈이다. '보이차의 로마네꽁티'로 불리는 노반장 지역 고수차는 100g에 100만 원 넘는 경우도 수두룩하다. 이때는 한번 우림에 3만 원가량 들어가니, '차가 아니라 금을 먹는다'라는 얘기가 나올 법하다.

'노차'에서 '고수차'로 한 단계 젊어지고 현대화된 보이차가 다음에는 어떤 형태로 젊어질까.

와인에 '로마네꽁티'가 있다면
보이차에는 '노반장(라오반장)'

차 한잔에 담긴
스토리 11

프랑스 부르고뉴 와인 로마네꽁티는 전 세계에서 가장 비싼 와인으로 유명하다. 'ㅇㅇ산 로마네꽁티가 경매에서 ㅇ억 원에 팔렸다더라'라는 스토리는 이제 놀랍지도 않다. 부르고뉴 와인은 가장 비싼 와인 랭킹 톱 10에 늘 줄줄이 올라갈 만큼 가격이 비싸다.

당시 와인을 만드는 와이너리가 아니라 아예 포도 밭에 등급을 고정해 놨다. 생산량이 동일하니 찾는 사람이 많으면 가격이 오를 수밖에 없는 구조다. '희소성'과 '중국인의 묻지마 투자' 덕분에 '부르고뉴 와인은 부르는 게 값'이 됐다.

보이차가 딱 그랬다. 보이차는 중국 운남성에서 만들어 내는 차에만 붙일 수 있는 이름이다. 중국 정부는 보이차를 '운남 지역 대엽종 차나무 잎을 쇄청(찻잎을 햇볕에 말린)한 원료로 만든 생차와 숙차'라고 정의했다. 운남성 중에서도 작금의 최고 보이차 산지는 시솽반나 맹해현에 위치한 포랑산, 그중에서도 '노반장(라오반장)'이다. '노반장'이라는 이름만 붙어있으면 노반장 지역 찻잎이 몇 퍼센트 들어갔는지는 '묻지도 따지지도 않고' 1편(357g) 가격이 수백만 원으로 훌쩍 뛰어오른다.

보이차의 성지 포랑산 노반장에 가기 위해서는 하루를 꼬박 투자해야 한다. 중국 서부 대개발의 관문이라 불리는 사천성 아래, 왼쪽은 바로 티베트와 맞닿아 있는 곳, 중국이라기보다는 동남아 분위기를 더욱 물씬 풍기는 운남성 성도 쿤밍이 첫 시작점이다. 인천공항에서 5시간을 날

아가야 나오는 쿤밍행 비행기에는 유독 동남아인이 많이 보인다. 동남쪽으로는 베트남·태국·라오스, 서남쪽으로는 미얀마·인도와 접해있다는 쿤밍 창수이 공항은 국제 항공편의 80%가 동남아행이다. 버스나 고속철도를 타고 이들 국가로 가는 동남아인도 부지기수다.

쿤밍이 종착점이 아니다. 다시 국내선 터미널로 가 비행기를 갈아타고 1시간 남짓 날아 시솽반나(징훙) 공항으로 가야 한다. 12월 중순 쿤밍 최고기온이 14~15도인 반면, 시솽반나는 27~28도까지 올라간다. 계절이 없고 그저 우기와 건기만 있다는 곳. 25개 소수민족이 산다는 곳. 2000년대 초반만 해도 중국에서 가장 못 살던 그곳에 지금은 연간 수십억대 수입을 올리는 차농이 수두룩하다.

맹해현에 가려면 시솽반나 공항에서 차를 타고 1시간가량 또 달려야 한다. 국경에 인접한 맹해현에 들어가기 직전, 모든 통행자는 여권을 검사받는다. 그렇게 꼬박 10시간 넘게 걸려 들어온 맹해현 거리에는 발에 차이는 게 수많은 차관이고, 성장하는 경제에 걸맞게 눈만 돌리면 아파트다. 보이차는 40만 명 인구 맹해현 경제의 20%를 차지한다.

맹해현 포랑산 노반장이 보이차의 성지로 떠오른 배경이 있다. 보이차를 생산하는 수많은 차창 중 가장 널리 알려진 중국 1위 대형 차창이 대익차다. 대익차 전신이 맹해현을 기반으로 설립된 맹해차창이다. 대익차 본사가 맹해현에 있는 것은 물론 1만 무 규모(1무=666평) 다원이 포랑산에 자리한다. 그뿐인가. 10여 년간 보이차 트렌드의 최정점에 서 있는 고수보이차(이하 고수차: 수령이 100년 이상 된 차나무 잎으로 만든 차)의 대표 차창인 우림고차방과 진승호차창도 맹해현에 기반을 두고 있다.

우림고차방과 진승호차창이 맹해현에 있는 것 또한 이유가 있다. 보이차는 만든 첫해는 물론 몇 년이 지나도 고삽미(쓰고 떫은 맛)가 강해 바로 마시기 쉽지 않다. 오래된 보이차는 '노차'라 불리는데 2000년대 들어 보이차 인기가 급상승하면서 노차 가격이 천정부지로 올라갔다. 후발차창인 우림고차방과 진승호차창은 노차 대신 고수차로 눈을 돌렸다. 100년 이상, 심지어 수천 년 세월을 살아낸 나무(古樹)에서 따낸 차로 만든 고수차는 첫해부터 어느 정도 세월을 살아낸 보이차의 맛과 향을 낸다는 점에 주목했다.

그뿐인가. 이들은 대형차창의 대지차(낮은 지대에서 차나무를 재배해 차를 생산하는 방식)에 비해 고수차가 훨씬 청정한 차라는 점을 부각시켰다. 대지차는 아무래도 농약을 치고 차 맛이 떨어진다는 인식이 강하다. 대부분 해발 1,800m 이상 지역에서 야생으로 자란 차나무에서 따낸 찻잎으로 만드는 고수차는 혼자 잘 자라 비료도 필요 없고, 고지대라 해충이 없어 농약도 치지 않는다. 보이차 세계의 판을 바꾸는 고수차 도박은 엄청난 성공을 거뒀다. 고수차가 먹히면서 이들은 일약 보이차 업계 스타로 떠올랐다.

우림고차방과 진승호차창이 고수차 시장에 뛰어들면서 주목한 지역이 바로 맹해현 포랑산에 위치한 '노반장'이다. 보이차의 대표적인 산지는 고(古) 6대 차산으로 불리는 6개 차산과 신(新) 6대 차산으로 불리는 6개 차산이다. 메콩강을 중심으로 오른쪽에 고(古) 6대 차산, 왼쪽에 신(新) 6대 차산이 흩어져 있다. 명·청 시대에는 고(古) 6대 차산이 중심지였다면, 현대 중국에 와서는 신(新) 6대 차산이 더욱 각광을 받고 있다. 고(古) 6대 차산이 일찍부터 보이차로 유명해 나름 개발이 된 반면, 신(新) 6대 차산은 사람의 발길이 닿지 않았던 게 결정적으로 뜨는 계기가 됐다. 신(新) 6대 차산 중에서도 가장 오지이며 낙후돼 있던 지역이 포랑산이다. 개발이 덜 되고, 그만큼 사람 손이 덜 탄 포랑산은 '인적이

드문 곳에서 수백 년 세월을 홀로 버티며 품질 좋은 찻잎을 만들어 내는 고수차' 이미지에 딱 맞았다.

2008년 진승호차창은 포랑산 지역에서도 차 기운이 세고 품질 좋은 노반장 지역을 주목하고 노반장 135개 차농 중 50여 차농으로부터 차를 전량 납품받는 계약을 맺었다. 노반장 마을 입구에는 50여 명 차농 얼굴을 모자이크해 놓은 대형 광고판이 하나 서 있는데, 진승호차창과 계약을 맺은 차농들이다.

노반장 마을은 아무나 들어갈 수 없다. 마을 입구에 상주하는 2명이 일일이 체크한다. 노반장 차농이 한 명이라도 있어야 그를 따라 들어갈 수 있다.

포랑산 입구에서 30분 넘게 자갈길을 덜컹거리며 달려간 노반장 마을 입구. 노반장 5호 차농인 합니족 출신 양하이룽이 포르쉐를 끌고 마중 나왔다. (노반장은 대대로 합니족이 살던 지역이다.) 집사람이 모는 벤츠 포함 보유한 차만 7대라는 룽. 노반장에서 매년 생산되는 보이차가 60톤

고수보이차의 성지 '노반장(라오반장)' 마을은 아무나 막 들어갈 수 없다. 마을 입구에서 일일이 검사해 노반장 마을 내에 살고 있는 차농이 한 명이라도 있어야 그를 따라 들어갈 수 있다.

가량 된다. 그중 800㎏을 생산하는 양하이룽은 매년 찻잎을 팔아 20억 원 넘는 수입을 올린다. 아버지에게 물려받은 차나무로 큰 수입을 올린다며 매년 누나 2명에게 각각 2억 원씩 보내준다는 얘기도 들려줬다.

'노반장 5호집'에 방문했을 때 5호집 주인이 차려준 전통밥상

노반장 인근 노만아(라오만어) 마을 역시 고수차로 유명한 지역이다. 237호가 모여 사는 노만아 마을은 노반장에서 산길을 1시간여 더 달려야 갈 수 있다. 차 2대가 다닐 만한 폭이 아니고 계속 꼬불꼬불한 길이 이어지기 때문에 운전하는 내내 클랙슨을 계속 울려 앞쪽에 차가 오고 있다는 신호를 줘야 한다. 맞은편에서 오는 차를 피하다 길을 벗어나 살짝 구를까 말까 하기를 몇 번, 그 험한 여정 끝에 도착한 노만아 마을. 그나마 2016년경 도로가 놓여 차로 오갈 수 있게 됐다고. 이전에는 걸어서 산을 내려가 차를 팔고 그 돈으로 생필품을 사오곤 했다.

노만아 105호 차농인 앤쑤잉은 포랑족이다. "노만아 마을이 너무 못살아 정부에서 나와 차나무를 모두 베어버리고 옥수수를 심어 먹고 살라고 독려했다. 당시 일부는 정부 말을 따랐지만, 일부는 조상 대대로 내려온 차나무를 베어낼 수 없다며 버텼다. 2010년부터 차나무가 돈이 되기 시작했는데 당시 차나무를 베어버린 농가는 엄청 후회하고 있다."라고 사정을 들려줬다.

고수차가 보이차의 핵으로 떠올랐지만, 한국에서는 제대로 된 고수차를 구하기 쉽지 않다. '노반장' 이름을 단 차는 많지만 그저 노반장 차라니 노반장 차라고 믿을 뿐, 진짜 노반장 차인지는 아무도 증명할 수 없다. '진짜 고수차는 중국 부자에게 다 팔리고 남

보이차 마을마다 가장 오래된 나무에 '차왕수'라 이름 붙이고 관리한다. 고수차는 보통 이렇게 큰 교목 형태 나무의 잎으로 만든다.

는 게 없다.' '한국에서 비싸게 주고 산 고수차가 진짜 고수차인지 아무도 모른다.'라는 말도 들린다. 이런 이유에서 일부 국내 차 애호가는 3월 말~4월 초 현지 차농과 연계돼 있는 국내 업체와 함께 직접 차 산지에 들어가기도 한다. 찻잎을 직접 따서 볶고 제다 해 말리는 과정을 내내 지켜 자신만의 차를 병배해 오려는 여정이다. 차 한 편(동그란 모양의 357g짜리)을 만드는 가격이 어마어마하긴 해도, 이렇게 해야 비로소 믿을 만한 차를 구할 수 있다는 생각에서다.

노반장 말고 또 유명한 지역은 어디일까?
보이차는 크게 3대 산지가 유명하다. 우선 시솽반나(西双版納)를 알아야 한다. 서쪽으로 미얀마, 남쪽으로 라오스와 국경을 맞대고 있는 시솽반나 가운데로 란창강이 흐른다. 란창강은 베트남까지 흘러가는데 베트남

에서는 메콩강이라 부른다. 란창강을 사이에 두고 오른쪽이 맹랍현, 왼쪽이 맹해현이다. 이 맹랍현과 맹해현이 보이차의 최중심지다. 맹랍현에서는 청나라 때부터 보이차를 만들어 황실에 바쳤다. 이무, 의방, 만전, 혁등, 망지 유락 등 유명한 6개 차 산지가 있는데 이를 고 6대 차산(古六大茶山)이라 부른다. '예전에 유명했던 6개 차산' 정도의 의미다. 특히 의방의 만송차는 '만송공차'로 불리는데 황제에게 진상했다 해서 그런 이름이 붙었다. 신 6대 차산(新六大茶山)인 맹해현에서는 포랑, 남나, 맹송, 남교, 파달, 파사 등이 주요 산지로 꼽힌다.

시솽반나 위쪽으로는 보이시가 있다. 예로부터 보이시에서 보이차 거래가 많이 이뤄졌는데 그래서 보이차라는 이름이 붙었다고. 보이시 더 위쪽으로 임창 지역이 있는데 시솽반나, 보이, 임창까지 세 곳이 보이

보이차 3대 산지 중 가장 중심이 되는 시솽반나는 운남성 가운데를 가로지르는 란창강(메콩강)을 사이로 왼쪽이 신 6대 차산, 오른쪽이 구 6대 차산으로 구분된다. 구 6대 차산이 명·청 시대 중심지였다면 현대에 들어와선 신 6대 차산이 훨씬 각광을 받고 있다. 시솽반나 위쪽으로 보이와 임창 지역이 자리한다.

차 유명 3대 산지라고 보면 된다. 그중 임창에는 노반장 다음으로 가장 유명한 빙도, 석귀 등의 차 산지가 자리한다.

오래도록 보이차 황제 자리를 지켜온 노반장 차가 2025년 들어 부쩍 힘이 빠지고 있다는 소식이다. 중국 경제가 어려워지면서 2024년부터 보이차 판매량이 급감하기 시작했다. 6대 다류 중에서도 보이차가 특히 더 팔리지 않는 것은 보이차는 마시기 위해서도 구입하지만 저장해 뒀다 나중에 비싼 값으로 되팔기 위한 재테크용으로도 많이 구입하기 때문이다. 당장 급하지 않은 품목부터 지출을 줄이는 만큼, 쟁여두는 용도의 보이차 구입이 많이 줄어들었을 것임은 쉽게 알 수 있다. 또 코로나 시기를 거치면서 보이차 업계에 '오래 보관했다 마시는' 대신 '바로바로 구입해 마시는' 식으로 트렌드가 조금씩 바뀌기 시작했다. 노반장을 필두로 노반장이 위치한 포랑산 지역 차는 맛이 쓰고 떫고 강렬해 바로 마시기보다는 몇 년 묵혔다 마시기 좋은 차로 여겨졌다. 묵혀 마시고 재테크용으로 좋은 노반장 차 인기가 시들해질 수밖에 없는 상황이다. 결과적으로 2025년 노반장 찻값이 절반 가까이 떨어졌다는 얘기마저 나오고 있다.

반면 고 6대 차산 차가 상대적으로 다시 뜨고 있는 것으로 알려졌다. 고 6대 차산 차는 전통적으로 맛이 순후하고 부드러워 바로 마시기에 훨씬 적합하다. 노반장 차는 '황제의 차', 이무 차는 '황후의 차'라는 별칭이 있을 만큼 고 6대 차산 대표주자인 이무 차가 2025년에 부쩍 인기가 높아졌고 가격도 많이 떨어지지 않았다는 소식이다. 세상은 정말 돌고 돈다.

보이생차와 보이숙차가 다른 거라고?

차 한잔에 담긴
스토리 12

"효리야 생차 마실래? 숙차 마실래?"
"생차 마실래."

　　JTBC에서 방영된 〈효리네 민박집〉에 나왔던 한 장면이다. 당시 제주도에 살던 이효리 부부 집을 배경으로 찍은 〈효리네 민박집〉에서 이효리 씨가 보이차를 즐기는 모습이 방송을 탄 이후 한국에 보이차 붐이 일었다. 그런데 보이차면 보이차지 생차는 뭐고 숙차는 뭘까.

　　생차와 숙차는 건엽(우리기 전의 찻잎)색도 다르고 탕색도 다르다. 생차 탕색은 보통 연노란빛인데 오랜 시간을 거치며(보통 나이를 먹어가고 익어간다고 표현한다) 점차 건엽과 탕색이 짙은 붉은색 숙차처럼 변해간다. 오랜 시간을 거치며 숙차처럼 변해간다고? 여기에 힌트가 있다.

　　보이차는 오래되어 '노차'가 될수록 가격이 높아진다. 그냥 높아지는 게 아니라, 어떤 보이차는 천정부지로 높아진다. 가격이 높아지는 것은 둘째 치고, 만든 지 얼마 되지 않는 생차는 맛이 너무 쓰고 떫고 세서 마시기 힘든 경우가 다반사다. 그 생차에 시간의 더께가 더해지면서 차맛이 마시기 한결 수월하게 부드러워지고 농익어 간다.

　　그렇다면 생차를 구입해서 얼마나 둬야 마시기 부드러운 괜찮은 차가 될까. 몇 년만 기다리면 될까? 한두 해 이후부터 마실 수 있는 차도 있지만, '노차'라는 개념을 붙이면 얘기가 달라진다.

　　차가 생산된 지 20년은 넘어가야 비로소 '노차' 반열 끄트머리에 올라갈까 말까 한다고들 얘기한다. 아니 차를 구입해서 20년을 기다리라고? 쉽지 않은 일이다. 그냥 보이차를 안 마시고 말지. 그렇다고 이미 시장에서 20년을 익힌 차를 사 마시는 것도 쉽지 않다. 우선 그런 차를 찾기가 쉽지 않다. 그런 차를 찾았다 한들, 진짜 20년 묵힌 차가 맞는지 확인할 길도 없다. 마지막으로 가장 중요한 것. 가격이 비싸다.

그래서 나온 게 숙차다. 숙차는 생차를 노차처럼 느껴지게 하려고 '악퇴' 과정을 일부터 거친 차다. 온도와 습도가 높으면 차가 잘 익는다. 그 원리를 활용해 차에 인위적으로 수분을 뿌리고 열기를 더해 차가 잘 익게 만드는 게 바로 숙차다. 그냥 두면 20년 익혀야 할 것을, 인위적으로 20년 익힌 차 같은 느낌으로 시장에 내어놓고 구매자가 바로 마실 수 있게 한다는 개념이다.

이 지점에서 눈 밝은 이들은 "악퇴? 그건 흑차 제다법인데" 하실 터. 맞다. 그래서 보이숙차는 흑차로 들어간다. 그러면 노차처럼 만든 숙차가 생차보다 더 가격이 비쌀까? 거꾸로다. 일반적으로 생차가 더 비싸고 숙차가 더 저렴하다. 생차는 미래가 있지만, 숙차는 인위적으로 노화를 촉진시킨 차로 크게 기대할 미래가 있을지 물음표가 붙기 때문이다.

4장

수식어 없이 그냥
'TEA'라고 하면…
그것은 홍차

🎬 빅토리아&압둘

영국 빅토리아(1819~1901) 여왕은 '해가 지지 않는 나라'라 불렸던 대영제국의 최전성기 시절 무려 64년간 왕좌를 지킨 군주다. 그녀는 '군림하되 통치하지 않는다'라는 전통을 만들었다. 남편 앨버트 공과의 금슬도 좋아 무려 9명의 자녀를 뒀고, 아들딸이 유럽 각국 왕가 귀족과 결혼해 자손을 퍼뜨리면서 '유럽의 할머니'라고도 불리운다.

영광의 역사 뒤에 흑역사가 자리한다. 빅토리아 여왕은 혈우병 유전 인자를 갖고 있었다. 이 유전자가 유럽 각 왕실로 퍼졌고, 특히 러시아 황실은 이 때문에 몰락의 길을 걸었다. (둘째 딸 앨리스 공주의 딸이 러시아 로마노프 왕조의 마지막 황제 니콜라이 2세의 부인인 알렉산드라 황후다. 둘 사이에 태어난 아들 알렉세이가 혈우병을 타고 났는데 알렉산드라 황후가 아들의 병을 고쳐보겠다고 희대의 괴승 라스푸틴에게 의지하다 결국 러시아 왕조 몰락의 결과를 가져왔다.)

빅토리아 여왕의 인생은 영광의 역사로 점철되어 있지만 인생 후반기는 다소 쓸쓸했다. 엄청 사랑했던 남편 앨버트 공이 42세 나이에 장티푸스에 걸려 황망하게 저세상으로 떠난 후 빅토리아 여왕은 평생 앨버트 공을 기억하며 검은 옷을 입은 것으로 전해진다.

2017년 작품 〈빅토리아&압둘〉에서도 빅토리아 여왕은 예의 그 검은색 드레스를 입고 등장한다. 그런 빅토리아 여왕 앞에 어느 날 압둘이라는 이름의 인도인 시종이 나타나고 우정인 듯 애정인 듯 두 사람 사이에는 묘한 감정이 떠돈다. 어쩌면 빅토리아 여왕은 영혼의 반쪽인 앨버트 공을 잃고 그 공허한 마음을 달래줄 누군가를 계속 기다리고 기다렸던 것은 아닐까.

여행 중 길거리에서도
꼭 즐겨야 한다는 애프터눈티

홍차의 나라 영국이 배경인 영화인 만큼 〈빅토리아&압둘〉에는 화려한 티테이블에서 차를 마시는 컷이 자주 등장한다. 그중에서도 압권은 빅토리아 여왕이 한 귀족의 영지를 방문하러 가는 도중 애프터눈티를 즐기는 장면이다.

왕실 하인들이 테이블, 의자, 애프터눈티에 필요한 집기를 낑낑대며 모두 들고 언덕 위에 올라 여왕이 지정한 자리에 테이블을 세팅하고 여왕은 측근들과 애프터눈티 타임을 갖는다. 『죽고 싶지만 떡볶이는 먹고싶어』라는 책 제목이 한국인의 소울푸드를 보여주는 정서라면, '여행 가는 중 길가에서라도 애프터눈티는 포기 못해'인 이 장면이야말로 홍차와 애프터눈티가 영국인에게 어떤 의미인지를 한눈에 보여주는 단면이다.

전 세계 차 생산량의 55~60%가 홍차일 정도로, '홍차=차'라고 해도 과언이 아니다. 그리고 홍차 하면 가장 먼저 떠오르는 나라가 바로 영국이다. 영국홍차 역사에 등장하는 가장 중요한 이름이 있다. 여성이다. 영화에서 본 빅토리아 여왕? 아니면 엘리자베스 여왕? 다 땡땡땡~~~ 정답은 바로 '카타리나 드 브라간사'라는 이름을 가진 포르투갈 공주다. '브라간사의 카타리나'라는 의미. 카타리나가 포르투갈식 발음, 캐서린이 영어식 발음이니 카타리나라고 불러주는 게 더 맞으려나?

카타리나 드 브라간사 | 포르투갈 카타리나(캐서린) 공주는 영국 찰스 2세에게 시집오면서 차 한 바구니를 들고 왔다. 그 차 한 바구니에서 영국 차 문화가 시작됐다.

카타리나는 1662년 영국 왕 찰스 2세와 결혼하기 위해 영국에 왔다. 당시 배 세 척에 혼수품을 가득 채워온 것으로 알려졌는데, 배 수평을 맞추기 위한 균형추로 귀하디귀한 설탕을 가득 싣고 온데다, 배에서 내릴 때 차 한 바구니를 들고 내렸다.

유럽의 변방이던 포르투갈은 14세기부터 바다로 눈을 돌려 일명 '대항해 시대'를 연다. 1498년, 포르투갈인 바스코 다 가마가 아프리카 희망봉을 돌아 인도 서해안에 도착한다. 바닷길로 아시아에 온 최초의 유럽인이었다. 바스코 다 가마가 개척한 항로 덕분에 16세기 내내 포르투갈은 아시아와 유럽의 무역을 독점해 부를 쌓았다. 16세기 말부터 포르투갈의 힘이 약해진 틈을 타 네덜란드와 영국이 치고 들어왔고 1623년 몰루카제도 암본 섬에서 네덜란드와 영국의 무력 충돌이 일어난다. 여기서 승리한 네덜란드가 이후 유럽 패권을 차지한다.

비록 서서히 가라앉고는 있었지만 그래도 카타리나가 시집온 1662년에도 포르투갈은 영국보다 앞선 문물을 자랑하고 있었다. 그 포르투갈에서 온 공주가 '차'라는 귀한 물건을 가지고 왔으니 영국 귀족들이 호기심 어린 눈으로 차를 바라보고 관심을 가지지 않으면 오히려 이상했을 일. 새 왕비가 된 카타리나 공주는 귀족 여인들을 불러 티 파티를 열곤 했고, 그렇게 차는 영국 문화 속에 스며들기 시작했다. 당시 카타리나 공주를 'tea addicted queen(차에 미친 여왕)'으로 불렀다 하니 공주의 차 사랑이 어느 정도였는지 짐작해 볼 수 있다.

그뿐인가. 카타리나 공주는 모로코 탕헤르와 인도 봄베이를 지참금으로 가져왔다. 비록 네덜란드에 패해 아시아에서 밀리고 있었지만, 영국은 카타리나 공주가 가져온 봄베이를 기반으로 인도 내에서의 영향력을 키워간다. 영국에 처음 '차'를 알렸고, 봄베이를 가져옴으로써 영국의 인도 진출 기반을 다지게 했으니, 카타리나 브라간사가 영국의 차 역사에서 독보적인 이름이 된 것은 당연지사다.

이렇게 화려한 스토리 뒤에 사실은 여인으로서는 그다지 행복하지 못했던 카타리나의 모습이 있다. 스페인과 맞서기 위해 카타리나와 결혼한 찰스 2세는 소문난 난봉꾼이었다. 카타리나와 결혼할 때도 이미 정부가 있었고 평생 여러 명의 정부를 거느렸다. 카타리나를 그닥 좋아하지도 않았다. 카타리나와 만난 첫날 "작고 까만 박쥐 같다."라고 친구에게 편지를 쓰기도 했다. 카타리나와 찰스

2세 사이에는 자식이 없다. 찰스 2세는 대신 여러 정부들과의 사이에 무려 12명이나 되는 자녀를 뒀다. 찰스 2세의 정부 중 가장 유명한 여인이 바바라 팔머다. 심지어 찰스 2세는 막 시집온 카타리나 공주에게 바바라를 시녀로 삼으라고 압박했다. 남편의 정부를 시녀로 두고 싶은 여자가 있을 리가 있나. 카타리나 역시 받아들이지 않았다. 화가 난 찰스 2세는 카타리나가 데려온 포르투갈 수행원을 모두 포르투갈로 돌려보냈고, 결국 카타리나는 백기를 들고 바바라를 시녀로 받아들였다. 이러니 카타리나가 차에라도 미치지 않았으면 어떻게 살았을까 싶다.

카타리나가 시집오면서 영국에 들고 온 차 한 바구니에 들어있던 차는 '정산소종'이었다. 정산소종은 중국 사람들이 만든, 세계 최초의 홍차다. 카타리나가 가져온 차가 홍차인 정산소종이었기 때문에 영국이 홍차의 나라가 됐다고 알려져 있다.

한쪽에서는 유럽의 물 때문에 유럽인이 홍차를 마시게 됐다고도 한다. 원래 중국이 주로 만들던 차는 녹차였다. 당연히 유럽에도 녹차가 가장 먼저 전해졌다. 그러나 유럽의 물은 미네랄이 많이 들어있는 경수가 대부분이다. 에비앙을 떠올리면 된다. 경수로 차를 우리면 차 맛이 밍밍해진다. 원래부터 연한 맛인 녹차를 경수로 우리면 네 맛인지 내 맛인지 모를 맛이 난다. 홍차는 상대적으로 맛이 강해 경수로 우려도 차의 향미와 풍미가 살아있다. 그래서 유럽에서 녹차보다 홍차를 주로 마시게 됐다는 스토리다.

다시 정산소종 이야기로. 중국에서도 정산소종을 어떻게 만들게 됐는지에 대한 정확한 기록은 남아있지 않다. 그저 이런 전설

같지 않은 전설만 남아있다. 명나라 말, 복건성의 한 농부가 찻잎을 따서 녹차를 만들 준비를 하고 있었는데 갑작스레 마을에 군대가 들이닥쳤다. 군대는 농부의 가공장에서 하룻밤 자고 가겠다고 했다. 녹차를 만들려면 당장 찻잎을 덖어야 했지만 겁에 질린 농부는 찍소리 못하고 가공장을 군대의 잠자리로 내어줬다. 찻잎을 다 망쳤으면 어쩌나 걱정하며 뜬눈으로 밤을 지샌 농부는 날이 밝자마자 가공장으로 달려갔다. 전날 저녁 군인들이 가공장에서 밥해 먹고 하면서 찻잎에 훈연향이 배어 있고 찻잎 색도 거무스름했다. 다 망했다며 탄식하다 그래도 혹시? 하며 차를 만들었다. 녹색이어야 할 차가 검은색으로 만들어졌다. 농부는 멀리 가서 차를 싸게 팔았는데, 다음 해 그의 차를 샀던 상인이 농부를 찾아와 작년에 팔았던 차를 또 만들어달라는 게 아닌가. 그렇게 정산소종이 세상에 나왔다나, 어쨌다나.

🎬 공작부인: 세기의 스캔들

〈공작부인: 세기의 스캔들〉은 랠프 파인즈와 키이라 나이틀리가 당시 영국 정가의 실력자였던 데본셔 공작과 공작부인으로 열연한 영화다. '세기의 스캔들'의 주인공은 그럼 공작부인? 정답. 제목이 공작부인인 만큼 데본셔 공작부인이 그 주인공이다. 세기의 스캔들 상대방은 데본셔 공작이 아닌 '찰스 그레이', 훗날 영국 총리가 된 인물이다. 훗날 '얼그레이'라는 홍차 이름으로 유명해진, 바로 그 그레이다.

데본셔 공작부인과 그레이는 스캔들 후 어떻게 되셨을까? 그레이 백작과의 사이에서 사생아 딸을 낳은 공작부인은 그 딸을 그레이가에 보내고 이후 그레이와 만나지 않았다고 전해진다. 그레이가에 보내진 딸의 이름은 일라이자. 일라이자는 공작부인과 여러 번 만났지만, 공작부인이 사망할 때까지 그녀가 자신의 어머니인 것을 몰랐고 이후 딸의 이름을 어머니 이름을 따서 '조지아나'라고 붙였다나. 모두 실재하는 역사적 사실이다.

역사도 인생도 늘 되풀이되는 것은 왜일까. 공작부인의 아가씨 시절 이름은 조지아나 스펜서다. 찰스 황태자와 이혼한 후 파파라치에게 쫓기다 운명한 비운의 황태자비 다이애나 스펜서의 5대조 고모할머니다.

최초의 가향 홍차
'얼그레이' 탄생의 비밀

"차를 드셔보셨나요?"

이런 질문에 가장 많이 나오는 답이 '녹차'와 '홍차'다.

"그럼 좋아하는 홍차가 있나요?"

이때부터 다들 헷갈려하기 시작한다.

"그냥 홍차요."

조금 더 관심이 있는 분은 이렇게 대답하기도 한다.

"음… 포트넘&메이슨·마리아 주 프레르·트와이닝스·루피시아·로네펠트·TWG 이런 것?"

안타깝게도 이건 홍차가 아니라 홍차 브랜드다. 백화점 식품관 한켠을 고급진 민트색으로 장식한 덕분에 유명해진 '포트넘&메이슨'은 영국, '마리아주 프레르'는 프랑스, '로네펠트'는 독일, TWG는 싱가포르 차 브랜드다.

그럼 대체 홍차는 뭐지? 진짜로 홍차에 관심이 있고 즐겨본 분들은 이렇게 답할지도 모르겠다.

"향이 화려한 웨딩임페리얼과 마르코폴로를 좋아해요."

딩동댕~~~ 이 정도 얘기할 수 있다면 아주 '훌륭'하다. 다만 이렇게 답하는 당신은 반쪽 홍차의 세계만 알고 있다는 사실. 위에 언급한 브랜드 모두 서양 홍차다. 세상에는 서양 홍차 말고도 너무나도 다채롭고 호화스러운 홍차의 세계가 존재한다.

퀴즈 하나. 세계 3대 홍차는? 영국홍차? 완전 틀렸다. 영국에서 홍차 문화의 꽃이 피면서 영국이 홍차의 대명사 격으로 인식되지만, '영국홍차'라는 것은 없다. 영국은 홍차를 수입해 브랜딩을 잘했을 뿐이다.

세계 3대 홍차는 인도 다즐링홍차, 스리랑카 우바홍차, 그리고 중국의 기문홍차다. 사실 이 세 가지 홍차가 왜 세계 3대 홍차인지에 대한 명확한 근거는 없다. 홍차를 생산하는 대표적인 지역이거나 품질이 뛰어나거나 인지도가 높거나 그래서 3대 홍차로 불리는 것 아닌가 추정할 뿐이다. (개인적으로 특히 기문홍차는 왜 3대 홍차인지 도무지 모르겠다. 30대 홍차도 안 될 것 같은데.)

다즐링홍차, 우바홍차, 기문홍차보다 영국홍차가 훨씬 세련되고 호화롭지 않겠냐고? 이 또한 편견일 뿐이다. 근사한 캔에 들어 있어 수집 욕구를 '뿜뿜' 자극하는 서양 홍차는 그러나 차의 세계에서는 하급 차에 속하는 경우가 대부분이다.

영국에서 홍차를 대부분 밀크티로 즐기는 이유가 있다. 차는 찻잎이 온전히 보존된 '호울리프(whole leap) 차'를 최고로 친다. 서양 홍차는 '호울리프 차'가 많지 않다. 찻잎이 짜각짜각 잘려 있거나 믹스커피 과립처럼 몽글몽글한 수준의 CTC(Crush, Tear, Curl)

형태가 대부분이다. 이런 차는 우리면 쓰고 떫기 십상이다. 우유와 설탕을 섞어 마실 수밖에 없는 셈이다.

반면 호울리프 차는 우렸을 때 맛이 부드러워 한결 마시기 편안하다. 차 고유의 향미를 충분히 즐길 수 있는 만큼, 다른 재료를 섞을 필요가 없다. 같은 이유로 가향도 하지 않는다.

다시 정리하자면 서양 홍차는 호울리프 잎보다는 잘린 홍차가 대부분이다. 서양 홍차를 또 세 가지로 나눠볼 수 있는데 '스트레이트 차' '블렌디드 차' '가향차'다. 스트레이트 차는 한 원산지의 차로만 만든 차고, 블렌디드 차는 여러 지역 찻잎을 섞어 만든 차다. 가향차는 단어 그대로 식용 향을 가미한 차다. 위스키도 블렌디드 위스키보다 싱글몰트 위스키가 더 비싼 것처럼 차도 당연히 블렌디드보다 스트레이트가 더 비싸다.

스트레이트 차는 '아쌈' '다즐링' 등 지역 이름을 붙이기도 하고 한 지역의 한 다원 차만 이용한 경우는 해당 다원 이름까지 붙는다. 당연히 지역 이름을 붙인 차보다 다원 이름까지 붙인 차가 훨씬 비싸다. '부르고뉴'라는 지역 이름을 붙인 와인보다 '샤샤뉴 몽라쉐'라는 동네 이름이 붙은 와인이 더 비싸고, 샤샤뉴 몽라쉐 중에서도 밭 이름을 추가로 붙은 와인이 더 비싼 것과 똑같은 원리다.

우리가 아는 서양 홍차는 거의 '블렌디드 차'와 '가향차'다. '블렌디드 홍차'의 대표주자는 아쌈티와 실론티를 혼합한 '잉글리시 브렉퍼스트'고 '가향차'의 대표주자는 베르가못 향을 첨가한 '얼그레이'다. 사실 두 가지를 구분하기도 애매하다. 대부분 '블렌디드 차'면서 동시에 '가향차'라 해도 무방하다.

이 지점에서 손뼉 짝 치며 "맞다 얼그레이. 나는 얼그레이 홍차를 좋아해요." 하시는 분도 계실 터. 얼그레이는 서양 홍차 중 가장 유명한 차라 해도 과언이 아니다.

얼그레이에서 얼(Earl)은 백작을 의미하는 단어다. 얼그레이는 결국 '그레이 백작'이라는 의미. 얼그레이는 데본셔 공작부인의 세기의 스캔들 상대였던 찰스 그레이 백작이 만들어 즐겨 마신 차로 알려졌다. 그렇다고 본인이 이것저것 첨가해 가며 직접 만들었다는 의미는 아니고, 당시 유명 홍차 브랜드였던 '트와이닝'이 그레이 백작이 좋아하던 '랍상소총' 비슷한 차를 만들어 준 게 바로 '얼그레이'라고 알려져 있다. (트와이닝이 그냥 먼저 만들어 백작이 좋아하는 '랍상소총'과 유사한 차라며 헌정했다는 설도 있다. 뭐가 진실인지는 확인할 수 없지만 어쨌든 얼그레이의 그레이가 그레이 백작 이름이라는 것만은 변함없는 사실이다.)

그런데 '랍상소총'은 무얼까. 여기서 중국 홍차가 등장한다. 세계 최초의 홍차는 송연 향이 특징인 '정산소종'이다. 정산소종이 만들어진 중국 복건성 무이암산 동목촌 지역은 1년 내내 안개가 많이 끼고 비도 많이 왔다. 비가 오면 차를 말리기 쉽지 않다. 그래서 인근 소나무를 베어 불을 때면서 말리기 시작했고 자연스레 차에 송연 향이 배었다는 추정이다. 유럽 카페에 가면 '랍상소총(Lapsang souchong)'이라는 메뉴가 자주 보이는데 이 랍상소총이 바로 정산소종이다. 정산이 랍상, 소종이 소총이다. (아마 당시 유럽인 귀에는 그렇게 들린 듯하다.) 정산은 무이산 동목촌을 가리키고, 소종(小種)은 '작은 찻잎'을 의미한다.

세계 최초의 홍차 정산소종이 영국에 알려지고 많은 이가 이 차를 좋아했다. 그레이 백작도 정산소종을 엄청 좋아했다. 그러나 당시 정산소종은 중국에서도 쉽게 접하기 힘든 귀한 차였고 중국으로부터 정산소종 수입이 원활하지 않자 그레이 백작은 직접 정산소종을 만들어 보면 어떨까 생각했다고. '송연'이라는 비법을 미처 몰랐던 영국인들은(지금도 정산소

얼그레이는 2대 그레이 백작인 찰스 그레이 영국 수상으로부터 유래했다. 토머스 로렌스 경이 그린 찰스 그레이의 초상

종 만드는 법은 중국의 국가급 기밀이다) '송연향'이 가향의 결과라 생각했고 무슨 향일까를 찾았다. 그때 '용안(리치, 람부탄이라고도 불린다)'이라는 이름의 동글동글한 과일 향이 더해진 것 아니냐는 일종의 가짜뉴스가 돌았고, 용안과 모양이 비슷해 보이는 베르가못이 선택됐다. 베르가못 향을 입힌 홍차를 그레이 백작은 아주 마음에 들어 했고 그 홍차 이름이 '얼그레이'가 됐다는 스토리다.

얼그레이를 탄생시킨 주역 '정산소종'은 그러나 언제부턴가 급격한 내리막길을 걸었다. 홍차의 미래를 고민하던 동목촌 사람들은 젊은이들에게 송연향이 별로 환영받지 못한다는 것을 알고 송연향을 뺀 고급 홍차를 만들어 '금준미'라 이름 지었다. 'gold'를 뜻하는 금은 최고라는 의미에서, '눈썹 미'는 싹으로 만들어 가늘고 여리한 찻잎이 눈썹을 닮았다 해서 붙였다. 2005년 세상에 나온 '금준미'는 명품으로 인정받으면서 '가장 비싼 홍차' 자리에 올랐다. 저렴한 것도 찻잎 3g 한 포가 2만 원을 훌쩍 넘어간다.

숨겨진 이야기 하나. 그레이 백작은 데본셔 공작부인과 얼그레이를 함께 즐겼을까. 안타깝게도 그러지 못한 것 같다. 데본셔 공작부인은 1806년 48세 나이로 사망했다. 데본셔 공작부인이 사망한 바로 그해인 1806년, 그레이 백작은 영국 해국대신이었다. 중국에 파견된 영국 사절단이 돌아오면서 무이산 정산소종을 가져왔고 그레이 백작에게 선물로 보냈다. 정산소종을 무척 마음에

영화 〈공작부인: 세기의 스캔들〉 주인공인 조지아나 스펜서의 초상화. 조지아나는 찰스 국왕과 이혼한 비운의 황태자비 다이애나의 5대조 고모할머니다.

들어 한 그레이 백작이 런던의 차 상인에게 정산소종을 주문하면서 얼그레이의 역사가 시작됐다는 그런 스토리.

숨겨진 이야기 또 하나. 정산소종 수입이 원활하지 못해 어쩔 수 없이 직접 만들어 보려던 게 아니라, 정산소종 송연향이 너무 강해 향이 좀 더 옅은 차를 만들었다는 스토리도 전해진다. 실제 얼그레이는 정산소종에 비하면 송연향이 거의 없다 해도 무방하다. 다만 유럽에서 인기인 랍상소총은 중국에서 팔리는 정산소종보다 송연향이 훨씬 강한 것을 감안하면, 둘 중 뭐가 맞는 얘기인지는 잘 모르겠다. 랍상소총은 훈연향과 맛이 너무 강해 우려 마시면 정말 '우엑' 싶을 정도다. 다만 영국의 물은 석회와 미네랄 성분이 많이 들어있는 경수라 차의 맛을 많이 순화시킨다. 영국의 물

로 랍상소총을 우리면, 연수로 우려 차의 맛을 있는 그대로 뽑아내는 한국에서와는 다른 맛이 나올지도.

    이건 숨겨진 이야기는 아니고 팁. 랍상소총은 훈연향, 서양 용어로 하면 스모키향이 강해 마리아주(보통 와인과 음식의 조화를 의미한다) 좋은 디저트가 많지 않다. 일반적인 달달한 홍차 디저트보다는 훈제 소시지, 치즈, 훈제 연어 등 짭짤한 티푸드에 더 어울린다는 평. 영국 고급 티룸에 가 애프터눈티를 주문하면서 차를 '랍상소총'을 고른다면? 아마 그들은 당신을 '차알못'으로 바라보겠지.

얼그레이는 내가 유행시켰어
'레이디 그레이'

차 한잔에 담긴
스토리 13

사실 얼그레이를 유행시킨 사람은 그레이 백작이 아닌, 그레이 백작부인이다. 영화 〈공작부인: 세기의 스캔들〉 주역인 데본셔 공작부인이 아니다. 세기의 스캔들을 일으켰지만, 계속 그레이와 만나면 아이들을 못 보게 하겠다는 데본셔 공작 협박에 데본셔 공작부인은 찰스 그레이와 헤어진다. 이후 그레이는 다른 여성을 만나 결혼했고 그 여인이 그레이 백작부인이다.

'메리 엘리자베스 그레이'라는 이름의 그레이 백작부인은 18살에 띠동갑 그레이 백작에게 시집와서 25년 동안 무려 16명의 애를 낳았다. 임신하고 출산하고 임신하고 출산하고 하는 사이사이, 티 파티를 자주 열었다. 남편을 위한 차였기 때문일까. 그레이 백작부인은 티 파티 때마다 늘 '얼그레이'를 대접했고 그렇게 얼그레이는 영국 사교계에서 유명해졌다.

이후 홍차 브랜드들은 '얼그레이'를 유행시킨 진짜 주역 그레이 백작부인을 기린 홍차를 내어놓았는데 트와이닝의 '레이디 그레이'가 시초다. 포트넘&메이슨의 '키운테스(countess는 여자 백작, 백작부인) 그레이', 메쓰머의 '마담 그레이'도 그레이 백작부인에게 헌정된 차다. 대부분 베르가못 향에 오렌지 향을 좀 더 더해서 만들었다.

그런데 '레이디 그레이'가 나온 해는 1994년이다. 얼그레이가 처음 나온 때가 1820년대로 알려졌으니 얼그레이와 레이디 그레이 나이 차는 거의 170년 정도? 진짜 나이 차보다 훨씬 어마어마한 나이 차이가 난다.

트와이닝스에서 제공하는 '레이디 그레이' 블렌딩 정보는 다음과 같다.

Tea, Orange peel (3%), Lemon peel (3%), Citrus flavouring

(차, 오렌지 껍질 (3%), 레몬 껍질 (3%), 감귤 향료)

트와이닝사 '레이디 그레이'. 출처: 트와이닝 공식몰

안나 카레니나

"Happy families are all alike; every unhappy family is unhappy in its own way."

("행복한 가정은 모두 모습이 비슷하고, 불행한 가정은 모두 제각각의 불행을 안고 있다.")

이보다 더 유명한 소설의 첫 문장이 있을까? 러시아 작가 톨스토이의 소설 『안나 카레니나』 첫 문장이다.

안나 카레니나는 20여 차례 영화화된 것으로 알려졌다. 그중에서도 우리에게 잘 알려진 영화는 1948년 작품, 1997년 작품, 그리고 2012년 작품이다. 각각 비비언 리, 소피 마르소, 키이라 나이틀리가 타이틀롤을 맡았다.

영화에서는 덜 부각됐지만 작품의 진짜 주인공을 안나와 안나의 불륜 상대인 브론스키 백작이라기보다는 레빈과 키티로 보는 이도 많다. 특히 레빈은 '바르게 사는 삶'에 집착했던 톨스토이가 자신을 가장 많이 투영하고 애정을 가진 인물이라는 게 통설이다. 화려하고 가식적인 사교계를 좋아하지 않고 대신 고향에서 자신의 농노들과 농사지으며 사는 건강한 삶을 지향하는 시골 귀족 레빈은 친구의 처제인 귀족 아가씨 키티를 좋아한다. 키티는 안나 올케의 여동생으로 안나와도 밀접하게 얽혀있다.

레빈의 고백을 받았을 때 이미 키티는 브론스키 백작에게 빠져있었다. 하긴 스무 살도 채 되지 않은 18세 어린 아가씨 눈에 순박하고 성실한 레빈보다는 세련되고 잘생긴 브론스키가 훨씬 멋지지 않았겠나. 그러나 금세 자신과 약혼이라도 할 것처럼 굴던 브론스키 백작이 유부녀 안나와 불륜에 빠져버리자 순진한 아가씨 키티는 깊은 슬픔에 빠져든다. 깊은 슬픔에 몸이 쇠약해진 키티는 오랜 기간 요양을 간다. 이후 모스크바로 돌아와 우연하게 다시 만난 레빈의 청혼을 받아들인다. 어려운 시절을 겪어내는 와중에 한결 성숙해진 키티가 드디어 레빈의 진정한 가치를 알아본 덕분이다.

'사모바르'에 물 끓이고 '레몬' 동동…
러시아 홍차

레빈과 함께 레빈의 고향으로 간 키티는 시골 지주 부인의 역할을 충실하게 해낸다. 아이 낳고 행복하게 사는 두 사람의 소박한 보금자리 한켠 식탁 위에 정물처럼 턱 하니 놓여있는 물건이 하나 있다. 주전자 같기도 하고 물통 같기도 한 이 물건의 이름은 러시아 영화에서 자주 보이는 '사모바르'다.

'사모바르'라는 단어를 태어나서 난생처음 들어봤다는 독자 분이 대부분이지 않을까. '스스로 끓이는 것'이라는 어원을 가진 '사모바르'는 '진짜 유럽 홍차의 원조'라는 러시아 가정의 필수품이다. 그야말로 황제의 집무실에서 소작농의 통나무 오두막에 이르기까지 '사모바르'가 없는 집은 찾기 힘들 정도였다나. 난로 겸 찻주전자 겸 '러시아식 차 도구'라고 하면 될까. 안나 카레니나 식 첫 문장에 대입하면 "모든 러시아 가정은 제각각의 사모바르를 갖고 있다." 쯤 되겠다. 특히 옛 러시아 가정집에는 적어도 2~3개의 사모바르가 있었다고 하는데 크기와 모양에 따라 용도가 달랐다. 크

난로 겸 찻주전자인 사모바르에는 수도꼭지가 달려있어 바로 물을 받을 수 있다.

고 장식 없이 단순한 형태의 사모바르는 생활용수를 데우는 용도 (즉 보일러 목적)로, 보통 크기(3~5리터 정도) 사모바르는 일상적으로 차를 마시기 위해 쓰고, 화려한 외양을 자랑하는 사모바르는 특별한 날에 꺼내 쓰거나 장식품으로 활용했다.

우리가 러시아 차 문화를 잘 모르고 관심도 없지만, 사실 러시아에서는 오래전부터 차 문화가 발달했다. 1618년 명나라 사신이 러시아 차르에게 홍차를 선물하면서 러시아에 차가 알려졌다는 게 정설이다. 그뿐인가. 2016년 기준 러시아인의 연간 차 소비량은 1인당 1.4kg으로 전 세계 4위였다.

러시아 차 문화는 특유의 화려한 찻주전자인 '사모바르'와 레몬 한 조각 넣어 마시는 '러시아 홍차'로 요약된다. 지금도 영국에서는 레몬을 넣어 마시는 홍차를 '러시안 티'라고 부르는데, 빅토리아 여왕이 이 '러시안 티'를 즐겨 마셨다고 전해진다.

"그래봤자 찻주전자지"라고? 러시아정교회 수장인 총대주교의 모자와 신발, 심지어 성경책을 넣는 함까지 금으로 만들고 그 위에 온갖 보석으로 치장했던 러시아인 만큼, 사모바르도 한없이 화려한 모습으로 진화했다. 은으로 정교하게 세공한 사모바르는 오히려 소박할 정도다. 귀족들은 화려한 색상과 문양으로 장식한 사모바르를 앞다퉈 들였다. 러시아 화가가 그린 그림에 근사한 사모바르를 배경으로 값비싼 디저트를 늘어놓고 차 한잔을 즐기는 귀족 여인이 자주 등장하는 것은 물론이다.

화려한 사모바르는 알겠는데, 난로 겸 찻주전자 겸은 무슨 의미냐고? 사모바르 안쪽에는 통이 또 하나 들어있는데 그 통에 장작이나 석탄을 넣어 불을 피웠다. 바깥쪽에는 물을 채워 안쪽 통의 열기가 바깥쪽 물을 데우는 원리다. 바깥쪽 통에는 수도꼭지가 연결되어 있어 물이 끓으면 수도꼭지를 열고 뜨거운 물을 받아 차를 우렸다. 물을 데우고 난로 역할도 해야 하는 만큼 보통은 열전도율이 좋은 구리로 만들어졌다. 물론 요즘은 이런 전통 방식보다는, 전기로 물을 데우는 사모바르가 대부분이다.

19세기 말부터 사모바르는 러시아를 대표하는 대표적인 기념품 반열에 오른다. 이때까지의 사모바르는 대부분 '툴라(러시아 중서부 툴라주의 주도. 모스크바에서 남쪽으로 193km 떨어져 있다. 오늘날 러시아 군수산업의 중심지이며 사모바르는 지금도 '툴라 산'을 최고로 친다.)'라는 도시의 사모바르 공장에서 만들어졌다. 이같은 역사적 배경에 근거해 툴라에 '사모바르 박물관'이 세워졌고 사모바르 박물관은 지금도 툴라의 대표적인 '관광지 겸 볼거리'다.

동대문역사공원역 인근 러시아 거리에 위치한 '파르투내'에서 레몬 동동 떠 있는 '러시안 티'를 즐길 수 있다.

갑자기 레몬 한 조각 넣은 '러시안 티'에 관심이 가신다고? 홍차 향이 '훅~' 풍기는데 첫 모금은 레몬 풍미로 가득 찬, 아주 재미있는 '러시안 티'는 동대문 역사공원 인근 러시아 거리에 위치한 러시아 레스토랑 '파르투내(Fortune)'에 가면 맛볼 수 있다. '백종원 3대 천왕'에도 소개된 맛집이라 하니 맛집 탐방 겸 러시아 문화의 향기를 느껴볼 겸 가볼 만할 수도.

러시아 사람들에게 '티'는 커피 같은 '음료'가 아니라 우리로 치면 보리차 같은 존재다. 실제 파르투내에서 식사하는 모든 러시아인이 자연스럽게 '물'을 달라고 하는 대신 '티'를 주문하고 모든 테이블에 찻주전자가 올려져 있다. 식사가 아닌 그저 '러시안 티'를 즐기러 온 이들은 보통 러시아 전통 케이크인 꿀 케이크(메도빅)와 나폴레옹 케이크 등의 디저트를 함께 주문한다. 밀푀유를 똑 빼닮은 나폴레옹 케이크는 러시아의 나폴레옹전쟁 승리 100주년 축제 때 한 러시아 파티셰가 만든 케이크가 엄청난 인기를 끌면서 '나폴레옹 케이크'라 불리기 시작했다나. 달달하면서도 부드러운 메도빅은 실수의 산물이다. 19세기 러시아 황제 알렉산드르 1세의 황후 엘리자베타는 꿀을 싫어했다. 이런 사실을 몰랐던 어느 신참 요리사가 꿀을 넣은 케이크를 만들었는데, 그 맛이 부드럽고 훌륭해 황후도 반하게 되었다고.

1인당 차 소비량 전 세계 1위
튀르키예

차 한잔에 담긴
스토리 14

'러시안 티'를 얘기하면서 빼놓을 수 없는 것이 연간 1인당 차 소비량 전 세계 1위인 튀르키예 홍차다.

튀르키예에도 독특한 찻주전자가 있는데 '차이단륵'이라 부른다. 차이단륵은 주전자가 2개 붙어있는 모양새다. 아래쪽 주전자에 물을 넣고 위쪽 주전자에는 차를 넣고 물을 아주 조금만 넣은 후 두 주전자를 겹쳐 불에 올린다.

아래쪽 주전자 물이 끓으면서 위쪽 주전자에 들어있는 차도 증기에 쪄지는 상태가 된다. 물이 다 끓으면 아래쪽 주전자의 끓은 물을 위쪽 주전자에 부어 차를 우려내 마시는 것이 '튀르키예식' 차를 마시는 방법이다. 우려낸 차는 투명한 호리병 모양 유리잔인 '차이바르닥'에 따른 후 각설탕을 넣고 저어 마신다. (튀르키예 사람들은 각설탕을 2~3개도 넣어 아주 달게 차를 마신다고) 화려한 문양이 그려진 바르닥은 튀르키예의 대표적인 기념품으로 꼽힌다.

주전자가 2개 겹쳐진 형태의 튀르키예 찻주전자 '차이단륵'

차 소비량이 전 세계 1위인 만큼 수입을 꽤 많이 할 것 같지만, 튀르키예는 생산량도 엄청난 국가다. 연간 차 생산량 24만 톤 수준으로 생산량 기준 세계 5위다. (1~4위는 중국, 인도, 케냐, 스리랑카) 원래 튀르키예 사람들은 커피를 즐겼다. 오스만튀르크 제국의 전성기인 16세기 초 커피 산지인 예멘을 점령하면서 튀르키예의 커피 문화가 본격적으로 시작됐다. 그러다 1911년 오스만튀르크가 몰락하고 예멘이 독립해 나간 후 커피 공급을 제대로 받지 못하게 되자 튀르키예 정부는 대안을 고민한다. 튀르키예는 기후상 커피나무를 재배하기 어렵다. 대신 튀르키예 북동쪽 흑해 연안 리제(Rize) 지역은 차나무를 재배할 수 있는 곳으로 확인됐다. 1930년대부터 튀르키예 정부는 리제의 차나무 재배를 독려하고 '커피 대신 차를 마시자'라고 권장했다. 그렇게 튀르키예는 '전 세계에서 차를 제일 많이 마시는 나라'가 됐다.

튀르키예는 자국 차 산업을 보호하기 위해 우리나라 쌀농사처럼 강력한 규제를 시행하는 것으로 유명하다. 해외에서 들여올 수 있는 차의 수입량은 1인당 1kg으로 제한된다. 국가가 운영하는 '차이쿠르'라는 차 기업이 있는데 차농은 거의 대부분이 차이쿠르에 찻잎을 팔고 국가는 차농에게 보조금을 지급한다. 2024년 튀르키예 차 수확량이 143만 톤이었는데 이 중 차이쿠르가 79만 톤을 구입했다. 정부는 매년 찻잎 수매가를 발표하고 그에 따라 농민의 희비가 엇갈린다.

튀르키예 홍차는 함께 마시는 티푸드도 유명하다. '튀르키예의 즐거움'이란 뜻의 튀르키예 전통 젤리 '로쿰', 버터를 적신 얇은 반죽과 각종 견과류를 겹겹이 쌓고 벌꿀 레몬 시럽을 부어 만드는 바삭하고 달달한 튀르키예의 국민 간식 '바클라바', 곡식을 섞어 만든 푸딩으로 '세계에서 가장 오래된 디저트'로도 불리는 '아슈레' 등과 함께 즐긴다.

5장

종주국은
중국이지만
꽃은 우리가 활짝
피웠어요

🎬 차금

차에 쯤 관심 있는 독자 분께 꼭 추천하고 싶은 작품이 하나 있다. 대만을 대표하는 차 '동방미인'에 관한 12회짜리 대만 드라마 〈차금〉이다. '차금'의 영어 제목은 'Gold Leaf'. '찻잎이 곧 금'이던 시대를 의미한다.

배경은 일본이 2차 세계대전에서 패해 대만에서 물러간 이후 중국 본토에서 제2차 국공합작이 깨지면서 장개석 정권이 대만으로 들어온 시기이다. 이후 60년대 초까지 혼란한 대만 사회에서 좋은 차를 만들고 수출하기 위해 고군분투하는 이들의 모습이 그려진다.

대만의 한 차 업체 사장 장푸지와 그의 딸 장이신이 주인공이다. 장푸지는 데릴사위를 데려와 차업을 물려주려 하지만, 장이신은 결혼을 거부하고 스스로 차업을 이어받는다. 이후 장이신이 좌충우돌 여러 어려움을 겪어가며 진정한 차의 신으로 성장한다는 이야기다.

주인공이 차 회사를 운영하는 만큼 자연스레 대만의 차 역사를 엿볼 수 있다. 드라마에서는 현재 우롱차의 대표적 생산 국가인 대만차 위상은 1도 찾아볼 수 없다. 그 시절 대만은 전 세계적으로 수요가 엄청났던 홍차를 주로 만들어 수출했다. 당시 전 세계 시장의 무려 80%를 홍차가 차지하고 있었으니 당연히 대만도 주로 홍차를 만들었다. 그러나 인도 아쌈차를 위시해 인도가 홍차 생산지의 주역으로 올라서면서 대만차 수출 공장들은 엄청난 타격을 받는다. 그렇다고 차를 만들지 않을 수는 없으니 울며 겨자 먹기로 홍차 다음으로 커다란 시장이던 녹차를 만들어 아주 저렴한 가격에 팔기 시작한다.

이때 장이신은 "홍차도 녹차도 아닌, 대만이 원래 만들던 우롱차로 전 세계 시장을 공략하고 싶다."라는 오랜 꿈을 밝힌다. 대만 우롱차의 대표주자인 동방미인을 들고 세계박람회에 참가한 장이신. 세계박람회에서 호평을 받은 동방미인은 1등 상을 받고 그렇게 대만차의 '글로리'가 시작된다. 지금 우롱차는 전 세계 시장의 7%를 차지하는 수준으로 성장했다. (실제 역사에서는 1960년 영국에서 열린 세계 음식박람회에서 동방미인이 2등 상을 받는다.)

| 대만차 | "홍차도 녹차도 아닌 우롱차로 승부할래요."

대만차 주인공은 나야 나~ '동방미인'

'Oriental Beauty'라는 표현을 들어보셨는지? "대만차는 역시 동방미인이지" 어디 가서 이 정도 얘기만 할 수 있어도 '차 쪼~옴~아시는 분' 되시겠다. 대부분 대만차가 중국에서 기원했지만, 동방미인은 대만이 원조인, 순수 대만차다.

동방미인은 우연한 발견의 산물이다. 보통 차는 봄에 만든다. 그런데 동방미인은 6월 중순 이후~7월 초에 여름차를 만든다. 대만 신죽 지역 한 농부가 게으름을 피우다 차밭에 농약 뿌리는 시기를 놓쳤다. 어느 날 밭에 나가보니, 아뿔싸~ 차밭에 웬 연두색 벌레가 잔뜩 끼어 찻잎을 갉아먹고 있는 게 아닌가. 여기저기 벌레 먹힌 찻잎으로 차를 만들 수는 없는 일. 그런데 이상하게도 찻잎에서 뭔가 좋은 향이 났다. 1년 농사를 망치게 생긴 농부는 한숨을 쉬다 일단 그 찻잎으로 차를 만들었다. 꽤 좋은 향과 맛이 났지만 벌레 먹은 찻잎으로 만든 차를 팔 자신이 도무지 없었던 농부는, 자기를 아는 사람이 없는 먼 곳에 차를 팔러 갔다. 그런데 이게 웬일. 차향이 너무 좋다는 평을 들으면서 평소 그가 팔던 차 가격보다 훨씬 비싼 가격에 차가 모두 팔려나갔다.

함박 웃음꽃을 피우며 돌아온 농부가 이 얘기를 하자 모두들 비웃었다. "허풍이 세다"며 심지어 그 차를 '허풍차'라 불렀다. 동방미인의 맨 처음 이름이 그래서 '팽풍차(팽풍은 허풍이라는 뜻)'다. 그런데 몇 달 뒤 낯선 사람들이 찾아와 "그 향기 좋은 차를 다시 만들어 주면 만들어 주는 만큼 다 비싼 값에 사겠다."라고 하는 게 아닌가. 그때부터 차농들이 앞다퉈 동방미인을 만들기 시작했다는 스토리가 전해 내려온다.

벌레 먹힌 찻잎으로 만든 차가 어떻게 그렇게 기가 막힌 향을 내는 걸까. 동방미인의 비결은 '소록엽선'이라 불리는 벌레에 있다. 소록엽선이 찻잎을 갉아먹으면 찻잎은 달달한 향이 마구 뿜어져 나오는 물질을 대량으로 만들어 낸다. 과거에는 그 메커니즘을 몰랐는데 최근에 밝혀진 바에 따르면 그 물질은 바로 소록엽선의 천적인 흰눈썹깡충매미를 불러들이는 것으로 알려졌다. 이 지점에서 짐작해 볼 수 있는 '팁'이 하나 있다. 예전엔 벌레가 끼지 않게 하려고 농약을 쳤지만, 동방미인은 벌레에 먹혀야 하기 때문에 농약을 치지 않는다. 적어도 제대로 된 동방미인 차는 농약 걱정 없이 편하게 마실 수 있다는 의미다.

처음에 '팽풍차'라 불렸던 동방미인은 다양한 이름을 갖고 있다. '1아 2엽'으로 만드는 동방미인은 찻잎에, 더 정확하게 표현하면 싹(1아)에 하얀 털이 많이 붙어있다. ('백호(白毫)'라 불리는 하얀 털은 싹의 특징이다.) 그래서 '백호오룡'이라고도 불린다. 잘 만든 동방

잘 만든 동방미인은 갈색, 녹색, 붉은색, 흰색, 검은색 5가지 색깔의 찻잎이 모두 들어 있다 해서 '오색차'라고도 불렀다.

미인은 갈색, 녹색, 붉은색, 흰색, 검은색 다섯 가지 색깔의 찻잎이 모두 들어있다 해서 '오색차'라는 이름도 붙였다. 샴페인 향과 맛이 난다고 해서 '향빈우롱(향빈은 중국어로 샴페인이라는 의미)'이라고도 한다. 워낙 달달한 맛이 난다고 해서 '蜜(꿀 밀)' 자를 붙여 '밀향오롱'이라고도 부른다.

동방미인이 워낙 유명해지면서 중국에서도 동방미인을 만들기 시작했다. '본토 동방미인'이라 불리는데 맛은 대만 동방미인에 비해 한참 떨어진다. 심지어 원래 한자인 '東方美人' 대신 '東方美仁'이라 이름 붙여 판매하는 짝퉁 차도 있다.

그런데 팽풍차라 불렸던 동방미인은 어떻게 '동방미인'이라는 근사한 이름을 얻게 됐을까. 영국 여왕이 이 차를 마시고 '동방의 미인 같은 차'라고 감탄해서 '동방미인' 이름이 붙었다나. 대충 감탄사 조로 "Beautiful" 했을지도. 믿거나 말거나지만 어쨌든 동방의 미인 같은 차 '동방미인'은 오늘날 대만을 대표하는 차로 올라섰다.

'동방미인'이 대만차를 이끄는 대표 상품인 만큼 대만의 '동방미인' 품질을 유지하고 더 잘 만들기 위한 노력은 상상을 초월한다. (게다가 대만에서는 차 산업이 반도체에 이은 주요 산업이다.) 대만에서 많은 차가 시합이라는 의미의 '비새' 과정을 거쳐 등급이 매겨지고 그 등급에 따라 가격이 달려진다.

동방미인도 마찬가지다. 7월 초까지 만들어진 각 다원의 동방미인은 7월 말~8월 초쯤 비새에서 품질을 겨룬다. 출품된 차 중 2~2.5% 정도가 최고 등급인 '두등장'에 선정된다. 8~10%는 이등장, 17%까지 삼등장 라벨을 달 수 있다. 그다음 50%까지는 '우량장'이라 표기할 수 있는 권한을 주는데 우량장을 또 세 등급으로 나눠 매화 1개, 2개, 3개로 구분한다. (매화는 대만의 국화) 매화 3개가 제일 높은 등급이고 2개, 1개 순이다. 가격은 철저하게 등급에 따라 달라진다.

최고 등급 두등장도 다 같은 두등장이 아니다. 두등장 중 최고점을 받은 11개 차에 순서대로 특등장부터 두등장 1~10까지의 번호가 매겨진다. 그리고 나머지 차는 그냥 뭉뚱그려 두등장이다. 특등장은 물론 두등장 1~10은 주로 러시아와 중국 부호들이 엄청난 가격에 구입해가는 것으로 알려졌다. 일반인이 그나마 접근할 수 있는 차가 일반 두등장인 셈이다. 대만에서 동방미인의 주요 산지는 신죽, 묘율, 도원 등 세 곳인데 그중 가장 유명한 신죽의 동방미인 두등장 75g의 대만 현지 가격이 7,500 신대만달러(TWD: 2025년 10월 7일 기준 1TWD=46.26원) 정도다. 그 차가 한국에 들어와 유통 비용 붙고 관세 붙으면 가격이 얼마나 뛸지는 독자 여러분 상상에 맡기는 걸로.

　차를 알게 된 지 얼마 안 된 시절, 동방미인을 알게 되고 오래 전 중국 상하이 예원 앞 시장에서 기념품이라며 사온 차가 생각났다. 빨간 상자에 아름다운 선녀(?) 비슷한 여인의 그림이 있었는데, 왠지 그 차 이름이 동방미인이었던 듯. 여기저기 뒤져 겨우 찾아냈더니 진짜 동방미인이 아닌가. "나도 동방미인이 있다." 쾌재를 부르며 자랑하려다 뭔가 이상해 자세히 보니 원래 한자인 '東方美人'이 아니라 '東方美仁'. 동방미인이 워낙 유명해지면서 중국에서 비슷한 이름의 차를 만들어 판다는 스토리였다.

　중국은 똑같이 짝퉁을 만들어 팔지는 않고 조금 다르게 만든다나. 완전 똑같이 만들어 판매하다 걸리면 형벌이 무겁다고 알려졌다. 지금도 타오바오에서 그 '東方美仁'을 150위안(3만 원쯤)에 살 수 있다. (원래 샀던 동방미인이 짝퉁임을 알고 과감히 버렸다. 이후 그 짝퉁 동방미인 맛이 너무나 궁금해져 150위안 주고 타오바오에서 직구했다. 마침 1+1 찬스였던 터라 신나 하며) 그래서 맛은 어떠냐고? 진짜 동방미인은 찻잎이 동글동글 말려있지 않고 원래 형태 그대로다. 위

대만에서 동방미인 산지는 '신죽' '묘율' '도원'이 대표적이다. 왼쪽이 '신죽', 가운데가 '묘율' 동방미인. 오른쪽은 중국의 짝퉁차 '東方美仁'

낙 어린 잎으로 만들기 때문에 찻잎 자체가 크지 않다. 짝퉁 동방미인은 동그랗게 말려(포유되어) 있다. "나 대만차야" 온몸으로 소리 지르고 싶어 한다고 할까. 맛은? 150위안이나 주고 구입했는데(비록 1+1이지만)… 한모금 들이켰다 바로 뱉었다.

"캬캬캬"

이건 웃는 것인지 우는 것인지~

대만 가시면 여기는 꼭!!! ①

드라마 〈차금〉의 실제 인물 강아신(姜阿新)이 살던 '姜阿新洋樓'

차 한잔에 담긴
스토리 15

드라마 〈차금〉 장푸지 사장의 실제 모델은 강아신이다. 강아신이 살던 집은 지금도 '강아신맨션'이라는 이름으로 신주 베이푸에 잘 보존되어 있다.

강아신은 객가(客家)인이다. 중국 본토에서 대만으로 들어온 객가인들은 타이베이 인근 신죽에서도 살짝 떨어져 있는 베이푸 지역에 모여 살았다. 지금도 베이푸에는 객가인이 많이 살고 객가인 문화가 그대로 많이 남아있다.

대만을 얘기할 때 객가인을 빼고 얘기할 수 없다. 하카(hak-kâ)라고도 불리는 객가인은 한족의 한 계열인데 원래 황하강 북쪽인 화북 지역에 살았다. 이후 몽골 등의 이민족 지배를 피해 일부가 남쪽으로 왔는데 이들을 손님이라는 의미의 객가라 불렀다. 객가인은 광동성, 복건성, 강서성, 호남성, 사천성 등 중국 중심지가 아닌 변방에 주로 살았다. 특히

객가인이 중국 복건성에 외적 침입과 자연재해로부터 가족을 보호하기 위해 지은 거대한 흙집 '토루'

복건성에 살던 객가인은 '토루'라는 독특한 건축물을 짓고 살았는데 원형과 방형(사각형) 형태 일종의 아파트와 같은 건축물로 외부 침입을 막는 데 효율적이었다고 알려진다. 현대 복건성 토루는 세계문화유산으로 등재돼 수많은 관광객이 찾는 관광지가 됐다. 복건성 토루에 살던 이들 중 일부가 다시 대만으로, 동남아시아로 넘어갔다. 이들 객가인은 중국 역사에 엄청난 영향을 미쳤다. 쑨원을 비롯해 덩샤오핑, 마오쩌둥이 모두 객가인이고 싱가포르 총리였던 리콴유와 대만 총통 차이잉원도 객가인이다. 정치인뿐 아니다. 연예인 중에도 객가인이 수두룩하다. 장국영, 주윤발, 여명 역시 객가인이다.

동방미인의 원래 이름인 '팽풍차'도 객가어다. 〈차금〉 드라마에 등장인물들이 동방미인을 얘기하며 "객가어로 '팽풍차'라고 부른다"며 재미있어 하는 장면이 나온다.

베이푸 강아신맨션에 가는 길은 그야말로 '산 넘고 물 건너~'다. 우선 온라인으로 강아신맨션 관람 예약을 할 것. 월화는 휴무고 수~일 하루 3회 정도 20여 명에만 개방한다. 타이베이 메인 역에서 고속열차로 세 정거장 떨어진 신죽역에 내려 무려 한 시간에 한 번밖에 오지 않는 5700번 관광셔틀버스를 타고 40분간 굽이치는 도로를 지나 베이푸 올드 스트릿 역에 내리면 된다.

가는 게 문제가 아니라 나오는 게 또 고난도다. 오후 3시 45분 차를 놓치면 다음 차가 5시 15분이고 그게 막차다. 기차가 아닌 버스다 보니 딱딱 시간 맞춰 오는 게 아니어서 아주 예민해진다. 버스 놓치지 않고 잘 타고 나오기 위해 적어도 10분 전부터는 기다리기 추천.

강아신맨션 관람은 대만 언어로 이뤄진다. 당연히 관람객은 대부분 중국인이거나 대만 사람이다. 강아신맨션을 관람하던 날 역시 외국

강아신맨션은 평상시에는 저렇게 문이 굳게 닫혀있다. 관람 시간에만 빼꼼히 열어 예약 여부를 확인하고 들여보내준다.(위)
강아신맨션의 거실 한켠 풍경(아래)

인 관람객은 오직 나 한 명. 대만어 1도 몰라 무슨 말을 하는지 모르겠지만 대충 눈치로 어느 정도 이해가 된다. 이해가 안 돼도 상관없다. 뒤에서 설명 듣는 둥 마는 둥 하면서 사진 찍고 눈에 담기도 바쁘게 한 시간이 훌쩍 지나간다.

베이푸에서 강아신맨션 방문 말고 또 뭐를 할 수 있냐고? 객가인들은 전통적으로 레이차를 마셨다. 곡물가루를 갈아 물에 탄 차라 우리나라 미숫가루와 비슷하다. 다만 안에 팥소도 들어있고 위에는 우리로 치면 튀밥 같은 밥풀 뻥튀기를 동동 띄워 비주얼은 상당히 독특하다. 중간중간 분위기 좋은 찻집에서 레이차를 마셔보는 것은 물론 직접 곡물과 견과류를 갈아 만들어 한 시간 정도 걸린다는 체험도 할 수 있다. 체험은 2인 이상만 가능하대서 혼자 간 나는 그냥 마시기만 했다. '날도 더워 앉아서 차 마시기도 힘든데 팔 빠져라 레이차 만들었다간 진이 다 빠질지도 몰라' 어설프게 스스로를 위로하며. 찻집은 올드 스트릿 시장통보다는 주택가 쪽 '수정차당' 강추. 베이푸 유력 인사 집을 개조했다는 수정차당은 들어가는 입구부터 운치 있다.

바쁜 여행 일정에 굳이 하루를 통째로 투자해 갈 일인가도 싶겠지만, 충분히 하루를 투자할 만하다. 외국인은 거의 찾아볼 수 없는 대만

객가인 전통차인 레이차,
고소하고 맛있다.

현지인 관광지 소도시를 경험하고 싶은 이들이라면 더할 나위 없을 선택이다. 베이푸 올드 스트릿의 평화롭고 한갓진 정경도 맘에 들고, 중간중간 집을 개조한 품위 있는 찻집들, 비싸서 구입은 못했지만 골목길에 숨겨진 무궁무진한 스토리가 있을 것 같은 골동가게 등 쏠쏠한 재미가 넘쳐난다. 무엇보다 동방미인의 고향에 가봤다는 '썰'도 풀어댈 수 있고.

베이푸에서 객가인의 전통차 '레이차'를 마시고 싶다면 베이푸 주택가 한가운데 자리잡은 '수정차당' 강추

🎬 음식남녀

〈결혼피로연〉 〈음식남녀〉 〈센스 앤 센서빌리티〉 〈와호장룡〉 〈브로크백 마운틴〉 〈색계〉 그리고 〈라이프 오브 파이〉까지. 중국 영화와 할리우드 영화가 정신없이 섞여 있는 듯한 이 영화 리스트는 모두 대만 출신 영화감독 '이안'이 감독한 작품이다. 이안은 '브로크백 마운틴'으로 아시아인 최초로 아카데미 영화제에서 감독상을 수상했고, 이후 '라이프 오브 파이'로 아카데미 영화제에서 두 번째 감독상을 수상한다.

〈음식남녀〉는 '결혼피로연'으로 재기발랄함을 널리 알린 이안 감독이 그다음 해인 1994년에 선보인 영화다. 벌써 30년 전에 만들어진 영화지만, 지금 봐도 전혀 촌스럽지 않다.

대만에서 최고로 인정받는 요리사였던 '주사부'는 미각을 잃은 후 퇴직하고 세 딸과 함께 낡은 주택에서 살고 있다. 매일 맛있는 음식을 준비해 가족들과 함께 먹는 것이 주사부의 유일한 낙이다. 혼기를 놓친 큰딸 '가진'은 중학교 선생님으로 보수적이며 독실한 기독교 신자다. 둘째딸 '가천'은 항공사에서 근무하는 능력 있는 커리어우먼. 가천은 어려서부터 요리에 소질이 있었지만, 아버지 반대에 부딪힌 이후 절대 주방에 들어가지 않는다. 막내 '가령'은 패스트푸드점에서 아르바이트를 하는 대학생이다. 세 딸은 매주 일요일마다 식탁에 둘러앉아 아버지가 준비한 근사한 음식을 함께 먹지만, 서로의 생활에 대해 관심도 없고 오로지 독립하고 싶은 생각 뿐이다.

'겉보기에는 너무나 단란하고 화목한 가정, 그리고 그 안에서 펼쳐지는 온갖 다양한 인간사' 음식남녀는 다소 흔해 보이는 스토리 위에 양념으로 얹혀진 근사한 요리의 향연으로 관객 눈길을 빼앗았다. 제목부터 '음식남녀' 아닌가.

그 차를 마시면 정말 기분이 좋아질까
'고산차'

'음식으로 눈요기하고 그 안에서 남녀와 가족의 이야기를 다룬' 영화 '음식남녀'에 뜬금없이 자꾸 '고산차' 얘기가 나온다.

오천련(데뷔작 천장지구에서 유덕화 상대역으로 나와 전 세계적으로 '첫사랑' 아이콘이 됐던 배우다.) 이 역할을 맡은 둘째딸 '가천'과 남자친구가 어느 날 찻집에서 만나는데 "뭐 주문하시겠어요?" 하자 "고산차 주세요." 하지를 않나, 우울해하는 아버지에게 '가천'이 고산차를 내밀며 "아버지가 좋아하시는 고산차예요. 마시면 기분이 한결 나을 거예요." 하는 식이다. 까마득한 30년 전에도, 심지어 영화에 PPL이 있었나? 실제 당시 대만 고산차 업계에서 PPL을 세게 했다는 소문이 떠돌았다.

청차는 우롱차라는 이름으로 불리고, 우롱차는 다시 크게 네 가지로 분류한다. '민북우롱' '민남우롱' '광동우롱' 그리고 '대만차'다. 민북우롱과 민남우롱은 각각 복건성 북쪽과 남쪽에서 생산되는 우롱차다. 이 중 민북우롱은 복건성 북쪽에서도 '무이암산' 지역에서 주로 만들어져 '무이암차'라는 이름으로 따로 불린다. 대만차는 당연히 대만의 우롱차를 의미한다. 대만은 중화민국으로 독립하기 전까지는 원래 복건성에 속한 부속섬이었다. 결국 넓은 의미에서 대만차도 복건성 우롱차에 속한다. 광동우롱은 광동성에서 만들어지는 우롱차를 가리킨다.

대만 여행하면 망고 빙수와 펑리수(파인애플로 만든 대만의 대표적인 디저트)부터 떠올리지만, 차를 사가지고 오는 이도 꽤 있다. 실제 대만차는 한국에서뿐 아니라 전 세계적으로 꽤 이름이 나 있다.

대만차의 시작을 놓고 오래도록 두 가지 차가 서로 자기가 '원조'라고 싸웠다. 문산포종과 동정오룡이다. 보통 '북포종, 남오룡'이라 한다. 대만 북쪽에서는 문산포종이, 남쪽에서는 동정오룡이 주류라는 의미다.

청나라 시절 영국 동인도회사에서 근무하던 존 도트는 복건성에서 만드는 홍차를 유럽으로 수출하는 업무를 맡고 있었다. 그 존 도트가 어느 날 대만 타이베이에 와보고는 기후와 토양이 차 생육에 딱이라며 타이베이 문산 지역에 차나무를 가져다 심었다. 이게 '문산포종'의 시작이다. 당시 존 도트가 가져온 차나무는 복건성 무이암산의 차나무였다. 무이암산의 원래 이름은 무이산. 바위가 많아 '바위 암' 자를 붙여 '무이암산'이라 불렀다. 무이암산에 바위가 많은 것처럼 문산에도 바위가 많았고, 존 도트 예상처럼 문산에서 무이암산 차나무는 엄청 잘 자랐다. 그렇게 '문산포종'의 역사가 시작됐다.

보통 차 이름은 앞쪽이 지명, 뒤쪽이 차의 품종이다. 그럼 '포종'이 품종일까? No. 당시 문산에서 만든 차를 종이에 싸서 팔았는데 여기서 '포종'이란 단어가 생겨났다. '포종'은 '종이에 쌌다'라는 의미다.

문산포종이 언제, 누가 시작했는지 비교적 역사가 명확한 데 반해 동정오룡은 기록이 명확하지 않다. 청나라 때 대만에 살던 한 선비가 복건성에 가 과거시험을 본 후 합격하고 돌아오는 길에 무이암산 차나무를 선물로 받아와 고향인 동정산 꼭대기에 심었고 이렇게 동정오룡이 시작되었다는 스토리만 전해져 온다.

눈 밝은 분이라면 여기서 "문산포종이나 동정오룡이나 모두 무이암산 차나무로 시작했네" 알아차렸을 것. 딩동댕!!! 결국 대만에 들어온 두 가지 차는 모두 무이암산 우롱차였고(우연하게도 품종도 둘 다 '청심오룡'이라는 품종이었다), 역시 복건성의 일부였던 대만에서는 그 우롱차가 잘 자랐고, 그렇게 대만차의 역사가 시작됐다. 다만 북쪽에서는 그 차를 '문산포종'이라 불렀고, 남쪽에서는 '동정오룡'이라 불렀다는 차이가 있을 뿐이다.

품종도 무이암산 청심오룡으로 똑같은데 재배 지역과 이름만 차이가 나는 걸까? 다른 점이 몇 가지 더 있다. 문산포종은 그냥 길쭉한 모양으로 만들어 종이에 싸서 판매한 반면, 동정오룡은 동글동글 말려있는 '구슬' 형태다. 또 문산포종은 산화도가 낮아 청량한 맛이 대부분인 반면, 동정오룡은 산화도가 높아 훨씬 구수하고 깊은 맛이 난다.

그럼 '고산차'는 무엇일까? '고산(高山)'이라는 단어에서 바로 알 수 있듯, '높은 산에서 만든 차'를 가리킨다. 대표적인 지역이 아리산과 삼림계, 리산 등이다. 보통 '아리산 고산차' '삼림계 고산차' '리산 고산차'라 부른다. '차나무를 높은 곳에 가져다 심어 재배하고 그렇게 만든 차를 좀 더 비싸게 파는 것' 정도로 이해하면 된다. 일종의 '고급 대만차'인 셈이다.

보통 고산차라 하면 1,000m 이상 해발고도에서 만든 차를 얘기한다. 떼루아의 결과로 '산두운(山頭韻)'이라고 하는 독특한 고산차의 풍미와 정취가 생겨난다나. 슬프게도 무이암차의 풍미인 '암운(巖韻)'만큼이나, 고산차의 풍미인 '산두운'도 느끼기가 쉽지 않다.

대만 가시면 여기는 꼭!!! ②
영화 〈음식남녀〉에서 오천련이 남자친구와 만났던 찻집 '쯔텅루'

차 한잔에 담긴
스토리 16

'쯔텅루'는 대만 역사에서 꽤 스토리가 있는 찻집이다. 일제 식민지 시절 일본 총독부 관사로 지어진 건물이라는데, 정원에 등나무 세 그루가 있어 쯔텅루라고 불린다. 한자로는 '자등려차관'이다.

중국에서 쫓겨 대만으로 온 장개석 정권은 49년부터 계엄을 선포하고 계엄 체제를 유지했다. 1979년 한 진보 성향 잡지가 인권선언 기념일에 야간 집회를 열겠다고 신청하지만 정부는 불허했다. 그러나 야간 집회는 강행됐고 대만 정부는 이들을 무력으로 진압했다. 이 사건을 '메이리다오' 사건이라 한다. 잡지 이름을 따서 붙였다. 집회를 주도한 인물들에게는 최고 무기징역이 선고됐다. 당시 이들을 변호하던 변호사가 천수이벤이다. 이 사건으로 유명해진 천수이벤은 이후 정계에 입문하고 2000년 민주진보당 후보로 나서서 대만 총통에 당선된다. 집회 사건 이후 지식인들이 대만 정부 감시를 피해 만나면서 대만 민주화에 대한 좌절감과 열망을 토로하던 장소가 바로 '쯔텅루'다.

그런 역사적인 배경과 상관없이 타이베이에서 호젓하고 분위기 좋은 찻집 한곳 가고 싶다 하는 분이라면 강추. 화요일 휴무. 다른 날은 11시 30분에 문을 연다. 비 오는 토요일 아침, 오픈런해 아무도 없는 찻집에 홀로 들어간 '쯔텅루'는 한없이 호젓하다. 낮은 대문을 슬쩍 밀고 들어가자마자 나오는 작은 연못. 오천련이 남자친구와 차를 마시다 뛰어나와 구역질을 하던 공간이다. 영화에서는 엄청나게 큰 연못으로 보

영화 〈음식남녀〉 중 오천련과 남자친구가 앉았던 바로 그 자리

여지던 곳이 한 평이나 채 되는 크기려나.

안으로 들어가 〈음식남녀〉 얘기를 하니 한 테이블을 가리키며 "저기가 앉았던 테이블"이라고 알려준다. 테이블에는 〈음식남녀〉 그 장면을 찍은 사진이 올려져 있다. 4인석 자리인데 토요일이라 3명 이상만 앉을 수 있다 해서 그 옆에 2인용 자리에 앉았다.

이제 오천련이 시켰던 것처럼 '고산차'를 시킬 시간. '쯔텅루'에서는 1인당 400대만 달러 이상 주문해야 한다. 가장 비싼 350대만달러 '리산 고산차'와 120대만달러 다식 펑리수를 주문했다. 주문을 한 후 아무도 없는 차관을 돌아다니며 사진 찍고 〈음식남녀〉 그 자리에도 살짝 앉아 본다.

차는 우려 마실 수 있게 준비해 주고 1리터쯤 되는 주전자를 화로 위에 올려주는데 물을 다 마시면 또 채워준다. 주문할 때는 살짝 비싸다 했지만, 이런 분위기를 즐기며 두어 시간 계속 차를 우려 마실 수 있는 데다 다식까지 함께 하는 자리임을 감안하면 충분히 지불할 만한 가격이다 싶다.

'쯔텅루'가 또 좋았던 것은 분위기도 운치 있지만 다구 맛집이라는 사실. 작가 작품과 골동이 뒤섞여 있는지라 가격대는 좀 나가지만, 타이베이에서 괜찮은 기물이나 소품 하나 구입하고 싶다 생각했으면 좋은 선택지가 될 수 있다. 아무리 사진 찍고 분위기 즐기러 갔다지만 찻집에서 차 맛이 별로라면 그것보다 곤혹스러운 경우도 없다. '쯔텅루'에서 마신 리산 고산차는 꽤 부드럽고 맛있어서 하나 구입해 왔다. 100g에 1,500대만달러.

🎬 상견니

'상친자'라는 단어를 아시는지? 이 단어를 안다면 '상견니' 매니아거나, '상견니'를 보지는 못했지만 워낙 드라마와 영화에 빠삭하거나, 아니면 MZ세대거나, 셋 중 하나일 확률이 높다.

'상친자'도 어려운데 '상견니'는 또 뭐냐 하실 분도 많을 터. 상견니는 직역하면 "너를 보고 싶어."라는 뜻. '상친자'는 '상견니에 미친 자'라는 의미다. '상친자'는 2019~2020년 아시아권에서 신드롬적인 인기를 끌었던 13부작 대만 드라마 〈상견니〉 이후 생겨난 단어다.

남녀 주인공 허광한과 가가연을 아시아권 톱스타로 밀어 올린, 그 '상견니'는 엄청난 인기에 힘입어 영화로도 만들어졌다. 영화에서도 드라마에서처럼 허광한, 가가연, 두 사람이 똑같이 주인공을 맡았다. 13부작 드라마를 다 볼 여유가 없거나, 드라마를 다 보고 나서도 여운을 채 내려놓지 못하고 아쉬워하는 팬들을 위한 일종의 '팬 서비스' 개념으로 만들어졌다.

2009년 어느 날, 리쯔웨이(허광한)와 황위쉬안(가가연)은 버블티 가게에서 우연히 만난다. 황위쉬안이 아르바이트를 하는 버블티 가게에 리쯔웨이가 밀크티를 사러 온 것. 처음 만난 두 사람은 그러나 마치 오래전부터 알고 있던 것 같은 기시감과 묘한 설렘을 느낀다. 매일 같은 시간에 와서 같은 메뉴를 주문하는 리쯔웨이와 가까워진 황위쉬안. 둘은 자연스레 연인이 된다. 그리고 2017년, 어엿한 직장인이 된 황위쉬안은 상해에서 일할 기회를 얻는다. 한 단계 도약을 위해 이 제안을 받아들이는 황위쉬안. 애인 리쯔웨이와 잠시 떨어져 있어야 하는 상황에 아쉬워하는 것 같지만, 보면 볼수록 이 커플 뭔가 쫌 이상하다. 로맨스가 갑자기 스릴러로? 물음표가 달릴만한 순간, 감춰져 있던 리쯔웨이와 황위쉬안의 비밀이 드러나기 시작하는데….

버블티는 '사계춘'으로 우려낸다는데…
대만 대차의 세계

버블티(Bubble tea)는 대만에서 만들어져 전 세계적으로 유명해진 차다. 우리나라에는 대만 버블티 브랜드인 '공차'가 들어오면서 버블티 이름이 널리 알려졌다. 홍차나 우롱차를 베이스로 우유나 식물성 밀크를 섞어 밀크티를 만든 후 타피오카펄을 넣은 것이 전통의 버블티다. 최근에는 펄 대신 젤리나 푸딩을 넣기도 한다. 우유를 넣지 않고 만들거나 차를 넣지 않고 만든 버블티도 있다. 생과일즙이나 청량음료를 베이스로 만들기도 하고 스무디 형태도 볼 수 있다. 어쨌거나 간단하게 '타피오카펄을 넣은 밀크티' 정도로 이해할 수 있겠지만, 사실 대만 버블티는 그저 밀크티라고 단언하기에는 상당히 오묘하고 깊은 세계를 자랑한다. 무엇보다 대만 버블티 베이스는 우롱차인 경우가 대부분이다.

뭉뚱그려 '대만 우롱차'지만 '대만 우롱차'는 스펙트럼이 매우 넓다. 대만차 하면 가장 먼저 떠오르는 '동방미인'도 있고, 대만 여행객이 가장 많이 구입해가는 '아리산 고산차' 같은 '고산차(高山茶:

높은 산에서 만든 차)'도 있고, '문산포종' '동정오룡' 등 중국에서 기원이 된 우롱차도 있고, '대차'라는 이름으로 카테고리 지어지는 대만에서 개량된 진짜(?) 대만 우롱차도 있다. 우롱차가 거의 대부분이지만 대만 중부 일월담 호수 주변에서 주로 생산되어 '일월담홍차'라고 이름이 붙은 홍차도 있다.

이번 장에서 풀어놓을 차의 세계는 대만에서 개량되어 만들어진 '대차'다.

수술의 꽃가루가 암술과 만나 자연스레 씨앗이 생기는 것을 '유성생식'이라 한다. 이때 돌연변이가 생기기도 하는데, 차를 상품화하는 입장에서 변이는 반가운 일이 아니다. 매번 같은 향과 맛의 차를 만들 수 없기 때문이다. 차의 품질을 균일하게 유지하기 위해

대만의 심장으로 불리는 난터우(南投)현은 대만에서 유일하게 바다와 접하지 않은 내륙 지역이다. 이 곳에 위치한 일월담(르웨탄) 호수 근처에서 '홍옥' '홍운'이 많이 생산되는데 '홍옥' '홍운'으로 만들어진 홍차를 '일월담홍차'로 통칭해 부른다.

오래전부터 가지를 꺾어 꺾꽂이하는 식으로 차나무를 관리했다. 그러다 서로 다른 종류의 나무를 접붙여 연결시키거나 하는 방식으로 새로운 향미의 차를 만들어 보려는 시도를 해보기 시작했다. 차 산업이 차지하는 비중이 큰 대만에서 특히 이 같은 시도가 활발하게 이뤄졌다. 대만에서는 그렇게 새로 생겨난 품종에 대차 1호, 대차 2호 이런 식으로 호수를 붙였다. 현재 22호까지 번호가 붙은 차가 존재하는 것으로 알려졌다.

　말로는 간단해 보이지만, 대차 번호를 붙이는 게 쉬운 일은 아니다. 수많은 전문가와 관계자들이 번호를 붙일만하다고 동의해야 비로소 번호를 붙일 수 있다. 번호가 붙는다고 다 차의 세계에서 살아남는 것도 아니다. 22개 대차 중 명맥을 유지하고 있는 것은 대차 8호 '아살모', 대차 12호 '금훤', 대차 13호 '취옥', 대차 18호 '홍옥', 대차 21호 '홍운' 정도다. 이중 '아살모' '홍운' '홍옥'은 홍차고, '금훤'과 '취옥'이 우롱차다.

　대차 12호 '금훤'은 현재 대만차 대표주자 중 하나의 위상을 갖고 있다. '밀크우롱'이라는 별명을 갖고 있는데, 차를 우렸을 때 분유 맛이 진하게 난다고 해서 붙여진 이름이다. 대차 18호 '홍옥'과 21호 '홍운'은 홍차인데, 대만 중부에 위치한 호수 '일월담' 인근에서 나는 홍차라 해서 '일월담홍차'라 불리는 홍차의 대부분이 '홍옥'과 '홍운'이다. 잠깐 일월담홍차 얘기. 일월담홍차는 대만을 대표하는 홍차로 유명하다. 대만의 심장으로 불리는 난터우(南投)현은 대만에서 유일하게 바다와 접하지 않은 내륙 지역이다. 이곳은 대만 제 1 차 재배지인데, 대만차의 60%가량이 난터우현에서 생산된다. 둥근 해 모양 일담 (日潭: 르탄)과 초승달 모양 월담(月潭: 웨탄)이 1931년 댐 건설 과정에서 하나로 이어지면서 일월담 호수가 됐다. 해발 700~1,000m 지역에 위치한 일월담 호수는 시간, 계절, 날씨에 따라 시시각각 달라지는 근사한 경치 덕분에 대만의 주요 관광지가 됐다. 차에 관심 있어 찾는 이들이 1년 내내 북적대는 곳으로도 유명하다.

대만 일월담 지역에서 생산되는 '일월담 홍차'는 각각 대만 대차 18호, 21호인 '홍옥', '홍운' 품종이 대부분이다. 오른쪽은 분유향이라 불리는 '유향'이 특징인 대만 대차 12호 '금훤'

대만에 이처럼 다양한 우롱차와 대차가 있지만 대만 버블티 브랜드들이 베이스로 주로 쓰는 우롱차는 대만 우롱차의 전통 품종도 아니고, 개량종인 대차도 아닌, 일종의 변이인 '농향 사계춘'이다.

여기서 잠깐. 농향이 무얼까? 향은 향인데 뭔가 농익은 향? 딩동댕~ 차는 보통 '청향' 계열과 '농향' 계열로 나뉘는데 '청향' 계열이 푸릇푸릇한 느낌의 향이라면 '농향' 계열은 더 묵직한 느낌의 향이다. '청향' 계열 차는 탕색이 주로 연노랑색을 띄는 데 반해 '농향' 계열 차는 훨씬 '갈색'이거나 '붉은' 탕색이 난다. 대만의 대표적인 두 가지 차인 '문산포종'과 '동정오롱'이 각각 청향과 농향의 대표주자다. 고산차도 대부분 청향차다.

그럼 농향 사계춘에서 사계춘은? 사계춘은 1980년대 대만 어느 차밭에서 우연히 발견된 우롱차의 한 종류인데 이름 그대로 '사계절 내내 봄'이라는 의미다. 어떻게 사계절이 내내 봄일까? '병충해에 강하고 기후와 상관없이 사계절 내내 너무 잘 자란다'라는 의미에서 그런 이름이 붙었다. 잘 자란다는 것은 그만큼 양이 많다는 얘기이고, 양이 많다는 것은 그만큼 가격이 저렴해질 가능성이 높다는 의미다. 실제 연간 6~8차례 채엽이 가능한 사계춘은 대만 우롱차 중 가장 저렴한 차의 대표주자로 꼽힌다. 대만 버블티 업체들이 버블티 베이스로 주로 사계춘을 쓰는 이유다. 대만 버블티뿐 아니다. 일본 식당에서도 우롱차를 내놓는 곳이 많은데 역시 대부분이 사계춘을 우려낸 우롱차다.

이 정도면 대만 우롱차와 버블티에 대한 궁금증이 대충 풀리셨을러나? 그렇다고 공차 같은 곳에 가서 아르바이트생에게 "이 버블티는 사계춘으로 우려낸 건가요?"라고 질문하거나 할 독자는 없으실 터. 버블티 전문점에서는 어울리지 않겠지만, 우롱차를 내어놓는 스시야나 일식당에서는 질문해 볼 수 있겠다.

"혹시 이거 사계춘인가요?" 맞다 하면 "그럴 줄 알았어요. 딱 사계춘 맛이어서요." 하면 되고 아니어도 상관없다. "아니구나, 사계춘 맛이 나서 그런 줄 알았어요." 하면 될 테니. 맞으면 맞는 대로, 아니면 아니어도 상관없이, 차 좀 아시는 고객이 되는 건 다를 바 없을 테니.

대만 가시면 여기는 꼭!!! ③
나도 리쯔웨이처럼 외쳐볼까
'첸탕 웨이빙'

차 한잔에 담긴
스토리 17

〈상견니〉에서 두 사람이 처음 만나는 버블티 가게가 실제로 타이베이에 있다. '라이크티 쑹산(송산)점'. 이미 '상친자'들의 '상견니 투어' 제1 방문지가 된 곳이다. 라이크티 쑹산점에 가서 리쯔웨이가 늘 주문했던 대로 버블티를 주문하는 것이 '상친자 상견니 투어'의 핵심이다.

어떻게 주문하느냐고? 이렇게 외치면 된다.

"첸탕 웨이빙"

'당도 100%, 얼음 조금'이라는 의미다. 이렇게 주문한 음료를 받아 들고 인증샷 찍어 인스타그램에 올리는 것으로 드디어 '상친자 상견니 투어'의 막이 오른다. 인스타그램에서 상견니 투어라는 태그를 검색하면 관련 사진을 수도 없이 만날 수 있다.

'라이크티 쑹산점'이 위치한 쑹산은 쑹산 공항이 있는 그 쑹산이다. 김포-쑹산 코스는 인천-타이베이보다 타이베이에 가기 훨씬 괜찮은 코스다. 융캉제 등 타이베이 관광지와도 멀지 않고 상대적으로 저렴한 가격에 아주 괜찮은 부티크 호텔도 꽤 있어 숙소를 찾기에도 나쁘지 않다. 마침 '암바 타이베이 쑹산' 호텔에 머무르면서 멀지 않아 찾아간 '라이크티 쑹산점'. (사실은 '라이크티 쑹산점'에 가려고 일부러 호텔을 쑹산에 잡았다.) 6차선 도로변에 위치한 '라이크티 쑹산점'을 발견하자마자 반가움이 밀려온다. 그러나 반가움은 이내 쑥스러움으로 바뀐다. 과연 "첸탕 웨이빙"을 잘 외칠 수 있을 것인가. 쭈볏쭈볏 앞에 섰는데 유리창에 붙어

있는 '상견니' 사진들이 따~악~ 눈에 들어오는 게 아닌가. 그 사진을 가리키며 큰 소리로 외쳤다.

"첸탕 웨이빙~"

라이크티 쑹산점은 '상견니' 감성을 그대로 느낄 수 있는 공간이다.

🎬 리큐에게 물어라

"나는 오로지 아름다움에만 머리를 조아린다."

(참인지 아닌지 모를) 이 문장 한마디에 목숨을 내놓은 사람이 있다. 일본 다도의 다성(茶聖, 차의 성인)으로 추앙받는 센노리큐다. 센노리큐의 스토리를 담은 영화 〈리큐에게 물어라〉는 폭풍이 몰아치는 어느 날 아침, 리큐의 저택을 둘러싸고 있는 수많은 군사들 모습을 비추며 시작한다. 탁월한 미의식으로 일본 다도를 이끌었던 리큐는 그의 굽히지 않는 성정으로 인해 도요토미 히데요시의 심기를 거스르고 결국 할복하라는 명령을 받는다. 스스로 배에 칼날을 겨누고 있는 리큐에게 아내 소온은 이렇게 묻는다.

"나리의 마음속에는 항상… 다른 여인이 있었나요?"

영화는 야마모토 겐이치가 쓴 동명의 소설을 기반으로 만들어졌다. 소설은 140회 나오키상 수상작으로 뽑혔다. 나오키상 수상은 일본 대중문학 작가에게는 최고의 영예로 여겨진다. 원작을 쓴 야마모토 겐이치는 리큐가 평생 가슴 속에 한 조선 여인을 담고 살았다는, 일종의 픽션을 끼워 넣었다. 중국 다기가 아닌 조선 이도다완을 제일로 치고 그의 다실이 회칠을 하는 일본식 대신 흙 토벽을 그대로 드러내는 등 조선의 '소박한 미'와 연관이 있는 것이 아무래도 센노리큐가 조선 문화와 조선인을 흠모했기 때문이 아닐까 하는 나름 근거 있는 상상에 기반해 스토리를 구성했다는 후문이다.

| **일본차** | 일본차에서 단 하나의 단어를 알아야 한다면 '센노리큐'

일본 다도에
'와비사비' 미학 입힌 센노리큐

센노리큐. 성은 센(千)이요, 리큐는 이름이라기보다는 하사받은 칭호다. 센과 리큐 사이에 존칭 '노'를 붙여 센노리큐라고 부른다. 영화에서는 "리(利)는 날카로운 날이요, 큐(休)는 휴식이다"라는 설명이 나온다.

　오사카 아래쪽에 위치한 작은 소도시 '사카이'에서 태어난 리큐의 본명은 센 요시로다. 원래 오다 노부나가 사람이었던 리큐는 노부나가 사후 도요토미 히데요시와 연을 맺고 히데요시의 차 선생님 겸 다두(茶頭: 차를 끓이는 소임을 맡은 사람)가 된다. 1585년 히데요시가 천황에게 차를 진상하는 '다도회'를 연다. 당시 일본 다도의 1인자로 추앙받던 리큐였으나, 그의 원래 계급인 상인의 신분으로는 성 안에 들어갈 수 없었다. 천황이 이때 '리큐' 호칭을 하사했고 그때부터 '센 리큐'라 불렸다. 이후 사람들이 성 뒤에 존칭 '~노'를 붙여 센노리큐가 됐고, 그렇게 '센노리큐'라는 이름으로 역사에 남았다.

리큐는 히데요시 명에 따라 할복해 사망한다. 히데요시의 총애를 받고 늘 히데요시 찻자리에 함께 했던 센노리큐가 어쩌다 히데요시 명에 의해 할복하게 됐을까. 몇 가지 이유가 얘기되는데, 그중 가장 대표적인 것이 차를 대하는 시선과 방식이 너무 달랐다는 분석이다.

센노리큐가 일본에서 다성이라 불리는 것은 센노리큐가 완성한 '와비사상'이 지금껏 일본 다도계를 지배하는 철학으로 자리 잡았기 때문이다. '와비(侘び)'는 '한가로우면서도 간소하고 검소한 아취' 정도로 정리해 볼 수 있다. 화려함과 고급스러움만을 좇던 당시의 세속적인 가치관을 부정하는 동시에 금욕주의에 가까웠다.

센노리큐의 와비사상을 한눈에 볼 수 있는 것이 그가 만든 '대암다실'이다. 1951년에 일본 국보로 지정된 대암다실은 1평 남짓한 크기에 다다미만 깔끔하게 깔려있을 뿐 겉치레가 없다. 백미는 다실에 출입할 수 있는 유일한 통로인, 가로세로 1m 정도 크기 문이다. 이 문을 통해 다실에 들어가려면 허리를 굽히고 무릎걸음으로 들어가야 한다. 그만큼 자신을 낮추고 겸손해지라는 의미를 담았다나. 그뿐인가. 당시 일본 무사들이 차고 다니던 장검은 아예 걸려서 들고 들어갈 수가 없었다. 할 수 없이 장검을 다실 앞에 내려놓고 들어가야 했다. 그렇게 들어가서는 좁은 공간에서 서로 무릎을 맞대고 불편하게 앉아 차를 마셨다. "다실에 들어오는 사람은 신분 고하를 막론하고 경건한 마음가짐으로 겸손하게 들어와야 할 뿐더러, 다실 안에서는 어떠한 위협도 느껴서는 안 된다."라는 리큐의 사상이 고스란히 담긴 결과물이다.

센노리큐는 그 '와비사상' 때문에 지금껏 일본의 다성으로 존경받지만, 동시에 그 와비사상 덕분에 죽임을 당했다. 지금도 오사카성에는 히데요시의 황금 다실이 남아있다. 히데요시는 심지어 이동할 수 있는 황금 다실을 만들어 어디에 가든 황금 다실을 가져갔다고. 전쟁터에서도 마찬가지다. 병사들이 자리를 잡고 진지를 만드는 와중에 히데요시 거처 옆에 늘 황금 다실이 세워졌다. 히데요시는 매일 밤 그곳에서 각종 진귀한 다구를 감상하며 차를 마셨다. 황금 다실을 못마땅하게 여긴 센노리큐가 이에 대해 몇 번 애기를 하면서 히데요시의 미움을 샀다는 얘기가 전해 내려온다.

이외에도 히데요시가 센노리큐의 딸을 첩으로 요구했는데 이를 거절했기 때문이라는 설, 센노리큐가 히데요시의 조선 침략을 반대했기 때문이라는 설, 센노리큐가 히데요시의 동생인 히데나가와 함께 세력을 형성하자 이를 견제하기 위해서라는 설 등 다양한 설이 존재한다. 책에서는 히데요시가 리큐가 지닌 조선 향합을 탐냈는데 리큐가 그걸 진상하기는커녕 보여주지도 않아 분노했다는 식으로 이야기가 전개된다.

그러나 밉다고 무조건 자결을 명할 수는 없는 법. 직접적인 계기는 교토에 있는 대덕사(다이토쿠지) 삼문의 리큐 목상이다. 대덕사 맨 앞쪽에 있는 삼문은 원래 1층이었는데, 센노리큐가 시주한 돈으로 삼문 위에 2층을 올리고 금모각이라 이름 붙였다. 대덕사 주지는 고마움을 표시하기 위해 센노리큐 목상을 만들어 금모각 2층에 들여놓았다. 대덕사에 들어가려면 금모각 1층 문으로 들어가야 하는데, 어느 날 히데요시가 "내가 센노리큐 사타구니 아래로 걸어 들어가야 하느냐"며 화를 냈고 그때부터 센노리큐는 가택연금 상태에 들어갔다가 결국 자결 당했다.

　비참하게 죽음을 맞이한 센노리큐는 그러나 지금까지 일본 다도계의 정신적인 스승으로 남아있다. 센노리큐는 첫째 부인과 사별한 후 자신의 다도 세계에 대한 이해가 깊었던 '소온'이라는 여인과 재혼한다. 당시 소온에게는 전남편과의 사이에서 낳은 아들 소안이 있었는데, 센노리큐는 소안을 거두고 자신의 친딸과 결혼시켰다. 센노리큐의 친아들 도안은 후사가 없이 사망했고, 센노리큐 딸과 결혼한 의붓아들 소안이 후계를 이었다. 소안의 후손들은 지금 일본 다도계를 아우르는 삼천가(三千家)를 이루는데 우라센케(裏千家), 오모테센케(表千家), 무샤코지센케(武者小路千家)다. (일본 다도 영화로 유명한 〈일일시호일〉은 그 중 오모테센케에서 다도를 20여 년 배웠던 모리시타 노리코의 얘기다.)

　그에 비하면 히데요시의 사후는 비루하기 그지없다. 아들이 셋 있었지만 장남과 차남은 2살 남짓 어릴 때 사망하고 히데요시 뒤를 이은 셋째 아들 도요토미 히데요리도 21살에 도쿠가와 이에야스와의 전투에서 패배한 후 자결한다. 그렇게 히데요시는 대가 끊긴다.

교토에서 센노리큐 흔적을 찾아 나서다

차 한잔에 담긴
스토리 18

교토에서 센노리큐의 흔적을 찾는 이들이 가장 먼저 가는 곳은 금모각이 있는 '대덕사(다이토쿠지)'와 시우정과 산정을 볼 수 있는 '고대사(고다이지)'다. 교토 다도의 본산 정도로 여겨지는 대덕사는 꼭 금모각이 아니어도 찾을만한 이유가 여러 가지다.

대덕사는 30만 평가량 엄청난 규모에 수많은 암자와 정원이 흩어져 있는 구조인데 이 중 료겐인, 다이센인, 즈이호인, 고토인 등 4곳의 정원이 특히 유명하다. 그중 즈이호인은 가레산스이(물을 사용하지 않고 바위와 모래, 이끼를 통해서 정원을 표현하는) 양식 정원이 특히나 아름다워 사랑받

센노리큐 할복의 단초가 된 교토 대덕사 금모각 2층에는 아직도 리큐의 목상이 보관되어 있다.

여경암 등의 다실이 위치해 있는 대덕사 즈이호인

는다. 즈이호인에는 여경암, 평성대암, 안승헌 등 3곳의 다실이 있다. 이 중 평성대암은 센노리큐가 만들었다는 그 대암다실을 복원한 다실이다. 평소에는 출입이 불가능하다. 한편 여경암에서는 매달 한 번씩 오모테산케 다회가 열리는데 그때만 문이 열리는 것으로 알려졌다.

또 대덕사 고봉암에는 일본 국보 26호 '기자에몬 이도(이도다완: 15~16세기 조선 남해안 지방에서 만들어진 것으로 추정되는 백자 사발. 일본에만 200여 점 남아있는 것으로 추정된다)'가 소장되어 있다. 이 또한 일반인에게는 공개하지 않는다. 일본 다인들은 물론 한국 다인도 평생 한 번만이라도 이 다완을 보는 것이 꿈이라나.

차를 알게 되고 비로소 이름을 들어본 대덕사는 서울로 치면 저어기~ 노원구 쯤 될 외곽에 위치해 있다. 대덕사를 가기 위해 교토를 찾은 때는 2022년 7월. 코로나가 한창일 때라 일본에는 비즈니스 비자로만

들어갈 수 있었고 또 한참 더울 때라 거리에 사람 자체가 많지 않았다. 버스를 타고 한참을 가서 대덕사 앞이라고 내렸지만 거리에 관광객은커녕 길 가는 사람조차 찾아볼 수가 없다. 여기가 맞나 저기가 맞나 하며 쉬엄쉬엄 길을 걷다 보니 절 하나가 나온다. '금모각'이라 쓰여진 문이 보이니 왜 그리 반갑던지. 물론 리큐의 목상은 볼 수 없었지만. 그뿐인가. 아무도 없는 즈이호인을 독차지하는 사치까지. '다시 교토에 간다면 청수사 대신 무조건 대덕사로!!!' 다짐을 하며 아쉬운 발걸음을 떼었다. 대덕사와 멀지 않은 곳에 다도 박물관이 있고 바로 그 옆쪽에 우라센케와 오모테센케 본산이 있다. 고급 단독주택을 연상케 하는 두 곳의 본산은 평소 웅장한 문으로 닫혀 있고, 역시 일반인은 마음대로 출입할 수 없다.

청수사 올라가는 길 닌넨자카, 산넨자카가 시작하는 인근에 위치한 고대사는 도요토미 히데요시의 정실부인 네네가 히데요시 사후 히데요시 명복을 빌기 위해 지은 절이다. 한국인으로서는 불편한 공간이지만, 차를 좋아하는 사람으로서는 꼭 한번 가보고 싶은 절이다.

교토에 위치한 우라센케 본산

도요토미 히데요시의 정실부인 네네가 히데요시의 명복을 빌기 위해 세운 절인 고대사 한편에 위치한 다실 시우정. 센노리큐가 만든 다실을 옮겨왔다.

    히데요시와의 사이에서 자녀가 없던 정실부인 네네는 히데요시 사후 의붓아들인 히데요리 대신 도쿠가와 이에야스 편을 든다. (너무나 당연한 일일 수도) 덕분에 도쿠가와 이에야스는 전권을 잡은 후에도 네네를 예우해 줬고, 네네가 고대사를 짓겠다 할 때도 적극 후원한다.

    고대사 한켠에 산정(傘亭,가라카사테)과 시우정(時雨亭,시구레테)이라 이름 붙은 다실이 있는데 이 다실이 바로 센노리큐가 지은 다실이다. 네네가 센노리큐와 히데요시의 인연을 추억하며 센노리큐가 지은 다실을 고대사로 옮겨왔다고 전해진다.

    고대사 초입에 화려하지는 않지만 초코송이 같은 지붕의 단정하고 정갈한 정자가 나온다. 반가운 마음에 뛰어갔지만 시우정과 산정이 아닌 유방암(遺芳庵,이호안). 에도 초기 교토의 거상이며 차를 사랑하는 다인이었던 하이야 소에키가 부인을 위해 지은 다실이란다. 1908년 지금의 위치로 옮겼다나. 유방암을 지나 오른쪽으로 쭉 걸어 올라가면 "이게 정말 다실이 맞나?" 싶은 쓰러져 가는 정자 같은 것이 나타난다. 한켠에 조그맣게 쓰인 '시우정' 팻말이 아니라면 그냥 스쳐 지나갈 만한 풍경이다. 바로 옆에 '산정'은 시우정보다는 좀 더 깔끔하지만 역시 쓰러져 가는 초가 같은 느낌은 다를 바 없다.

교토에서 살짝 맛만 본 아쉬움은 오사카 남쪽 센노리큐 생가가 위치한 작은 도시 사카이에서 조금이나마 달래볼 수 있다. 센노리큐 생가 앞에는 근사한 '센노리큐 기념관'이 자리하는데, 한켠에 대암다실을 그대로 본떠 만든 모형 다실이 있다. 30분마다 돌아오는 회차당 2명씩 들어갈 수 있다. 모형 다실이지만 내부는 사진을 찍을 수 없어 눈에만 담고 와야 한다.

오사카 인근 소도시 사카이에 위치한 센노리큐 생가

🎬 비긴어게인

우리나라에서 가장 사랑받은 음악영화 감독을 꼽으라면? 〈원스〉 〈비긴어게인〉 〈싱 스트리트〉까지 3연속 안타를 친 존 카니 감독이 아닐까?

〈비긴어게인〉은 키이라 나이틀리와 마크 러팔로의 사랑스러운 케미를 볼 수 있는 영화다. 작곡가면서 노래도 부르는 영국 여성 그레타는 역시 노래를 부르는 남자친구 데이브(애덤 리바인: 무려 마룬5의 보컬)가 뉴욕의 메이저 음반 회사와 계약을 하게 되면서 함께 뉴욕으로 온다. 넓은 집과 최상의 녹음 환경을 제공받은 둘은 행복의 절정을 누린다. 이후 데이브가 음반사 직원과 새로운 사랑에 빠져버린다. 그레타는 가열차게 데이브에게 싸대기를 날리고, 짐을 싸서 무작정 거리로 나온다. 뉴욕 거리에서 노래를 부르는 친구 스티브를 찾아간 그레타. 그레타를 자신의 집으로 데려간 스티브는 저녁에 뮤직바에서 노래 불러야 한다며 나가려다, 그레타가 너무 걱정된다며 그녀를 뮤직바에 함께 데리고 간다.

"여러분 오늘 이곳에 제 친구가 와 있습니다. 괜찮으시다면 그녀의 노래 한 곡을 들려드릴까 해요."

"최악의 아이디어"라고 머리를 저으면서도 어쩔 수 없이 무대에 올라 노래를 부르는 그레타. 잠시 집중하던 관객들은 이내 고개를 돌리고 자기들끼리 얘기하기 바쁘다. 노래가 끝나고 다들 건성으로 박수칠 때, 진심으로 환호하는 한 사람이 있다. 술에 절은 댄.

한때 잘 나가는 스타 음반 프로듀서이자 제작자였던 댄은 7년여 동안 제대로 된 프로젝트를 진행하지 못했고 그날 아침 자신이 설립한 회사에서 잘렸다. 댄이 그레타의 노래를 알아봤고, 댄은 그레타에게 함께 음반을 만들어 보지 않겠냐고 제안한다….

사무라이들이 전쟁 나갈 때 마셨던 '말차'

"What's that? 이게 뭐야?"
"That's matcha tea. 말차."
"Matcha tea? 말차?"
"Yeah. it's got like four million antioxidants in it. 항산화 성분이 4백 가지나 들었대."
"Oh my God, it tastes like piss. 우웩~ 완전 오줌 맛이야."
"I like it. 난 좋은데."
"Samurais used to drink it before they went into battle. 사무라이들이 전쟁 나갈 때 이걸 마셨대."
"You're not a samurai; you're a songwriter. 자기는 송라이터지 사무라이가 아니야."
"Well, I'm kind of like a samurai. 그것도 일종의 사무라이거든."

영화 〈비긴어게인〉에서 일생일대의 녹음을 앞둔 데이브는 말차를 한잔 마신다. 그것도 제대로 된 다완에. 〈비긴어게인〉 각본까지 직접 쓴 존 카니 감독이 '말차 쫌~아시는 분 같다.' 말차 모르는 사람도 있냐고? '말차' 단어를 안다고 아는 게 아니다. '항산화 성분이 4백 가지나 들었다'라는 사실을 안다고 말차를 아는 것도 아니다. '사무라이들이 전쟁 나갈 때 이걸 마셨대' 정도 알아야, '말차 쫌~ 아시는 분' 반열에 들 수 있다.

보통 차를 마신다고 하면 '잎 차나 티백을 우려 마시는 것'을 연상한다. 그러나 일본에서는 잎 차를 갈아 분말로 만든 말차에 물을 넣고 대나무를 잘라 만든 차선(tea shaker)으로 솔솔 저어 거품을 내어 마신다.

한국과 중국에는 말차가 없다. 말차 대신 녹차를 마신다. 여기서 이런 질문이 떠오를 수 있겠다.

"녹차를 갈면 말차가 되는 것 아냐?"

No No~ 녹차와 말차는 완전히 다른 차다. 녹차를 마시기 위해 재배한 녹차 잎차를 가루로 만든 게 말차가 아니다. 말차는 재배 방식부터 녹차와 다르다.

말차는 보통 채엽 20일 전쯤의 녹차밭에 지붕을 만들어 주는 것으로부터 시작된다. 빛을 가려주는 이유가 있다. 그래야 엽록소가 증가해 더 진한 녹색을 띠기 때문이다. 또 고소한 감칠맛이 배가된다. 말차와 녹차는 제다 과정도 다르다. 잎을 따서 살청(덖기)-유념(비비기)-건조의 과정을 거치는 녹차와 달리 말차는 증열(찌는 것)-냉각-건조-분쇄의 과정을 거쳐 만들어진다. 이 과정을 전부 거친 차만이 '말차'라는 이름을 얻을 수 있고, 녹차보다 공정이 복잡한 만큼 녹차보다 가격이 비싸다. 또 말차는 녹차잎을 그대로 분쇄하는 게 아니라, 줄기와 잎맥을 제거하고 갈아내기 때문에 줄기와 잎맥까지 그대로 우려내는 녹차보다 쓴맛이 훨씬 덜하다. 말차

잎을 맷돌로 갈아 가루로 만드는 게 전통적인 말차 제조법이다.

말차는 녹차보다 카페인 함량이 1.5~2배가량 더 많다. 보통 말차 1g당 약 30mg의 카페인이 포함돼 있다. 말차라떼 한잔

말차 격불하는 모습

에 4~6g의 말차를 넣는다면 말차 한잔 마시고 섭취하는 카페인이 120~180mg 정도 된다는 얘기다. 카페인 1일 섭취 권장량은 성인 400mg, 임산부 300mg 이하, 어린이·청소년은 체중 1kg당 2.5mg 이하다. 다만 말차에는 카페인 작용을 중화하는 테아닌도 꽤 많이 들어있다. 그래서 카페인만 생각하면 커피보다 말차를 마시는 게 낫다고 얘기하는 전문가도 많다. 말차에는 염증을 줄이고 세포 손상을 막아 대표적인 항산화물질로 꼽히는 에피갈로카테킨 갈레이트(EGCG)도 많이 들어있다. 차 중에서도 녹차가 EGCG 함량이 높은 걸로 유명한데 말차가 녹차보다 약 3배 정도 더 많다. 2024년부터 전 세계적으로 불어닥친 말차 열풍에 '저속 노화' 트렌드도 기저에 깔려있는 셈이다.

말차가루로 말차를 어떻게 만들까. 말차를 만들 때는 국그릇 크기 정도 다완을 사용한다. 다완에 말차가루를 넣은 후 뜨거운 물을 붓고 차선으로 저어 거품을 만들어 낸다. 거품을 만들어 내는 과정을 '격불'이라 한다. 말로 하면 쉬워 보이지만 절대 쉽지 않다.

요즘은 말차를 말차 그대로 마시는 대신, 크림을 넣는 등 다양한 방식으로 소비하는 경우가 많다.

격불할 때 나름 격렬하게(그러나 다른 사람이 보기에는 아주 우아하게) 팔을 휘저어야 하는데 팔도 아플뿐더러, 색도 보기 좋고 거품도 보기 좋게 만들어 내기가 여간 어려운 게 아니다. 그래서 최근에는 차선으로 젓는 대신 진동 거품기 등을 이용하기도 한다.

말차에 우유와 설탕을 첨가하면 말차라떼가 되고, 말차가루를 넣어 말차 케이크를 만들기도 한다. 말차는 녹차에 비해 훨씬 가격이 비싸기 때문에 보통 말차는 단독 음용에 활용하고, 베이커리 등에는 말차가 아닌 녹차 가루를 사용한다. 진짜 말차 케이크도 있지만 가격이 녹차 케이크보다 한결 비싸고 보관도 까다롭다.

말차는 차 자체보다도 그 안에 담긴 정신이 더 중요한 차다. 일본 다도 역사에서 가장 중요한 인물로 센노리큐, 오다 노부나가, 도요토미 히데요시 등을 꼽는다. 센노리큐는 현재 일본 다도의 기틀을 잡은 인물이다. 오다 노부나가와 도요토미 히데요시는 도쿠가와 이에야스와 함께 지금의 통일 일본을 만든, 이른바 일본 역사

3걸이다. 그리고 센노리큐는 노부나가와 히데요시 두 사람의 차 선생님 겸 다두(茶頭: 절에서 마실 차를 마련하는 소임, 또는 그 일을 맡은 승려)였다.

노부나가는 개인적으로도 열렬한 다구 수집가였을뿐더러, 다도를 통치에도 활용했다. 군웅이 할거하던 전국 시대, 노부나가는 천하를 통일하겠다는 야망을 대담하게 추진해 나간다. 각종 전투에서 공을 세운 가신들에게 하사할 영지가 부족해지자 고민하던 노부나가는 영지 대신 자신이 아끼는 다구와 다회를 열 권리를 나눠주기 시작했다. 당시 말차를 격불해 마시는 다완 중 최고로 친 것이 일명 조선 막사발에서 유래했다고 알려진 '이도다완'인데 이 이도다완 하나 가격이 집 한 채에 맞먹을 정도로 비쌌다. 또 전쟁에서 공을 세운 이들에게 다회를 개최할 수 있게 허락하면서 다회가 곧 포상이나 훈장의 대명사가 됐다. 노부나가 밑에 있던 히데요시도 1578년 노부나가로부터 다회 개최권을 받는다. 당시 히데요시가 '밤낮으로 눈물을 흘릴 정도로' 기뻐했다나.

노부나가가 얼마나 열렬한 다구 수집가였는지를 한눈에 보여주는 일화가 있다. 일본 다도 역사에서 빠지지 않는 이름으로 '마쓰나가 히사히데'라는 사무라이가 있다. 일본은 중세 시대부터 천황은 상징적이면서 신앙적인 존재였다. 실권은 막부(바후쿠)의 쇼군이 갖고 있었다. 가마쿠라 막부가 힘을 잃은 후 무로마치 막부가 들어섰지만 무로마치 막부도 위세를 잃으면서 사무라이 봉건 영주들이 전국 곳곳에서 할거하며 하극상을 반복하는 전국 시대가 도래했다. 이때 혜성처럼 나타난 오다 노부나가가 일본 서쪽을 통일

하면서 1575년 무로마치 막부도 막을 내린다. 히사히데는 무로마치 막부 말기 단조 직함을 달고 있던 관리였다. 단조는 요즘으로 치면 청와대 민정수석 같은, 비리를 단속하는 일을 했다. 외피는 감찰관이지만 실제로는 막부 2인자의 집사로 일종의 비선 실세에 가까웠다. 어쨌든 히사히데의 권세가 엄청나 수많은 귀족과 고관이 선물 보따리를 들고 히사히데에게 줄을 대기 바빴다.

히사히데 하면 바로 따라붙는 단어가 '히라구모(ひらぐも: 平蜘蛛)'다. 우리말로는 '납거미'다. 히사히데가 갖고 있던 다부(찻물을 끓이는 솥)의 이름인데 솥의 모양이 거미가 무릎을 꿇고 앉아 머리를 땅에 닿도록 숙인 모습이 떠오른다고 해서 이런 이름이 붙었다고. 어쨌든 그 '히라구모'가 당시 일본 최고의 명물 다구로 유명했다.

1577년 노부나가는 세를 잃고 쪼그라든 히사히데의 성을 포위했다. 그리고 히사히데에게 화친 안을 보낸다. "히라구모를 성 밖으로 내보내면 목숨을 부지하게 해주겠다"라고. 결국 히사히데 성을 공격한 이유가 '히라구모'였던 셈이다. 그러나 히사히데는 "히라구모와 내 목 둘 다 노부나가가 보는 일이 없도록 하겠다"라며 의지를 다진다. 그리고 폭약을 터뜨려 히라구모와 함께 역사 속으로 사라졌다. 이 스토리는 당시 일본에서 명물 다구가 어떤 의미를 가진 존재였는지, 또 명물 다구를 손에 넣기 위해 권력자들이 얼마나 수단과 방법을 가리지 않았는지, 고스란히 보여주는 단면이다.

노부나가 뒤를 이은 도요토미 히데요시도 노부나가 못지 않은 다구 수집가면서 차 애호가였다. 그가 일으킨 임진왜란이 명목은 "명을 치겠다"였지만, 실제로는 조선 도공을 잡아오기 위해서였다는 얘기는 익히 유명하다. 도요토미 히데요시 이후로도 많은 사무라이들이 다도에 심취했고 일본 다도 유파 중 '고보리 엔슈' 류 등 수많은 유파가 모두 무사들의 다도 유파다.

중국과 한국에서 차는 주로 선비의 문화였다. 신선처럼 차 한 잔 마시며 시를 읊고 하는 게 그들의 풍류였다. 그런데 왜 유독 일본에서는 사무라이의 문화가 됐을까. 우선 일본 지배층이 사무라이였던 게 크다. 전쟁터에서 매일 전투를 해야 했던 사무라이들은 다도가 그들의 부족한 교양과 문화적 소양을 채워줄 수 있음을 간파했다. 그뿐인가. 내일 치를 전투에서 과연 내 머리가 내 목에 붙어 있을지 없을지 모르는 극도의 불안감을 다스리는 데도 차는 효용이 컸다. 긴장감이 극도로 휘몰아치는 와중에, 경건하게 말차 한 잔을 마시는 시간은 그들에게 곧 구원의 시간이며 도의 시간이었을 터. 그래서 "이곳이 무릉도원인가" 한 구절 읊어대며 편안하게 마시는 차 한잔의 취향이 아닌, 차에서 도를 구하는 '다도'가 됐다. 이런 뒷얘기를 제대로 알지 못하면 사무라이의 문화인 말차 문화와 다도 문화를 제대로 이해할 수 없다.

이제 "사무라이들이 전쟁 나갈 때 이걸 마셨대."라는 대사가 이해되셨을지. "자기는 송라이터지 사무라이가 아냐."라고 말하는 그레타에게 데이브는 "그것도 일종의 사무라이거든."이라고 답한다. 하긴 일생일대의 앨범 녹음을 앞둔 데이브에게 그 출정은 사무라이의 출정과 다름없을 테다. 사무라이와 데이브만일까. 어쩌면 우리 모두 마음속으로는 매일 나만의 말차를 마시고 있을지도 모르겠다. 매일 나만의 전쟁을 치르며.

🎬 몽화록

〈몽화록〉은 송나라 시대 전당(지금의 항주)에 살던 세 명의 여인이 함께 송나라 수도 변경에 와서 온갖 역경을 이겨내고 자신의 삶을 슬기롭게 개척해 나가는, 일종의 성장극이다. 작품을 보다 보면 '놀랄 노'자다. 원나라면 우리로 치면 고려 시대다. 그 시절 작가가 그려낸 송나라 여인들이 현대 여성보다 더 주체적이고 자립적이라니. 특히 주인공 조반아(유역비)는 '절대 꺾이지 않는'다. 세 여성 모두 고위 관작의 딸이나 부인도 아니다. '사농공상' 시대 가장 천하게 여겨진 장사를 하는 상인이거나 심지어 관기. 그런데도 늘 당당하고 지혜롭고 게다가 진취적이다.

세 명의 여성은 원래 관리의 딸이었으나 아비가 왕의 명을 따르지 않은 죄로 8살에 모친과 함께 관기가 됐다 환속한 조반아, 바람피운 남편에게 이혼당하고 아들도 뺏겨 바다에 빠져 죽으려던 손삼랑, 관기지만 웃음을 파는 기생이 아닌 '강남(양쯔강 남쪽) 최고 비파'로 불리는 비파 명인 송인장이다. 손삼랑은 조반아의 친구고, 송인장은 조반아가 아끼는 동생이다. 송인장은 자신을 관기의 신분에서 벗어나게 해줄 유력 인사를 계속 찾는데 그때마다 조반아는 "남자에게 기대지 말고 너만의 가치를 찾으라."라고 얘기한다. 이혼당하고 물에 몸을 던진 손삼랑에게는 "그건 너의 잘못이 아니다. 네가 죽을 이유가 없다."라며 위로한다. 이후 셋은 서로 도와가며 수많은 고난을 헤쳐 나간다.

조반아는 전당에서 찻집을 운영했고, 도성에 가서도 찻집을 연다. 음식 솜씨가 좋은 손삼랑은 찻집에서 다식을 담당하고, 송인장은 찻집에 온 손님들에게 비파를 연주해 준다. 배경이 찻집이고 주인공이 찻집 주인인 만큼 차에 대한 이야기가 시시때때로 나온다.

말차의 기원이 된 그 차,
송나라 라떼아트

송나라는 중국 역사상 가장 부유하고 화려한 문화가 발전했던 시기다. 당시 송나라는 세계 GDP의 22.7%를 차지하는, 독보적인 부자 나라였다.

송나라 시절에는 차와 관련한 다양한 풍속도 유행했다. 대표적인 것이 '투차(鬪茶)'와 '차백희(茶百戱)'다. '투차'는 주로 거품과 맛과 관계가 깊다. 누가 더 차 거품을 균일하고 우아하게 만들어내는지, 누가 만든 차 거품이 더 오래까지 꺼지지 않는지, 누가 만든 차의 맛이 더 기품이 있는지를 겨루는 대회였다. '차백희'는 지금으로 치면 '라떼아트'쯤 되겠다. 거품을 풍성하게 낸 다음 거품 위에 동물, 사람, 꽃, 산수, 글씨 등 아름다운 문양을 그린 것이 차백희다. '투차'와 '차백희' 문화는 이후 가루차가 사라지면서 함께 역사 속으로 사라졌다.

눈 밝은 분은 이 단어를 알아챘을 수도. '가루차'다. 지금 전 세계에서 '말차'로 대변되는 가루차 문화는 유일하게 일본에만 존재한다. 송나라 가루차 문화는 중국에서 한국을 거쳐 일본으로 넘어갔다. 그런데 왜 삼국 중 유독 일본에만 가루차 문화가 남아있고, 중국과 한국에서는 그림자도 찾아볼 수 없을까?

당나라에 이어 송나라 때까지 주로 단차를 마셨다. 찻잎을 쪄서 절구로 빻은 후 천에 싸서 압착기를 이용해 즙을 짜내고 남은 찌꺼기(?)를 엽전 모양으로 만들어 딱딱하게 굳힌 게 단차다. 최고의 단차는 '용봉단차'인데 용과 봉황 문양 틀로 찍어낸 단차다. 그 단차를 차로 만들어 마시려면 다시 맷돌로 곱게 갈아내야 했다. 그렇게 가루로 만든 후 찻잔에 가루를 넣고 물을 부은 다음 팔이 엄청 아프도록 열심히 휘저어 거품이 빽빽하게 올라오게 만들어 마셨다.

즐기는 이들 입장에서야 풍류일 테지만, 이런 풍류를 즐기기 위해 차를 만들고 팔 빠져라 저어 거품을 내고 해야 했던 이들 입장에서는 엄청난 고역이었을 터. 노비 출신으로 단차를 만들고 투차를 하는 과정에서 고달픔을 누구보다 잘 알았던 명나라 초대 황제 주원장은 그래서 황제에 즉위하자마자 "이제 명나라에서는 가루차를 마시지 못한다. 잎차만 우려 마신다."라는 칙령을 내렸다. 그렇게 중국에서 가루차 문화가 완전히 사라졌다.

송나라 가루차 문화는 한국을 거쳐 간 만큼, 우리나라에도 한때 가루차 문화가 있긴 했다. 고려 시대 유물을 보면 '금속으로 만든 차 격불기'가 있다. 찻숟가락 뒤에 거품을 낼 수 있는 도구가 달려있는 다구다. 이후 조선 시대에는 차 문화가 거의 사라지다시피 하면서 당연히 가루차 문화 역시 흐지부지 자취를 감췄다.

반면 송나라 가루차 다법을 수입한 일본은 그때부터 지금까지 계속 가루차 문화를 오롯하게 지켜왔다. 그 결과 가루차 문화는 일본에서 '말차' 다도라는 이름으로 찬란하게 꽃을 피웠다.

화려했던 송나라 차 문화를 엿볼 수 있는 중국 드라마가 있다. 40부작 드라마 〈몽화록〉이다. 중국의 셰익스피어로 불리는 관한경이 송나라 시절을 배경으로 쓴 원잡극『조반아풍월구풍진』을 바탕으로 만들어졌다. 원잡극이 무어냐고? 원나라 시대에 쓰인 잡스러운 극? 얼추 맞다.

중국 전통 희곡인 잡극(雜劇)은 '난잡하고 저속한 연극'을 뜻한다. 하긴 어느 시대건 서민들이 즐기던 극이라면 웬만하면 다 난잡하고 저속했을 터. 서민의 애환과 희로애락이 담긴 극을 대충 '잡극'이라 불렀다 해도 무방할 듯하다. 그렇다고 또 모든 '난잡하고 저속한 연극'을 잡극이라 부르는 것은 아니다. 시대적으로 보면 송나라와 원나라 시절 유행했던 익살맞은 풍자극과 가극을 주로 '잡극'이라 부른다. 현대 작가가 난잡하고 저속한 풍자극을 썼다 해도 '잡극'이라 부르지는 않는다는 얘기다.

오늘날 '잡극'이라 불리는 작품은 송대보다는 대개 송나라를 무너뜨리고 새로 들어온 원나라 시대 작품이다. 이유가 있다. 원래 중국 문학의 정점은 시문이었다. 이태백, 두보 등을 떠올려 보면 바로 이해가 된다. 문인이 주로 학자면서 관료였던 것과 밀접한 관련이 있다. 관료가 되기 위해 글공부를 하고 시를 짓는 연습을 한 이들이 시문으로 이름을 날렸다.

한족 입장에서 보면 무식하기 짝이 없던 몽골족이 세운 원나라는 그런 중국의 전통에 조소를 보내면서 과거 제도를 폐지했다. 관직에 나아갈 길이 요원해진 한족 문인들은 사서오경을 읽고 시문을 짓는 대신 잡극과 통속소설을 쓰기 시작했다. 먹고 살기 위해서기도 했고, 울분에 찬 심경을 풀어내기 위해서기도 했다.

이런 배경 아래 탄생한 원잡극은 이후 나름 문학적 평가를 받는데, 명말 청초 유명 문학평론가인 김성탄은 "원나라 잡극은 장자, 사기, 이소(전국 시대의 초나라 굴원의 작품, 전국 시대 대표작으로 꼽힌다) 등과 나란히 중국 문화의 한 선을 구성할 수 있다."고 평가하기도 했다.

전당 제일의 찻집을 운영했던 조반아는 도성에 와서도 손삼랑, 송인장과 함께 '반차면'이란 이름의 찻집을 내는데 처음에야 당연히 잘될 리가 없다. 고심하던 셋은 다른 찻집에는 없는 새로운 다식과 비파 연주로 손님을 끌어모은다. 생뚱맞게 굴러온 돌인 '반차면'이 장사가 잘 되자 근처 찻집 주인들이 반차면에 쳐들어와 "관기들이 웃음을 팔며 찻집을 해서 찻집 명예를 실추시킨다."라고 소리를 질러댄다. 그때 조반아가 정정당당하게 실력을 겨루자고 제의한다.

처들어온 찻집 대표들 중 최고 고수와 조반아가 차 만드는 실력을 겨루는 '투차(鬪茶)'에 들어간다. 드라마를 보지 않은 분들도 조반아가 투차에서 이겼을 것임은 어렵지 않게 짐작해 볼 수 있을 터. 조반아가 만든 차는 거품도 더 풍부했고, 더 오래도록 꺼지지도 않았지만, 한 가지 더 특출난 점이 있었으니 바로 '차백희(茶百戱)'라고도 불렸던 분차(分茶)였다. 조반아는 거품 위에 꽃 한 송이와 고고한 달을 올려냈고, 그 고아함에 반한 모든 이가 '조반아 승'을 외쳤다.

극 사이사이 조반아가 차를 가져와 따르는 장면도 여러 번 나오는데 차를 따르는 동작이 마치 선녀가 춤추는 듯 유려하다. 다관을 이리저리 돌리다 1m 정도 위에서 차를 '조로록' 따라내는 장면을 보면 차를 따르는 건지, 서커스를 하는 건지 모를 정도다.

이는 중국에서 차를 즐기는 방식을 다예(茶藝)라고 하는 것과 관련이 있다. 실제 중국 차 문화에는 예술적 기교가 많이 녹아 있다. 중국에는 '다예사' 자격증이 있다. 다예사는 다양한 차를 각각의 방법에 맞게 잘 우리는 게 주된 역할인데, 다예사 자격증을 따기 위해서는 차를 우리는 과정에서의 다양한 예술적인 움직임을 익히는 것도 아주 중요하다. 더 자세한 내용은? 직접 확인하시길~

〈몽화록〉에서 제일 좋았던 것은 '여자의 적은 여자'라는, 일종의 편견 어린 장면을 일절 찾아볼 수 없다는 점이다. 서로 시기하고 헐뜯고 음모를 꾸미고 모략하는 일은 여자들의 일이 아니다. 극에 등장하는 수많은 여성들은 서로를 진정으로 아끼고 진심으로 조언하고 온 힘을 다해 끌어준다. 여느 드라마나 영화에서 이토록 근사한 여성들이 '떼'로 나오는 경우를 본 적이 있었던가. 송나라 그녀들의 투쟁을 보고 있노라면, 오늘날의 내가 부끄러워질 정도다.

일본 차가 여기서 시작됐다고?
중국 절강성 경산사

차 한잔에 담긴
스토리 19

천목산에는 천목이 없다? 대신 천목산에는 경산사가 있다. 경산사는 경산차의 고향이기도 하지만 일본 차의 원류가 되는 곳이다. 당나라 때 5산 10찰이 있었는데 그중 경산사가 제일 사찰로 꼽혔다. 일본 선승들이 경산사에 와서 차를 배우고 일본으로 돌아가 일본 차의 역사가 시작된 것으로 알려졌다.

그저 말로만 듣고 그런가 보다 하던 생각은 직접 경산사를 방문해 뒤편 선당을 둘러보면서 엄청난 놀라움으로 바뀌었다. 이것은 중국 사찰인가, 일본 사찰인가. 송나라 사찰은 세 가지 특징이 있다고. '흑와(검

경산사 뒤편에 자리한 '선당'. 첫눈에 일본 사찰인가 깜짝 놀랐을 정도로 외관이 일본 사찰과 닮아있다.

은 기와)' '하얀색 벽체' '나무색 그대로'다. 그 송나라 사찰은 일본 사찰과 별반 구분되지 않을 정도다. 특히 스님들이 차를 마시며 수련을 하는 곳이라는 선당은 정갈하게 꾸며진 정원부터 첫눈에 바로 일본 사찰을 떠올리게 했다. 물을 일절 사용하지 않고 돌과 모래 등으로 산수풍경을 표현하는 '가레산스이' 스타일. 일본 사찰에는 모래가, 경산사 사찰 경내 정원 바닥에는 모래 대신 자잘자잘한 돌이 흩뿌려져 있다는 것 정도만 다를 뿐. 그 또한 멀리서 보면 모래인지 자갈인지 별반 구별되지 않는다.

현재 경산차연은 유네스코 인류무형문화유산으로 지정되어 있다. 덕분에 20년 전에는 사람 구경할 수 없었다는 경산사가 지금은 시끌벅적한 관광지가 되었다. 경산사에서 경산차를 만들었다는 것도 옛말. 예전 경산사 뒤에 옹기종기 모여 살며 차를 만들었다는 차농들은 지금은 경산사에서 한참 떨어진 곳에 새로운 군락을 이루고 그곳에서 차를 만든다. 경산차는 유독 한국인이 좋아하는 녹차로 이름이 났다.

그런데 '천목산에는 천목이 없다.'라는 게 무슨 뜻이냐고? 말차는 검은색 다완에 격불하면 말차 색이 한결 산다. 그래서 송나라 시절에는 검은색 유약인 천목유약에 담가 만든 천목다완이 유행했다. 송나라에서 천목다완을 본 일본 승려들이 일본에 갈 때 천목다완을 여러 점 가져가서 사용했다. 일본 다완의 대표주자인 라쿠다완이 대부분 검은색인 것도 같은 이유에서다. 다만 센노리큐 이후 일본 차인들이 중국 다완이 아닌 한국 다완을 더 좋아하게 되면서 비파 색의 이도다완을 최고로 치기 시작했다. 여기서 다시 질문. 비파 색은 무슨 색? 비파나무 열매의 색인데 조롱박 색을 상상하면 바로 이해가 되시려나? 살색 같기도 하고 베이지색 같기도 하고 그 중간색 같기도 하고 뭐 그런 색이다.

🎬 나기의 휴식

일본 10부작 드라마 〈나기의 휴식〉. 제목 '나기의 휴식'은 주인공 '나기'의 '휴식'이라는 의미다.

 곱슬머리 비주얼이 강렬한 나기는 평범한 회사의 눈에 잘 띄지 않는 직원이다. 소심지수 100, 아싸의 전형 나기는 좀처럼 자기주장을 내세우지 않을뿐더러 늘 동료 눈치를 본다. 심지어 다른 동료의 잘못을 뒤집어쓰고 상사에게 질책당하면서도 그저 "죄송합니다." 허리를 90도로 숙이고 머리를 조아린다. 도시락을 싸 와 놓고도 동료들이 식당에 가자 하면 어쩔 수 없이 따라간다. 자기를 디스하는 것 같은 말에도 그저 웃으면서 "뭔지 알아" 하며 억지웃음을 짓는 나기. 속으로는 "그렇지 않아" 말하고 싶다고 외치지만, 나기 입에서 그런 말은 절대 나가지 않는다.

 그런 나기에게 비밀이 있었으니…. 사실 곱슬머리 비주얼을 회사 동료들은 전혀 모른다. 아침마다 나기가 1시간씩 고데기로 머리를 정성스레 쭉쭉 펴서 단정하게 만들고 회사에 가기 때문이다. 그뿐인가. 나기 회사의 가장 잘나가는 최고 인싸 영업사원 가몬 신지가 바로 나기의 남자친구다. 심지어 신지도 나기가 곱슬머리인 것을 모른다.

 어느 날, 나기는 회사에서 신지가 동료들과 얘기하는 것을 우연히 엿듣는다. 여자친구에 관해 묻는 동료들에게 신지는 "그 애가 나를 좋아해서 만나는 것뿐"이라고 잘라 말한다. "속궁합은 최고"라며 낄낄거리면서. 그 장면을 목격하고 충격을 받은 나기는 갑자기 숨을 쉬지 못하는 공황 상태에 빠져버리고, 다음날 회사에 사표를 낸다. 그리고 도쿄 인근, 조만간 철거가 시작될 작은 빌라로 이사를 간다. 이불 하나와 옷 몇 가지 챙긴 보따리 하나 들고. 그렇게 나기의 '찬란하고 멋진 어느 여름날의 휴식'이 시작된다.

말차는 일본차의 2%, 나머지 98%는? 증청녹차

"호지차 오이시이(맛있어)~~~"
땡볕이 내리쬐고 매미가 맴맴 울어대는, 한여름의 절정일 것 같은 시기에 두 여성이 집 앞에 앉아 있다. 두 사람 앞에 놓인 탁자 위에는 얼음 동동 뜬 차와 경단이 준비되어 있다. 그중 한 명이 먼저 차를 마시고 눈을 동그랗게 뜨며 "호지차 오이시이~"하고 감탄사를 내뱉는다.
(일본 10부작 드라마 '나기의 휴식' 中)

일본에 말차와 녹차 말고 호지차도 있다고? '호지차'라는 단어를 들은 한 친구는 "호지로 만들어진 차인가?"라고 되물었다. 음~ 호지차라는 이름이 워낙 낯서니 충분히 그럴 수 있겠다. 결론적으로 일본에 '호지로 만든 차'는 없다. 일본에는 말차와 녹차가 거의 전부다. 다양한 녹차가 있을 뿐이다. 호지차는 녹차를 볶아서 만든다. 볶은 녹차인 호지차도 결국 녹차의 일종이다.

일본녹차는 우리가 흔히 아는 녹차와 살짝 다르다. 중국과 한국 녹차는 찻잎을 따서 뜨거운 불에 덖어 만든다. 반면 일본녹차는 덖지 않고 '쪄서 만드는 녹차' 증청녹차다. 일본녹차는 자세하게 나누면 수십 종류가 넘는다. 다만 대략적으로 교쿠로(옥로), 센차(전차), 반차, 호지차, 겐마이차 등으로 구분한다.

사실 일본녹차는 그냥 '센차'라 해도 과언이 아니다. '센차'는 한자로 '煎茶'라고 쓰는데 '우려내는 차'라는 의미다. 교쿠로는 센차 중 고급차, 반차는 센차 중 살짝 품질이 낮은 차(센차를 만들기 위해 채엽한 후 좀 더 자란 여름 찻잎으로 만든 녹차)를 가리킨다. 일본 녹차 시장에서 센차가 차지하는 비율이 68%, 반차가 20%로 센차와 반차가 거의 90%다. 이 외에 고급 센차인 교쿠로가 5%, 말차가 2%, 호지차와 겐마이차를 비롯한 기타 차가 5%를 점유한다. 반차와 교쿠로까지 포함하면 센차 비율이 93%인 셈이다.

센차는 1738년 나가타니 소엔이라는 인물이 가공법을 발명한 것으로 알려졌다. 교토에서 태어난 소엔은 우지 근처에서 살면서 차에 관심이 많았다. 당시 우지는 차의 중심이었고, 16세기 중반 우지에서 차광 재배법이 개발된다. 채엽 20일 전쯤 녹차밭에 지붕을 만들어 '차광'을 해주면 찻잎에 엽록소가 증가해 더 진한 녹색을 띠고 고소한 감칠맛이 배가된다. 그렇게 만든 말차는 비싼 가격에 팔려나갔다.

그러나 차광 재배는 허가받은 사람만 할 수 있었다. 일반인은 말차를 생산하고 남은, 품질이 별로인 차를 우려 마셨는데 당연히 맛이 별로였다. 쇼엔은 어떻게 하면 차광 재배를 하지 않은 찻잎으로 더 맛있는 차를 만들 수 있을까 고민하다 '호이로'라는 독특한 기구를 만들어 낸다. 마치 당구대처럼 생긴 판 아래에 열을 공급하기 위한 장치를 덧붙였다. 증기로 쪄낸 녹차를 호이로 위에 올려 유념(비비기)하고 건조시켰다. 증기로 쪄내어 수분을 잔뜩 머금고 엉킨 찻잎을 풀어냈다 말렸다 하는 과정을 반복하면서 '뾰족뾰족 바늘 같은 모양'의 차가 만들어졌다. 이게 바로 센차의 시작이다. 자주 들어봤을 '다도'가 말차를 즐기는 방식이라면, 센차를 즐기는 방식은 '센차도'라 한다.

증기로 쪄낸 일본녹차의 맛은 '우마미'라는 단어로 요약된다. 일종의 '감칠맛' 정도로 이해하면 된다. 감칠맛이면 좋은 게 아니냐고? 음~ '미역 삶은 맛?'이라고 하면 이해가 되시려나? 개인적으로는 '물에 미원 탄 맛' 정도로 표현하고 싶다. 맛 표현에서 짐작해 볼 수 있는 것처럼 우마미는 호불호가 강하다. 개인적으로는 'MSG 맛'이 강한 우마미를 썩 즐기지 않는다.

호지차는 '녹차를 볶아낸 차'다. 잎만 볶은 게 아니다. 녹차 줄기도 함께 볶았다. 보통은 잎과 줄기가 섞여 있는데, 가끔 줄기만 볶은 것도 있다. 이를 '쿠키차'라 부른다. '쿠키'는 일본어로 줄기라는 의미다.

겐마이차는 이름은 생소하지만 우리에게 아주 익숙한 차다. 겐마이차를 한국어로 번역하면 '현미녹차'다. 티백으로 자주 접한 그 '현미녹차'가 맞다. 다만 비주얼은 다소 다르다. 한국에서는 현미녹차가 가루 중심 티백으로 널리 알려졌지만, 겐마이차는 진짜 녹차잎(반차)에 진짜 볶은 현미를 섞었기 때문에 녹차잎 사이사이 자잘한 갈색빛 나는 현미가 섞여 있는 모양새다. 볶은 현미를 섞은 만큼 겐마이차도 구수한 맛이 나고 마시기에도 편하다.

돈은 없지만 맛있는 차는 마시고 싶어 ②
호지차

차 한잔에 담긴
스토리 20

해마다 무더운 여름이면 가장 먼저 생각나는 차가 바로 호지차다. 도쿄도 그렇지만 교토의 7월은 무척이나 뜨겁다. 교토는 일본 차 문화의 꽃이 피었던 지역인 데다 기차로 20분만 가면 일본 3대 녹차 산지로 꼽히는 우지가 자리한 만큼, 전통이 유구한 찻집을 시내 곳곳에서 만날 수 있다. 그중 교토에서 8대째 영업 중인 '잇포도' 찻집은 현재 잇포도를 운영하는 6대 점주의 안주인 와타나베 미야코가 펴낸 책 『차의 맛』 한국 번역본이 나오면서 한국인에게도 유명해졌다. 어느 더운 여름날 오후, 땀을 뻘뻘 흘리며 교토 잇포도를 찾아가 시원한 냉침호지차 한 잔 시켜 "호지차 오이시이~" 하며 마셨던 그 호지차의 맛을 몇 년이 지나도록 잊지 못하는 것은 갈증을 해결해 준 시원함 때문이었을까, 정말 호지차가 엄청나게 맛있던 때문이었을까.

〈나기의 휴식〉에서 나기가 "호지차 오이시이~"를 외치는 장면은 3화에서 나온다. '쓰러져 가는 빌라 앞 탁자에 놓인 경단과 시원한 호지차 한 잔'이라는 묘사에서 알 수 있듯, 호지차는 서민이 마시는 대표적인 차다. 당연히 가격도 저렴하다. 일본 유명 브랜드 줄기가 섞인 쿠키호지차의 경우 50g에 일본 돈 1,000엔 정도면 구입할 수 있다.

호지차는 우리로 치면 보리차 같은 차다. 보리차처럼 끓여서 물처럼 마시기도 하고, 여름에는 얼음 띄워 시원하게 마신다. '호지'라는 이름의 뭔가로 만든 차인가 싶지만, 사실은 녹차의 한 종류다.

인류의 먹거리 발전은 싸구려 재료로 좀 더 맛있게 먹고 싶은 강렬한 욕구에서 기인한 경우가 많다. 차의 역사에서 보면 '밀크티'가 그렇고 인도의 '마살라짜이'도 그렇다. 싸구려 홍차는 쓰고 떫어, 그냥 마시기 쉽지 않다. 그래서 우유도 넣고 설탕도 듬뿍 넣어 마신 게 바로 '밀크티'다. '마살라짜이'는 또 어떤가. 전 세계 홍차의 상당량을 생산하는 인도지만, 괜찮은 찻잎은 다 유럽에 보내고 정작 인도인 앞에 남은 차는 부스러기나 아주 급이 낮은 찻잎 정도였다. 당연히 그걸로 차를 우리면 맛이 별로. 그래서 고안해 낸 게 그 찻잎을 끓인 물에 인도인이 즐기는 여러 향신료를 잔뜩 넣어 푹푹 끓여낸 '짜이'다. 그렇게 인도인이 좋아하는 향과 맛을 내는 '짜이'가 만들어졌다.

호지차도 같은 맥락이다. 일본 차 문화는 말차가 중심이고 녹차가 뒤를 받친다. 말차가 중심이긴 하지만 말차는 '다도'에서나 보기 쉬울 뿐, 사실 일본인이 가장 많이 마시는 차는 녹차다. 그런데 비싸고 품질 좋은 녹차는 다 상류 계급이 차지하고 서민은 좋은 녹차를 구경하기 어려웠다. 품질이 좋지 않은 녹차 또한 우려봐야 좋은 맛이 나지 않는다. 이리저리 고민하다 어느 날 누군가 하급의 녹차를 볶아서 우려봤더니 구수하고 먹기 편했다. 그렇게 세상에 나온 게 바로 '호지차'다.

『죽고 싶지만 떡볶이는 먹고 싶어』 책 제목에 빗댄다면, 호지차의 탄생 비화는 '돈은 없지만 맛있는 차는 마시고 싶어' 쯤 될 수 있겠다.

🎬 다즐링 주식회사

인도 한 오지에서 봉사하는 어머니를 찾아 '다즐링열차'를 탄 미국인 3형제 프랜시스(오웬 윌슨), 피터(애드리언 브로디), 잭(제이슨 슈왈츠먼).

영화 〈다즐링 주식회사〉는 그 다즐링 열차를 타고 연락도 잘 안되는 엄마를 찾아 떠난 3형제의 사고 만발 인도 여행기를 그렸다. 〈그랜드 부다페스트 호텔〉을 통해 '색감 천재' '할리우드 최고 비주얼 리스트' '미장센의 대가' 명성을 얻은 웨스 앤더슨 감독 작품이다. 3형제는 모두 〈그랜드 부다페스트 호텔〉에도 출연한, 소위 앤더슨 사단 배우다.

원제 '다즐링 limited'는 인도 철도청이 운영하는 열차 이름이다. 인도 철도청은 마하 파리니르반 성지 열차를 시작으로 다즐링과 시킴 등지를 도는 고산열차 외에도 사막 투어, 궁전 여행, 힌두 성지, 남인도 여행 등 70여 개에 달하는 열차 여행 프로그램을 자랑한다.

사실 영화에 차 얘기는 1도 나오지 않는다. 열차 손님에게 주는 음료는 차가 아니라 '스위트 라임' 한잔이다. 그럼에도 '다즐링'이라는 단어를 듣자마자 인도의 대표적인 차 생산지 다즐링을 떠올리고, 다즐링에서 만들어 내는 다즐링홍차를 떠올리는 것은 너무나 당연한 연상이다.

인도에서의 온갖 에피소드를 마무리하고 인도를 떠나기로 하면서 둘째 피터 역의 에드리언 브로디는 이렇게 말한다. ('피아니스트'에서 스필만 역으로 나온 우리가 잘 아는 그 배우다.)

"난 이곳의 냄새가 좋아. 못 잊을 것 같아. 아주 독특해."

| **인도차 그리고 스리랑카차** | 우리 없었으면 영국홍차는 없었다

인도차의 진짜 주인공 '다즐링티'

다즐링은 인도 북동부에 위치한 작은 도시다. 바로 위에 '시킴'이라는 지역이 있는데, 시킴은 북쪽으로는 중국, 서쪽 네팔, 동쪽 부탄과 국경을 마주하고 있다. 시킴 아래 다즐링은 북쪽만 시킴일 뿐, 서쪽 네팔, 동쪽 부탄과 국경선을 맞댄 것은 시킴과 마찬가지다. 네팔, 부탄 하면 떠오르는 것? 바로 히말라야 산맥이다. 히말라야 산맥에 속하는 다즐링 역시 해발고도 2,000m 이상 되는 고산 지대다.

원래 인도에서는 차를 마시는 풍습이 없었다. '차'라는 게 없었으니 당연한 일이다. 인도인이 차를 마시기 시작한 것은 영국의 식민 지배를 받으면서부터다. 영국의 차 소비량이 크게 늘어나면서 영국은 중국과의 무역에서 엄청난 적자를 기록한다. 영국도 중국에 물건을 팔고 싶었지만 중국은 당시 '오랑캐 중 하나쯤으로 간주한' 영국의 물건에 크게 관심이 없었다. 꼬박꼬박 은을 받고 차를 팔았다. 막대한 양의 은이 중국으로 들어가는 것을 우려한 영국은 중국인에게 아편을 팔고 은을 받기 시작한다. 그렇게 영국은 무역의 추를 자신들에게 되돌리는 데 성공하지만, 이에 격분한 중국 정부와 충돌이 일어났고 이는 '아편전쟁'으로 이어진다. 그러나 아편전쟁은 철저하게 중국의 패배로 끝이 났고, 이후 영국 동인도회사가 중국 차 독점 수입권을 갖게 되면서 영국은 차 문화의 중심 국가로 떠오른다.

  모든 것은 화무십일홍. 세계열강의 치열한 경쟁 상황에서 영국 동인도회사는 언젠가는 중국 차 독점 수입권을 뺏길 수 있다 예상하고 중국 대신 차나무를 심어 차를 생산할 수 있는 대체지를 오랫동안 찾았다. 쉬운 일은 아니었다. 중국 황제는 칙령을 내려 차 생산 방법을 국가 기밀로 다루게 했다. 이를 누설하는 자는 사형으로 다스렸다. 차나무나 차 씨앗 반출도 불법이었다.

  이때 나타난 한 사나이가 있었으니, 스코틀랜드인 로버트 포천이다. 사람 사귀는 데 천부적인 재능이 있던 포천은 변발을 하고 중국옷을 입고 중국 전역을 돌며 다양한 중국 친구를 사귀었다. 그렇게 차 씨앗과 차 재배 전문가들을 대거 확보해 인도로 들어갈 채비를 마쳤다. 이 사실을 알게 된 중국 정부는 포천에게 현상금까지 내걸며 뒤쫓았다. 포천은 아슬아슬하게 중국 정부를 따돌리고 인도행 배에 몸을 실을 수 있었다. 그렇게 인도에 도착한 포천은 차 씨앗을 인도 곳곳에 심었다. 그 중 유일하게 차나무가 살아남은 곳이 바로 인도 북동쪽 국경 고원 지대 '다즐링'이다.

  그러나 기쁨은 잠시. 다즐링은 지역이 넓지 않다. 다즐링 전체를 다해봐야 차 생산량이 1만 톤에도 미치지 못한다. 영국이 원하는 생산량에 턱없이 모자란 양이었다. 그때 '환상의 소식'이 들려온다. 사실 포천이 다즐링에 차나무를 심기 전인 1823년, 또 다른 스코틀랜드인 로버트 부르스라는 사람이 인도 북동쪽 끝 '아쌈' 지역에서 인도 자생 차나무를 발견했다. 하지만 이 차나무는 중국종과 달랐기에 이게 차나무냐 아니냐 논란이 많았다. 중국 차나무를 가져와 심어야 제대로 된 차를 만들 수 있다는 주장도 나왔다. 그렇게 몇십 년 동안 혼란과 논란의 시기를 보낸 후 거의 1860년 가까이 되어서야 아쌈에서 제대로 된 홍차가 나오기 시작했다. 게다가 아쌈은 지역도 넓다. 아쌈에서 차 재배가 일상화된 이후 아쌈에서만 무려 60만 톤가량의 차를 거둘 수 있게 됐다. 물량이 많은 아쌈 차 덕분에 홍차 가격이 확 떨어졌고, 그렇게 홍차는 귀족뿐 아니라 서민도 즐길 수 있는 차가 됐다.

여기서 퀴즈. 인도홍차를 대표하는 다즐링티와 아쌈티 중 비싼 차는? 당연히 물량이 적은 다즐링차다. 2022년 인도 전체 차 생산량 132만 톤 중 다즐링 생산량은 6,500톤에 불과했다. 물량이 딱 정해져 있는 부르고뉴 와인 가격이 천정부지로 오르는 것을 보면

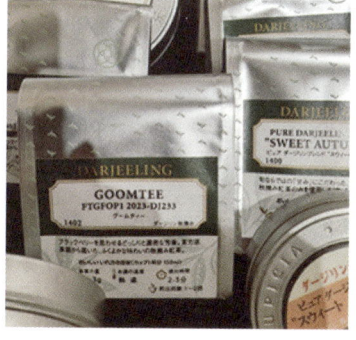

일본 루피시아에서 판매하는 다양한 다즐링 다원 홍차들

이해하기 쉽다. 게다가 다즐링은 고도가 높다. 고지대에서 자란 찻잎으로 만들어진 차는 저지대 찻잎으로 만든 차보다 가격이 비싸다. 기후 등 환경의 차이로(떼루아) 고지대 차가 훨씬 품질이 좋다는 게 정설이다. (대만차도 높은 고도에서 재배한 고산차가 일반 차보다 훨씬 비싸다.)

다시 퀴즈. 차 가격을 결정하는 몇 가지 기준이 있다. 우선 물량. 두 번째 고도. 그럼 세 번째는? 찻잎을 따는 시기다. 다즐링차도 먼저 채엽하는 첫물차가 두물차보다 훨씬 비싸다. 다즐링 첫물차를 우전녹차처럼 다즐링우전이라 부르냐고? 설마 그럴 리가~ 다즐링 첫물차는 '다즐링 퍼스트플러쉬(first flush)'라 부른다. 두물차는 '다즐링 세컨드플러쉬(second flush)'다. 다즐링은 가을차도 나온다. 가을차는 '오텀널(autumnal)'이다.

다즐링 퍼스트플러쉬는 2월 말에서 3월 초 고개를 내미는 부드러운 싹과 잎으로 만든다. 이후 4월 중순부터 나오는 잎으로 만든 게 세컨드플러쉬, 오텀널은 10~11월에 생산한다. 겨울 동안 겨울잠을 자는 차나무는 겨울을 나기 위해 뿌리에 저장해 뒀던 많은 영양분을 봄이 되면 새잎이 나는 데 도움이 되라며 새싹으로 잔뜩 내보낸다. 또 아직 추운 초봄 날씨는 찻잎을 느리게 자라게 하는데, 느리게 자라는 만큼 찻잎에 맛있는 성분이 진하게 농축된다. 영양분도 많고 맛있는 성분도 진하게 농축된 싹과 어린 잎으로 만들었으니 '퍼스트플러쉬'가 귀할 수밖에. 점점 더 고급차를 찾던 사람들 눈에 '다즐링 퍼스트플러쉬'가 들어왔고, 머스캣 향이 특징적인 '다즐링 퍼스트플러쉬'는 '홍차의 샴페인'이라는 별명을 얻으며 고급

차의 대명사가 됐다.

진짜 샴페인처럼 은은하면서도 화려한 머스캣 향과 맛이 나는지는 묻지 마시길. '다즐링 퍼스트플러쉬'는 홍차 제다법으로 만들긴 했지만 100% 산화시키는 일반 홍차보다 훨씬 산화를 덜 시켜 홍차 '뻘'이 한참 덜 난다. 다만 뭔가 '프레쉬'하면서 정체성이 '모호한' 느낌이 상당히 매력적인 것만은 확실하다. '비싸고 귀한 차'라고 머리에 각인되어 나오는 느낌일 수도 있겠지만, 어차피 세상만사가 뭐 다 그런 것이니.

인도홍차 중 최고급 차면서 서양 홍차 최고봉 자리에 오른 다즐링. 오랜 시간을 거쳐 형성된 다즐링지구에는 현재 약 87개 정도 다원이 있는 것으로 알려진다. 유명한 지역은 남크루세옹(Kurseong South), 북크루세옹(Kurseong North), 미릭(Mirik), 룽봉(Rungbong), 동다즐링(Darjeeling East), 서다즐링(Darjeeling West), 티스타(Teesta) 인데 역사적으로 가장 오래되고 유명한 지역은 북크루세옹과 남크루세옹이다.

북크루세옹에는 마거릿호프, 싱겔 등의 다원이 남크루세옹에는 캐슬턴, 굼티, 정파나 등의 다원이 자리한다. 그다음 유명세를 자랑하는 곳이 동다즐링, 서다즐링이다. 동다즐링에서는 아리야, 리자힐, 푸심빙 등이, 서다즐링은 바담탐, 푸타봉 등이 대표 다원이다.

그런가 하면 상대적으로 네팔에 가까운 미릭과 룽봉은 비교적 최근에 알려지기 시작한 지구다. 미릭은 오카이티, 시요크, 싱불리, 투르보 등의 다원이 이름이 났고 룽봉의 유명 다원은 고팔다라 등이 있다.

(위) 다즐링 룽봉 지역 '고팔다라' 다원의 정경
(아래) 다즐링 다원에서 찻잎을 따고 있는 모습

팁 하나. 비교적 최근에 알려지기 시작했다는 것은 비교적 개발이 늦게 시작했다는 의미고, 그만큼 자연환경이 청량하다는 의미도 될 수 있다.

또 팁 하나. 다즐링차는 서양 홍차 중에서는 가장 고급차로 꼽힌다. 최근의 트렌드는 계속 취향이 세분화되고 고급화된다는 것. 영국에서 애프터눈티를 즐기는 이들의 상당수가 언제부턴가 서양 홍차 대신 다즐링차를 곁들인다. 어차피 차도 '있어빌리티'이니 당연한 흐름 아닐까.

세 번째 팁. 차를 좋아하는 우리에게 다즐링은 그저 다즐링홍차가 나오는 지역일 뿐이지만, 다즐링은 원래 유명한 관광지다. 영국 식민지 시절, 영국인은 다즐링을 더위를 피할 수 있는 휴양지로 조성했다. 중심지 다즐링타운이 1,900m 높은 지역에 위치한 덕분에 7~8월에도 평균기온이 16도 정도로 선선했기 때문이다. 덕분에 다즐링에는 그 시절 영국인이 지은 고풍스런 호텔과 건축물이 많이 남아있다. 게다가 2019년 다즐링 지역이 속한 인도 서벵갈 주 정부가 '다원 면적의 15% 또는 150에이커까지 차 관광, 교육, 전시 등 다른 용도로 전용이 가능하게끔 허용하는' 새로운 법을 만들면서 다즐링에 고급 호텔과 리조트가 줄줄이 지어지고 있다고.

돈은 없지만 맛있는 차는 마시고 싶어 ③
마살라짜이

인도 아쌈 지역에서 대량으로 아쌈홍차가 생산되기 시작한 이후 서민도 차를 즐길 수 있게 됐지만 그건 어디까지나 유럽에서나 가능한 스토리였다. 인도인에겐 언감생심. 고급 홍차는 다 유럽에 보내고 인도인이 마실 수 있는 홍차는 질이 떨어지는 하급 홍차였다. 품질이 떨어지는 하급 홍차를 어떻게 맛있게 마실 수 있을까 고민하던 인도인이 고안해낸 방법이 '마살라짜이'이다. 인도 특급호텔서부터 노점상까지, 어디서나 만날 수 있는 바로 그 차다. 마살라짜이는 '밀크티에 향신료를 더한 차' 정도로 보면 된다. 만드는 법은 의외로 간단하다.

첫 번째, 시나몬 1개, 정향1개, 카다멈 2개, 팔각 반개에 계피와 흑후추를 넣고 잘게 부순다.
(향신료는 사실 정답이 없다. 취향에 맞춰 넣을 건 넣고 뺄 건 빼고 더 넣고 싶은 건 더 넣으면 된다. 예를 들어 펜넬은 호불호가 강하니 조금씩 넣어보면서 양을 결정하고, 후추는 흑후추나 백후추 무얼 사용해도 상관없는 식이다.)
두 번째, 향신료와 찻잎을 넣고 물을 약간 부어 약불에서 3~4분 가량 끓이면서 진하게 우려낸다.
세 번째, 우유를 붓고 2~3분 가량 더 끓인다.

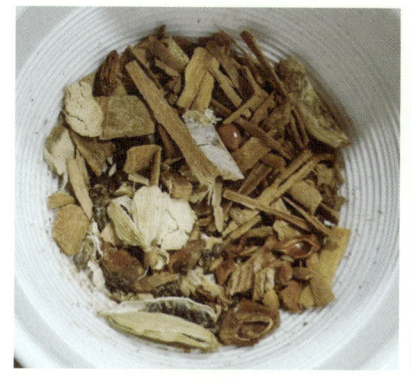 

마살라짜리에는 다양한 향신료가 들어간다. 특히 단풍나무처럼 생긴 '팔각'은 꼭 들어가야 하는 재료다.

향신료가 들어가는 만큼 이국적인 향내가 풀풀 나고 맛도 좀 낯설 것 같지만 의외로 아주 부드럽고 맛있다. 그저 살짝 독특한 밀크티라고 나 할까. 마살라차이가 유행하면서 인도에서는 어디서나 '차이왈라(chai-wallah)'를 볼 수 있게 됐다. 마살라차이를 파는 노점상이다.

여기서 잠깐. '마살라'는 무슨 뜻일까. 마살라는 각종 향신료를 넣고 빻은 분말을 의미한다. 요리에 감칠맛을 더하는 인도식 조미료. 튀김에 찍어먹고 콜라에 뿌려먹기도 한다나.

🎬 추격자

2008년에 개봉한 영화 〈추격자〉는 〈황해〉〈곡성〉으로 유명해진 나홍진 감독의 데뷔작이다. '추격자'는 영화 자체로도 유명하지만, 지금은 톱스타가 된 하정우가 '연쇄살인마'로 분해 나온 영화로도 유명세를 탔다. 영화와 드라마에서 조금씩 이름을 알리고 있던 하정우는 이 역할을 통해 명실상부 대표적인 '차세대 젊은 주자' 반열에 오른다.

유영철 연쇄살인 사건을 모티브로 만들어졌다는 '추격자'는 전직 형사였던 출장안마소 주인 중호(김윤석)가 자신이 데리고 있던 아가씨들과 얽혀 있는 사이코패스 연쇄살인마 지영민을 '추격하는' 스토리다. 우여곡절 끝에 지영민을 잡아 경찰에 넘긴 중호. 그러나 지영민은 증거불충분으로 풀려나고, 중호는 지영민을 다시 쫓는다. 그 와중에 지영민 집에서 망치를 맞고 쓰러져 있던 출장안마소 직원 미진이 가까스로 정신을 차리고 탈출해 동네 슈퍼로 들어가 경찰에 신고해 달라고 부탁한다. 슈퍼 아줌마가 경찰에 신고하지만 경찰은 오지 않고… 그 때 경찰서에서 풀려나 집에 가던 지영민이 담배를 사러 잠시 슈퍼에 들르는데….

슈퍼 아줌마는 "무서우니 잠시 함께 있어달라"면서 "냉장고에서 아무 음료수나 꺼내 먹으라"고 한다. 그때 지영민이 한치의 망설임도 없이 꺼내 시원하게 들이킨 음료가 바로 선명한 빨간색 캔의 '실론티'다. 하필 왜 실론티였을까. 특별한 이유도 스토리도 없을 확률이 높지만, 어쨌든 이 때 하정우가 실론티를 시원하게 마시는 장면은 '하정우 대표 먹방'의 하나로, 아직까지 회자된다.

세계 3대 홍차 나야 나~
실론 우바홍차

　여기까지 읽은 독자라면 이제 "세계 3대 홍차는?"이라는 질문쯤에는 턱턱 답을 하지 않을까. 3대 홍차는 특징이 있다. 전 세계적으로 거의 이뤄지지 않는 정통 공정(Orthodox)으로 제조되는 홍차다.

　정통 공정은 또 뭐고 정통 공정이 아닌 것은 또 뭘까. 홍차 제조법 중 가장 흔한 공법이 'CTC'라 불리는 방식인데, 이게 바로 비정통 공법이다. 전 세계 홍차의 90% 정도가 'CTC' 방식으로 만들어진다.

　정통 제조법은 찻잎을 사람 손으로 일일이 치대고 비빈 후 전체 잎 형태를 그대로 살려 만드는 방식이다. 인도 다즐링홍차와 중국차는 거의 100%가 이렇게 만들어진다. 우바홍차도 마찬가지다. 당연히 정통 제조법으로 만든 홍차와 CTC 홍차는 가격대가 다르다. CTC홍차는 가격이 매우 저렴하고 대부분 티백으로 만들어진다. 품질이나 등급을 논할 여지도 없다. 최상품과 최하품의 가격 차이가 톤당 채 얼마가 되지 않는다. 수많은 서양 홍차 브랜드에서 나오는, CTC 홍차로 만든 차 가격이 틴(tin) 당 몇만 원대에 불과한 이유다. 반면 정통 제조법으로 만든, 잎 전체 모양을 그대로 살려 만든 홍차는 가격이 훨씬 비싸다.

　그렇다면 오늘의 주제인 실론티와 3대 홍차는 그럼 어떤 연관이 있을까? 스리랑카 우바홍차가 바로 실론티의 대표주자다. 실론티는 스리랑카에서 생산되는 홍차를 통칭하는 단어다. 1972년 전까지 스리랑카는 실론이라는 이름으로 불리었다. 그래서 실론티라는 이름이 붙었다. 1972년 국가 이름을 스리랑카로 바꾸면서, 스리랑카의 가장 유명한 생산품에는 '실론'이란 이름을 남겨두기로 결정했다. 아직까지도 '실론티'라는 명칭이 통용되는 배경이다. 지금도 관광객들이 스리랑카에 가면 가장 먼저 구매하는 기념품 중 하나가 '실론티'다. 스리랑카의 유명한 차 브랜드로 '베질루르' '딜마' '믈레즈나' 등이 있다.

　스리랑카가 차 산지가 된 것은 인도가 차 산지가 된 것과 비슷한 스토리를 갖고 있다. 실론에 살던 영국 사람들이 차나무를 심고 차를 생산했다. 다만, 실론에서는 원래는 차나무가 아닌 커피나무를 심었다. 영국에서 파견된 실론 총독 에드워드 반스 경이 1824년 실론에 처음으로 커피나무를 심은 것으로 알려졌다. 이후 영국인이 줄줄이 몰려와 스리랑카의 밀림을 밀어버리고 그 자리에 어린 커피나무를 심었다. 그런데 1860년경 실론 전역에 '커피녹병'이 돈다. 일명 '커피나무 잎마름병'. 잎이 말라가면서 나무째로 죽게 만드는 병이다. 당연히 커피농장은 초토화됐고, 커피농장 개척에 엄청난 돈을 쏟아붓고 여러 해 동안 커피나무를 가꿔온 영국 농장주들은 절망했다. 제임스 테일러도 당시 절망했던 영국인 중 한 명이다. 테일러는 그러나 마냥 절망하며 넋을 놓고 있는 대신, 다른 생각을 한다.

"커피나무 대신 차나무를 심어보면 어떨까?"

당시 전 세계에서 차나무를 길러 차를 생산하는 나라는 중국이 유일했고, 중국으로부터 엄청난 양의 차를 수입하던 영국은 어떻게 하면 중국 이외 지역에서 차나무를 기를 수 있을까에 골몰했다. 여기에는 두 가지 전제가 따라붙는다. 중국 정부가 반출을 엄격하게 금지한 차나무를 몰래 빼돌릴 수 있는 것, 그리고 역시 외국인에게 전수를 금지한 차 제조법을 알아내는 것. 로버트 포천이 이 두가지를 결국 해내고 인도 지역에서 차나무를 재배하는 데 성공한다. 인도에서 재배되던 차나무 묘목 중 한그루가 1867년 제임스 테일러 손에 들어왔다. 제임스 테일러가 '실론티의 아버지'가 되는 순간이다.

스리랑카티를 통칭하는 실론티는 캔 음료 실론티로 유명하지만, 실제 실론티의 세계는 넓고도 깊다. 한국 지도를 놓고 호랑이다, 토끼다 하는 것처럼 스리랑카는 '찻잎' 모양이기도 하고, '아보카도'를 닮았기도 하다. 실론을 아보카도 모양이라 할 때 아보카도 '씨' 부근에 홍차 산지가 오밀조밀 들어서 있다고 보면 된다. 실론 섬 중심에서 살짝 남쪽으로 '누와라 엘리야' '캔디' '딤불리' '우다푸셀라와' 등 차 산지가 옹기종기 모여있다. 3대 홍차 산지로 유명한 '우바'도 인근에 위치해 있다. 이 외에 섬의 서남쪽 끝에는 '루후나'라는 산지가 외따로 떨어져 있다.

차 가격을 결정하는 데 몇 가지 조건이 있음을 이제 독자분들도 잘 아실 터. 물량이 적은가 많은가, 전체 잎 모양을 그대로 살려 손으로 만들었는가, 기계로 채엽하고 기계로 만들었는가, 더 어린 찻잎으로 만들었는가도 중요한 요인이지만 찻잎을 딴 지역이 얼마나 고지대에 위치해 있는가도 중요한 요인이다. 더 높은 지역에서 자란 찻잎으로 만든 차일수록 가격이 비싸다. 기후 등 환경의 차이로(떼루아) 고지대 차가 훨씬 품질이 좋다는 게 정설이다. 특히 스리랑카처럼 열대 지역 저지대에서 자라는 차나무 잎은 무성하게 빨리 자라고 또 찻잎이 다소 뻣뻣하다. 더 어린 찻잎이 비싼 것은 찻잎이 훨씬 부드럽고 그래서 차 맛도 한결 부드럽기 때문이다. 결국 저지대 차는 양은 많지만 품질은 떨어진다는 의미다. 가격이 저렴할 수밖에 없다.

스리랑카의 대표적인 차 산지는 스리랑카 중남부에 옹기종기 모여있다.

실론티에서 가장 비싼 차는 보통 누와라엘리야 지역에서 생산되는 홍차인데 누와라엘리야의 다원들은 1,800~2,100m 고도에 위치해 있다. 인도홍차의 최고봉 다즐링홍차가 '홍차의 샴페인'이라 불리는 것처럼, 이 누와라엘리야 홍차는 '실론차의 샴페인'으로 불린다. 우바홍차는 산맥을 사이에 두고 왼쪽은 딤불라, 오른쪽은 우바인데 보통 900~1,500m 지대에 다원이 흩어져 있다. 딤불라도 누와라엘리야와 우바에 뒤지지 않는 품질 좋은 차를 만들어 내기로 유명한 지역이다. 누와라엘리야, 우바, 딤불라까지 고지대 차에 속하고 캔디 차가 보통 중지대 차로 분류된다. 섬의 서남쪽 끝 루후나는 산맥이 끝나는 지역인 만큼 대부분 지대가 낮다. 저지대 루후나 차는 중동 사람들이 선호한다고 알려졌다.

요기서 잠깐. 실론티는 인도홍차보다 시작은 늦었지만, 현재 홍차 중 가장 부가가치 높은 차로 꼽힌다. 인도는 가격이 저렴한 아쌈티가 주류인 반면, 실론티는 다원티 중심으로 상대적으로 가격이 높기 때문이다.

실론티의 아버지 '토마스 립톤'

차 한잔에 담긴
스토리 22

실론티 관련 제임스 테일러 못지않게 기억해야 할 인물이 있으니, 바로 '립톤'이다. 립톤 아이스티 할 때 그 립톤? 맞다. 그 립톤이다.

토머스 립톤은 1848년 스코틀랜드 글래스고에서 태어났다. 열다섯 살에 단돈 8달러를 가지고 미국으로 건너간 립톤은 담배 회사, 쌀 농장, 뉴욕 백화점 등에서 일해 번 돈을 들고 스코틀랜드로 돌아왔다. 고향에 식료품 가게를 열었는데 이후 식료품 유통업으로 영역을 넓혀 성공했다.

실론에 커피 잎마름병이 돌아 커피 산업이 초토화됐을 때 립톤은 실론을 방문했다. 당시 파산한 다원 17곳을 사들인 립톤은 '다원에서 직접 찻주전자로'라는 슬로건을 걸고 실론티를 영국에 팔기 시작했다. 립톤은 가파른 산비탈과 계곡에 위치한 다원의 찻잎을 평지로 운반하기 위해 최초로 케이블을 달았는가 하면, 다들 차를 무게로 판매하던 시절에 품질과 신선도, 중량을 일관되게 유지해야 한다며 개별 포장해 판매하는 등 차 장사에서 차별화를 시도했고 그게 제대로 먹혔다. 그렇게 백만장자 식료품 업자는 억만장자 차의 제왕이 됐다. 1898년 빅토리아 여왕에게 작위를 받아 토머스 경이 된 립톤은 평생 독신으로 살다 1931년 81세 나이로 세상을 떠났다.

립톤이 스코틀랜드 사람이고 립톤은 영국 브랜드지만 사실 립톤은 영국에서 그리 사랑받는 브랜드는 아니다. 영국인들은 트와이닝스 등의 브랜드를 더욱 선호한다. '로열 밀크티'라고 들어보셨는지. 일본식 밀

립톤은 살아생전에도 매우 유명해서 타임지 표지에도 실릴 정도였고, 실론의 한 다원에는 '립톤이 앉아있던 의자'가 아직도 남아있다.

크티로 알려진 티백 밀크티다. 이 로열 밀크티도 사실은 립톤 제품이다. 립톤이 일본에 막 진출할 때 교토 찻집 '후쿠나가'(フクナガ)와 제휴해서 들어갔는데 당시 두 회사가 합작으로 만들어 낸 제품이 '로얄 밀크티'다.

아웃 오브 아프리카

덴마크에서 태어난 카렌 블릭센은 '남작부인'이란 이름을 얻기 위해 "자신의 돈을 보고 결혼하라"며 빈털터리 남작 브로 블릭센과 결혼한다. 케냐에 광대한 농장을 갖고 있던 그녀는 결혼 후 남작과 케냐 농장에서 낙농업을 하기로 약속하고 블릭센 남작을 먼저 보낸다. 배를 타고 수에즈 운하를 지나 케냐 동부 항구도시 몸바사에 도착한 후 다시 기차를 타고 와야 하는 지난한 여정 끝에 드디어 나이로비에 도착한 카렌. 그러나 기차역에 남작은 보이지 않고 낯선 흑인 한 명이 덜렁 그녀를 기다리고 있다.

두 사람이 살 집은 나이로비 시내에서 마차를 타고 2시간쯤 들어가야 나오는 니공 언덕에 있었다. 그리고 니공 언덕에서부터 펼쳐진 광대한 100만여 평 땅이 바로 그녀의 농장. 그러나 낙농업을 하자는 약속은 온데간데 사라지고, 블릭센 남작은 커피 농사를 지을 거라며 벌써 커피 묘목을 잔뜩 사들인 게 아닌가. 모두 그녀 돈으로, 그녀와 일언반구 상의도 없이. 그뿐인가. 결혼식 다음 날 아침, 남작은 "사냥을 갔다 온다."라는 말만 남기고 사라지고 없다.

한때 많은 청춘남녀가 열광했던 〈아웃 오브 아프리카〉. 덴마크에서 태어나 실제 케냐에 와서 커피농장을 운영했던 카렌 블릭센의 자전소설을 바탕으로 만들어진 영화다. 케냐에서 '바람 잘 날 없는' 날들을 보내며 좌절하고 또 좌절했던 그녀는 이후 소설가가 되어 엄청난 성공을 거둔다. '아웃 오브 아프리카'로 노벨문학상에 두 번이나 노미네이트 되었는가 하면, 그녀의 또다른 소설 『바베트의 만찬』은 아카데미 최우수 외국영화상을 비롯해 칸영화제 등 유수 영화제에서 줄줄이 수상하면서 그녀의 또다른 대표작으로 남았다.

| 케냐차 | 케냐는 커피의 나라? No! 茶의 나라

전 세계 홍차 수출 1위 국가는 인도 아닌 '케냐'

카렌의 니공 언덕 커피 농장은 그래서 어떻게 되었냐고? 해발고도 1,700m 정도 되는 니공 언덕은 케냐에서 막 커피 농사가 시작되던 1900년대 초만 해도 커피 농사를 짓기에 적합하지 않은 곳으로 여겨졌다. 너무 고지대라는 이유에서다. 심지어 카렌의 커피 농장에서 묘목을 심고 커피 농사를 짓기로 한 현지인 키쿠유족들도 "이곳은 커피 농사짓기에 적합하지 않은 땅"이라고 경고한다. 그러나 어쩔. 이미 남편이 되돌릴 수 없게 만들어 놨는데. 카렌은 억척스레 니공 커피 농장에서 커피나무를 키우고 그렇게 17년을 버텼다.

그 케냐가 지금은 세계 커피 명산지를 꼽을 때 반드시 포함되는 나라가 됐다. 특히 케냐 최상급 원두로 꼽히는 '케냐AA(케냐더블에이)'는 고지대 떼루아에 힘입어 오묘한 과일 향이 나는 덕분에 커피 애호가들의 큰 사랑을 받고 있다.

케냐는 커피로 유명하지만 사실은 차로 더 유명한 나라다. 퀴즈 타임. 전 세계에서 홍차를 가장 많이 생산하는 나라는? 중국? No No~ 런던에 본사를 두고 연례 통계 회보(Annual Bulletin of Statistics)를 발간하는 ITC가 발표한 데이터에 따르면 2023년 전 세계 차 생산량은 660만 톤이다. 이 중 중국이 320만 톤으로 전 세계 생산량의 49%가량을 차지한다. 인도가 137만 톤 정도로 2위다. 그런데 왜 중국이 답이 아닐까? '홍차'에 힌트가 있다. 중국은 차 생산량의 60% 정도가 녹차다. 반면 인도는 모든 생산량이 전부 홍차다. 중국은 홍차 생산량에서는 인도에 한참 밀린다.

다시 퀴즈. 전 세계에서 홍차를 2번째로 많이 생산하는 나라는? 1위가 인도니 2위는 '실론티'의 나라 스리랑카? 역시 No No~ 이쯤 되면 눈치 빠른 분들은 "그럼 케냐?" 하실지도. 놀랍게도 정답이다. 케냐는 매년 60만 톤가량의 홍차를 생산한다. 스리랑카의 2배쯤 되는 물량이다.

세 번째 퀴즈. 그럼 전 세계에서 홍차를 가장 많이 수출하는 국가는? "아니 그런 쉬운 문제를" 하며 회심의 미소를 짓고 있는 독자가 많을지도. "당연히 인도"라며. 딩동댕~ 하고 싶지만 이것도 땡~이다. 인도는 심지어 스리랑카에 이어 홍차 수출 물량 3위 국가다. 인도는 차 생산량의 85%를 자국 내에서 소비하기 때문에 수출할 물량이 거의 없다. 반면 케냐는 국내 차 소비량이 5%에 불과하다. 생산하는 홍차의 95%를 수출할 수 있다는 의미다. 그래서 생산량은 인도에 비해 한참 떨어지지만 수출량은 전 세계 1위다.

아무리 케냐가 전 세계 1위 홍차 생산 국가라 해도 자국 내 산업에서 커피에 비해 위상이 밀리는 것 아니냐고? 그것도 '완전 No'다. 케냐의 1위 수출 품목이 바로 홍차다. 커피 산업은 4위로 한참 밀려난다.

커피의 나라인 줄 알았던 케냐가 언제 그렇게 홍차 대국이 되었을까? 무엇보다 케냐가 영국령인 것과 관련이 깊다. 케냐는 우간다와 함께 영국령이었다. (그래서 아프리카 홍차 2위 생산 국가가 우간다다.) 1903년 영국인들은 인도와 스리랑카에서의 성공을 발판으로 케냐에 차를 심기 시작했다. 케냐 리무루(Limuru) 지역에 케인 형제가 아프리카 최초의 차나무를 심은 것으로 알려졌다.

아무리 영국령이어서 차나무를 심었다 해도 아프리카처럼 더운 나라에서도 차나무가 잘 자라냐고? 특히 케냐는 적도 바로 위에 위치해 있다. 그런데 케냐 지형의 비밀이 하나 있다. 니공 언덕이 해발고도 1,700m였던 것처럼, 케냐에는 유독 고지대가 많다. 케냐라는 나라 이름부터 아프리카에서 킬리만자로에 이어 2번째로 높은 봉인 케냐 산(Mlima Kenya)에서 따왔다. 고지대가 많아 연평균 기온도 16도 정도 된다. 차를 재배하기 괜찮은 기후라는 의미다. 그렇게 20여 년을 거치면서 1924년부터 케냐에서 차 생산이 물이 올랐다.

그렇게 대단한 홍차 생산국인데 우리가 전혀 몰랐던 데도 당연히 이유가 있다. 아무리 서늘해도 적도는 적도고 아프리카는 아프리카다. 케냐홍차는 인도홍차나 스리랑카홍차보다 훨씬 진하고 맛이 세다. 케냐홍차 한 가지를 스트레이트로 우려 마시기 쉽지 않다는 얘기다. 케냐홍차는 대부분 CTC 공법으로 만들어져 벌크로 수출된다. 이렇게 수출된 차는 여러 차와 블렌딩 되어 주로 티백으로 만들어진다. 우리가 전혀 자각하지 못하는 사이에 티백 홍차를 통해 이미 케냐 홍차를 경험해 봤을지도 모를 일이다.

잉글리시 브렉퍼스트는 전통적으로 인도아쌈+실론티+중국기문홍차를 블렌딩해 만든다. 그런데 스코티쉬 브렉퍼스트라는 차도 있다. 이 차는 인도아쌈+실론티+케냐홍차를 배합했다. 아일리쉬 브렉퍼스트도 있는데 이건 인도아쌈+케냐홍차 조합이다. 포트넘&메이슨의 '퀸즈블렌드'에도 케냐 홍차가 들어가있다.

케냐는 1963년 독립했고 64년 영연방공화국이 됐다. 독립 이후 케냐 정부는 '케냐 차 개발공사(Kenya Tea Development Authority)'를 설립했고 자작농과 소규모 차공장이 공사에 생잎을 팔면 공사가 차를 만들어 수출하는 구조가 만들어졌다.

케냐식 밀크티 '차이(Chai)'

차 한잔에 담긴
스토리 23

케냐에서는 케냐식 밀크티 '차이'를 주로 마신다. 일반적인 밀크티는 차를 우려낸 차탕에 우유를 약간 섞는 반면, 케냐식 차이는 물과 우유를 1:1 비율로 맞춰서 우유 맛이 더 진하게 나는 게 특징이다. 준비할 재료는 케냐홍차 찻잎(또는 티백), 물, 우유, 설탕. (취향에 따라 생강, 카다멈, 계피 등 향신료 추가. 만드는 방법은 아래와 같다.)

첫 번째, 냄비에 물과 우유를 1:1 비율로 넣고 끓인다.
두 번째, 물이 끓기 시작하면 홍차 찻잎이나 티백을 넣는다.
세 번째, 취향에 따라 설탕과 잘게 썬 생강이나 다른 향신료를 추가한다.
네 번째, 중약불에서 2~3분간 더 끓여 차가 충분히 우러나게 한다.
다섯 번째, 거름망을 이용해 찻잎과 향신료를 걸러내고 컵에 따르면 완성.

케냐에 차나무를 심은 영국인은 차나무와 함께 티타임 문화도 전파했다. 온종일 홍차를 입에 달고 다닌 영국인을 따라 케냐인도 쌉싸름한 차의 매력에 푹 빠졌다. 그리고 영국인 못지않은 열렬한 차 애호가가 됐다.

원래 케냐는 낙농업이 발달했고 그래서 우유가 국민 음료였다. 심지어 우유를 밥처럼 먹기도 했다. 〈아웃 오브 아프리카〉의 카렌도 본래 남편과 함께 케냐로 와서 낙농업을 할 계획이었다. 이런 문화에 홍차 문화가 더해지면서 하루 종일 밀크티를 물처럼 마시는 '케냐식 밀크티'와 '케냐식 티타임' 문화가 만들어졌다. '케냐식 차이타임'이라 해야 맞으려나.

6장

아직 끝나지 않은,
그리고 또
재미있는 이야기

🎬 매디슨 카운티의 다리

"라면 먹고 갈래요?"

　이영애가 유지태에게 "라면 먹고 갈래요?" 하던 그 순간의 떨림을~ 고스란히 기억하는 이가 얼마나 많을 텐가. 영화 〈봄날은 간다〉 이후 한국에서 "라면 먹고 갈래요?"는 도발? 유혹? 뭐 그런~ 일종의 관용 표현(둘 이상의 낱말이 어울려 원래의 뜻과는 전혀 다른 새로운 뜻으로 굳어져서 쓰이는 표현)이 됐다. "라면 먹고 갈래요?"는 안타깝게도 원조가 아니다. 1995년에 개봉한, 중년 로맨스 영화의 대명사쯤으로 여겨지는 〈매디슨 카운티의 다리〉에서 이미 프란체스카(메릴 스트립)가 로버트(클린트 이스트우드)에게 써먹었다.

"아이스티 한잔하실래요?"

　영화 줄거리는 아주아주 단순하다.

　엄마 프란체스카의 장례를 치르기 위해 모인 딸 캐롤라인(애니 콜리)과 아들 마이클(빅터 슬레잭). 그리고 변호사가 전해주는 엄마의 유품과 유언. 그런데 유언이 좀 이상하다. '화장을 한 후 로즈먼 다리에 유골을 뿌려달라'니. 몇 년 전 세상을 떠난 아버지가 버젓이 부부묘를 만들고 먼저 잠들어 있는데. 프란체스카가 남긴 유품 속에는 3권의 일기장도 있었고, 일기장에는 왜 그런 유언을 했는지를 알 수 있는 절절한 프란체스카의 이야기가 담겨 있다. 딱 4일. 남편과 아이들이 집을 비웠던 그 날들, 우연히 로즈먼 다리 사진을 찍기 위해 매디슨 카운티에 온 내셔널 지오그래픽 소속 사진기자 로버트와 사이에 있었던 끝끝내 숨길 수밖에 없었던 사연을.

"내 인생을 내 가족에게 바쳤으니 이제 내게 남은 것은 그 사람에게 주고 싶구나."

"라면 먹고 갈래요?" 이전에
"아이스티 한잔하실래요?"

중국인은 자그마한 찻잔으로 차를 홀짝이고, 일본인은 차를 휘저어 거품을 만든다. 미국에서는 얼음을 넣어 차갑게 내오고, 티베트인은 버터를 넣어 마신다. 러시아인은 레몬을 곁들이고, 북아프리카에서는 민트를 넣는다. 아프가니스탄인은 카르다몸(cardamom)으로 풍미를 더하고, 아일랜드인과 영국인은 밀크와 설탕을 넣어 갤런(gallon)으로 차를 마신다. 인도인은 연유를 넣어 차를 끓이고, 오스트레일리아에서는 '빌리(billy)' 캔(야영할 때 쓰는 통조림 캔)으로 차를 끓인다.

(헬렌 세이버리의 『차의 지구사』 中)

영화 〈매디슨 카운티의 다리〉에서 '아이스티'는 프란체스카와 로버트를 이어주는 제3의 주인공이다. 차는 뜨겁게 마시는 것 아닌가? 원래는 뜨겁게 마셨다. 그래서 더운 여름에는 차를 자연스레 멀리하게 된다. 로버트가 아이오와주 다리 사진을 찍으러 매디슨 카운티를 찾았을 때는 매우 더운 여름철이었다. 무더위에 길까지 잃고 한참 지쳐있는 로버트에게 "뜨거운 홍차 한잔하실래요?"

할 수는 없지 않은가. 마침 그 시절 미국에서는 아이스티가 유행하고 있었으니, 자연스레 "아이스티 한잔하실래요?" 할 수 있었을 터.

실제 아이스티는 찌는 듯한 7월에 탄생했다. 고향은 미국. '미국 차'라고 생각해서일까. 지금도 미국에서 가장 많이 소비된다. 미국 차 소비의 80% 이상이 아이스티인 것으로 알려졌다.

1904년 찌는 듯한 7월의 어느날, 미국 세인트루이스에서 국제무역박람회가 열렸다. 인도차생산자협회 부스를 위탁 운영하던 영국인 리처드 블레친든은 인도차를 알리기 위해 이리 뛰고 저리 뛰었다. 그러나 가만히 앉아만 있어도 진이 빠지는 날씨에 뜨거운 홍차에 관심을 가지는 이가 한 명도 없었다. 절망에 빠진 블레친든은 불현듯 기발한 아이디어를 떠올린다. 유리잔에 얼음을 채우고 홍차를 부어 맛보게 하면 어떨까. '시원한 차' 입소문에 관람객이 물밀듯 밀려왔고 인도차생산자협회 부스는 그야말로 초대박을 친다.

이렇게 우연하게 탄생한 아이스티는 이후 전 세계로 퍼져나갔고 특히 미국에서는 차를 주로 아이스티로 즐기는 문화가 생겨났다. 미국 가정마다 냉장고에 항상 아이스티가 준비되어 있을 정도. '아이스티=미국 차'라 해도 과언이 아닌 셈이다. 덕분에 미국은 세계에서 가장 많은 홍차를 수입하는 나라 2위다. 아이스티의 나라 미국에 사는 프란체스카는 아이스티를 새로 우리고 할 것 없이 그냥 유리 주전자에 들어있던 아이스티를 컵에 따르고, 얼음을 넣고, 레몬을 넣을 건지 묻고, 다음에는 설탕을 넣을 건지 묻고, 그렇게 아이스티 한잔을 대접한다. 너무나도 자연스럽게.

워낙 땅덩어리가 넓은 미국인 만큼 지역에 따라 아이스티를 즐기는 방법도 살짝씩 다르긴 하다. 북부는 설탕을 넣지 않고 차 자체로 즐기는 단맛 없는 아이스티, 남부에서는 설탕을 가미해 단맛 있는 아이스티를 즐겼다. 또 취향 등에 따라 레몬이나 라임, 민트를 얹기도 했다.

아이스티 얘기를 하면 빠질 수 없는 것이 '티백'. 티백으로 간편하게 우려낸 차를 시원하게 만들어 아이스티로 먹는 게 정석이기 때문이다. (간혹 가루차를 타 아이스티를 만들기도 하지만) 티백을 만들고 전 세계적으로 유행시킨 나라도 미국이다.

티백은 100여 년 전 미국에서, 마치 포스트잇처럼 우연에 의해 세상에 나타났다. 1908년 뉴욕의 차 수입상인 토머스 설리반이 고객에게 차 샘플을 보내면서 비용을 줄이기 위해 기존에 쓰던 비싼 주석 용기 대신 훨씬 가격이 저렴한 비단 주머니에 차를 넣어 보낸 것이 시작이다. 설리번은 그냥 차 샘플을 넣기 위해 비단 주머니를 선택한 것뿐이었는데, 고객들은 그대로 차를 우려 마시면 된다고 생각하고 찻주전자에 비단 주머니째 넣어 차를 우려 마셨다. 그런데 이게 웬일~ 차를 일일이 용량을 재어 덜어내지 않아도 되고, 다 마신 후 차 찌꺼기를 꺼내고 찻주전자를 꼼꼼하게 씻을 필요도 없는 게 아닌가. 엄청 편리하다고 생각한 고객 중 일부가 그 비단 주머니를 더 보내달라고 요청했고, 설리번은 그때부터 차를 1회용씩 소분해 비단 주머니에 넣어 팔기 시작했다. 비할 수 없는 간편함에 티백차는 불티나게 팔려나갔고 비단 주머니는 더더욱 값이 싼 거즈나 면으로, 최근에는 종이로 재질이 바뀌었다. 이제 티백은 가장 대표적인 차를 즐기는 방식으로 자리 잡았다. 차의 종주국인 영국에서도 차 소비의 80% 이상을 티백이 차지할 정도다.

물론 영국인이 처음부터 티백차를 '얼씨구나' 받아들인 것은 아니다. 차 종주국으로서 콧대가 높은 영국인은 처음에는 실용적인 티백을 무시했다. 그러다 1952년 립톤이 대기업으로는 처음으로 티백차를 판매하기 시작했다. 그동안 무시했던 게 무색할 정도로 립톤은 바로 이 티백으로 그때까지 영국에서 차 1위 업체였던 트와이닝을 앞서나가기 시작했다.

그럼 여름에는 주구장창 아이스티만 마셔야 할까? 물론 '절대 아니다.' 여름에 즐길 수 있는 차로 '냉침차'도 있고 '냉말차'도 있고 '연꽃차'도 있다.

'냉침차'는 단어 그대로 차를 '냉하게' 우려낸다는 의미다. 만드는 법은 전혀 어렵지 않다. 2리터 생수에 10~15g의 찻잎을 넣은 후 냉장고에 넣어 일정 시간 넣어두면 냉침차가 만들어진다. 녹차, 백차, 홍차, 우롱차, 보이차 모두 냉침차로 즐길 수 있다. 보통 녹차는 2~3시간, 우롱차는 6시간 이상, 홍차는 8시간 이상 냉침하면 맛있게 즐길 수 있다고 알려졌다.

'냉말차'도 비슷하다. 먼저 다완에 말차가루를 넣은 후 상온의 물을 조금 넣어 말차가루를 갠다. 그다음 또 상온의 물을 넣어 격불한다. 격불이 마무리되면 얼음을 넣는다.

'연꽃차'는 새벽에 봉오리 상태 연꽃봉오리를 따서 급속 냉동한 후 뜨거운 물 조금 붓고 연꽃을 한 장 한 장 피워내고 거기에 냉녹차 등을 넣어 마시는 차다. 얼음을 넣어 즐기기도 한다.

마무리는 다시 〈매디슨 카운티의 다리〉 이야기로. 젊은 시절

여름에 마시는 시원한 차의 대표적인 차가 '연꽃차'다. 연꽃을 우리기도 하지만 연꽃은 향만 내고 우린 녹차를 부어 마시는 경우가 많다.

'책임감에 눌려 이루지 못한 안타까운 중년의 사랑 이야기' 정도로만 이해했던 영화를 30년 넘어 다시 보니 사랑 이야기보다 꿈 이야기에 방점이 찍힌다. 잊었던 꿈을 기억나게 해준 로버트에게 끌리고 사랑하게 됐으니 같은 얘기 아닌가 할 수도 있지만 전혀 다르게 느껴지는 건 로버트가 프란체스카와 꿈에 대한 얘기를 나누다 공책에 적어뒀다며 들려주는 문장이 선연해서다.

"옛 꿈은 멋진 꿈이었다. 이루진 못했지만 가지고 있었다는 게 기쁘다."

그 꿈은 프란체스카의 꿈이었을까, 로버트의 꿈이었을까.

'이루지 못했지만 가지고 있었다는 사실만으로도 기쁜' 당신과 나의 꿈은 무엇일까.

🎬 타샤 튜더

"지금이 인생에서 가장 행복해요."
"불행하기에 인생은 너무 짧아요."
"난 이번 생이 바랄 나위 없이 만족스러웠어요."

온 얼굴에 주름이 가득한 91세 할머니 타샤는 이렇게 말한다.
순간 전율이 인다. 내가 그 나이가 됐을 때 나도 저리 고운 표정을 지을 수 있을까? 해맑게 저리 말할 수 있을까? 2017년 개봉한 영화 〈타샤 튜더〉는 타샤의 독특한 라이프스타일에 매료된 마츠타니 미츠에 감독이 타샤에게 직접 편지를 보내 취재 허락을 구하고, 무려 10년이라는 긴 시간 동안 '타샤 튜더'라는 인물을 집중 조명해 카메라에 담은 작품이다. 다큐멘터리지만 영화 같고, 영화면서 시 같은, 그저 '평온하고' '아름답다'라는 두 단어로 모든 걸 설명할 수 있을 것 같은 그런 독특한 영화다.

미국을 대표하는 동화 작가면서 삽화가로 많은 사랑을 받은 그녀는 30만 평 대지에 천국 같은 정원을 일군 가드닝의 대가로 더욱 유명해졌다. 아홉 살에 부모가 이혼하면서 아버지 친구 집에 맡겨졌고, 열다섯 살에 학교를 그만두고 그때부터 그림을 그리고, 동물을 기르며 화초를 가꿨다. 스물세 살에 출간한 첫 그림책 『호박 달빛』이 인기를 얻으면서 이름을 알렸고 이후 『코기빌 마을축제』 등 100여 권의 그림책을 내면서 그림책 작가로서 확고한 명성을 얻었다. 이혼한 후 네 아이를 혼자 기른 타샤는 쉰여섯 살에 오랫동안 모은 인세 수익으로 버몬트주 산골에 땅을 마련하고 오랫동안 소망해 온 정원을 일구기 시작했다. '타샤의 정원'으로 유명한, 바로 그 정원이다.

19세기 빅토리아 시대를 좋아한다는 그녀는 정말 그 시대의 옷과 가구와 그릇을 수집하고 직접 사용했다. 그녀가 수십 년간 모은 200여 벌의 의상은 세계에서 가장 뛰어난 1830년대 의상 컬렉션으로 불리며 록펠러재단이 운영하는 윌리엄스버그 박물관에 기증됐다.

허브티는 차가 아니래요…
차를 대신하는 대용차의 세계

"예쁜 찻잔과 따뜻한 차맛도 좋고 앉아서 정원을 즐기는 것도 좋아요."

타샤는 정원 가꾸기 못지않게 자신이 가꾼 정원 한켠에서 차를 마시며 '정원멍' 하는 것도 좋아했다. 타샤는 늘 손발이 거칠어지도록 흙일을 했지만, 한편으로는 빅토리아 시대 귀부인처럼 자신을 대접했다. 홀로 티타임을 즐길 때도 들꽃과 손수 만든 양초로 방을 장식하고, 19세기 풍 드레스를 입고, 200년 전 찻잔에 직접 만든 허브티를 따라 마셨다.

영화 속에서 타샤가 테이블에 찻잔을 주르륵 세팅해 놓고 차를 따라주는 장면이 나오는데, 빅토리아 시대를 좋아한 타샤 아니랄까 봐 진짜 그 시절 유럽에서 유행했던 스타일의 중국 청화 찻잔을 사용한다. 청화 찻잔에 손잡이가 없고 소서라 불리는 찻잔 받침이 유독 오목한 형태다.

중국으로부터 차가 수입돼 들어오면서 유럽인들은 중국인이

차를 우리고 따라 마시던 중국 다구도 함께 들여오기 시작했다. 중국 다구는 여러모로 신기한 물건이었다. 투명하고 밝은 빛을 내는 데다, 두드리면 맑은소리가 나는가 하면, 얇으면서도 단단한 자기는 유럽인을 매료시켰다. 게다가 '코발트'라는 안료를 사용했다는, 푸른색의 그림이 섬세하게 그려져 있는 '청화백자'는 신비롭기까지 했다.

최고 도자기 브랜드를 다 가지고 있는 유럽에서 왜 중국 청화백자에 열광했을까? 마이센, 웨지우드, 빌레로이앤보흐, 로얄코펜하겐 등 지금은 명품 도자기 브랜드가 즐비한 유럽이지만, 유럽에서는 18세기까지 자기를 만들지 못했다. 1708년 독일 드레스덴에서 30km 정도 떨어져 있는 작은 도시 마이센의 '알브레히츠부르크 성'에서 뵈트거라는 연금술사가 만든 자기가 최초의 유럽산 자기로 알려져 있다.

유럽에 차라는 신문물이 들어오고 대유행이 시작됐는데 이 차를 마시기에 은도, 동도, 나무도, 도기(자기보다 훨씬 낮은 온도에 구워낸 식기)도 그다지 어울리지 않았다. 그런 상황에서 차를 부어 마시기에 최적인 중국산 자기를 만났으니 안 좋아하면 이상했을 일이다.

유럽 귀족들은 차를 마시기 위해 앞다퉈 중국 자기를 사들였지만, 그런 자기 다구에 두가지 단점이 있었으니 잔이 너무 작고 심지어 손잡이가 없다는 것. 또 하나는 가격이 어마무시 비싸다는 사실이었다.

비싼 것보다 잔이 작고 손잡이가 없는 게 더 문제였다. 끽해

봐야 100ml 크기 작은 잔에 100℃ 뜨거운 찻물을 가득 부으면 찻잔을 들기조차 힘든 경우가 다반사였다. 고민하던 유럽인들은 찻잔 받침에 차를 따라놓고 '후후' 불며 마시기 시작했다. 나중에는 찻잔 받침에 차를 따르기 좋게 더 오목하게 만들어 달라고 중국에 '맞춤 주문 생산'을 요청했다. 그다음에는 찻잔에 손잡이도 붙여달라고 요구했다. 중국인들은 "이해할 수 없다."면서도 주문하는 유럽인 기호에 맞춰 마치 수프볼처럼 오목한 형태의 찻잔 받침을 만들어줬고, 손잡이 달린 잔도 만들어줬다. 타샤의 찻잔은 손잡이를 붙이기 이전, 찻잔 받침만 오목하게 만들던 시절의 다구임을 알 수 있다.

여기서 또 한 가지 의문점. 유럽인은 찻잔이 뜨겁다고 호들갑 난리였는데, 중국인은 찻잔이 뜨겁지 않았을까. 중국인이 즐겨 마신 차와 유럽인이 좋아한 차가 다른 것도 영향을 미쳤다.

차의 종주국이면서 한때 차로 전 세계를 쥐락펴락했던 중국에서 가장 많이 생산하고 소비하는 차는 무엇일까. 답은 녹차다. 2020년 기준 중국 차 생산량 중 녹차가 차지하는 비율이 61.7%다.

뜨겁고 작은 찻잔을 들기 힘들어한 유럽인들은 찻잔 받침에 차를 따르기 좋게 더 오목하게 만들어 달라고 중국에 '맞춤 주문 생산'을 요청했다.

소비 비율은 50%가 넘는다. 지금도 그렇지만 예전에도 그랬다. 예전 중국인이 주로 마신 차도 녹차였다. 녹차는 100℃ 물로 우리기도 하지만 보통은 한소끔 식은 90℃ 물로 우려낸다.

반면 영국인을 비롯한 서양인이 주로 마신 차는 홍차였다. 홍차는 무조건 100℃ 물로 우려야 한다. 상대적으로 낮은 온도에 우린 녹차는 손잡이 없는 잔에 따라 마셔도 덜 뜨거운 반면, 팔팔 끓는 100℃ 물로 우린 홍차는 손잡이 없는 잔에 따라 마시면 훨씬 뜨거웠을 테다. 또 하루에도 여러 차례 차를 물처럼 마신 만큼 유럽인들이 100ml 정도 작은 잔에 차를 마시다 보면 감칠맛이 났을지도. 그래서 크기도 키우고 손잡이도 붙인 홍차잔이 만들어졌다.

"카모마일 차를 마시고 저녁에 현관 앞에 앉아 개똥지빠귀의 고운 노래를 듣는다면 한결 인생을 즐기게 될 텐데."

정원 속에서 피어난 그녀의 티타임. 출처: https://tashatudorandfamily.com

손잡이 없는 오래된 중국 찻잔에 차를 따라 마신 타샤는 그러나 홍차보다는 허브차를 즐겨 마셨다. 정원 곳곳에 카모마일 등 허브를 심어놓고 허브잎으로 차를 만들어 마셨다.

카모마일을 포함한 허브차는 실제로는 차가 아니다. 학술적인 정의에 기반하면 그야말로 차나무 잎으로 만든 것만 '차'라고 부를 수 있다. 녹차, 백차, 황차, 청차, 홍차, 흑차 등의 6대 다류다. 허브 잎은 차나무 잎이 아니기 때문에 허브는 차 카테고리에 들어가지 않는다. 차를 대신한다는 '대용차'에 속한다. 허브차 외에 구기자차, 쑥차, 돼지감자차 등 과일이나 열매를 활용한 차도 모두 대용차다. 차든 대용차든, 무슨 상관이랴.

누리고, 행복을 느끼면 그만인 것을.

🎬 오페라 나비부인 & M. 버터플라이

오페라 '나비부인'은 1904년 이탈리아 밀라노 '라 스칼라' 극장에서 초연됐다. 당시는 유럽에서 '자포니즘(Japonism)'이 한창일 때. 유럽에서 많은 사람이 일본풍을 즐기고 일본 문화에 매료된 현상을 '자포니즘'이라 한다. 나비부인의 배경은 19세기 일본 나가사키다. 몰락한 가문의 15세 게이샤 초초상과 미 해군 장교 핀커튼의 사랑(?) 이야기다. 사실 사랑 이야기라 하기도 민망하다. 핀커튼은 처음부터 초초상을 현지처 정도로 생각했으니.

푸치니는 나비부인을 작곡하면서 중간중간 일본 민요 '사쿠라 사쿠라'와 군가 '미야상 미야상(宮さん 宮さん)' 등 다양한 일본 음악을 집어넣었다. 핀커튼과 초초상이 혼례를 올리는 장면에서는 심지어 일본 국가 기미가요 선율을 활용했다. 이런 이유로 '자포니즘'의 대표적인 사례로 꼽히지만, '서양인 남성을 애절하게 사랑한 동양인 여성' 스토리는 사실 자포니즘이라기보다 오리엔탈리즘에 가깝다. '오리엔탈리즘'은 에드워드 사이드(Edward W. Said)의 명저 『오리엔탈리즘(Orientalism)』(1978)으로 인해 유명해진 용어다. '동양은 뭔가 모자라고 그래서 서양을 숭배해야 하고…' 이런 식의 속마음이라 할까.

오페라 나비부인 원작의 제목은 '마담 버터플라이'다. 영화 <M. 버터플라이>가 '나비부인'과 관련 있는 영화임을 눈치챌 수 있는 대목이다. 'M. 버터플라이'는 1988년 세상에 알려진 베이징 주재 프랑스 외교관 베르나르 부르시코와 중국 경극 배우 스페이푸의 실화를 바탕으로 만들어졌다.

1964년, 중국 대사관에서 회계사로 일하는 프랑스인 르네 갈리마르는 우연히 오페라 극장에서 나비부인 역할을 맡아 노래 부르는 송릴링을 보고 한 눈에 매료된다. 그렇게 둘은 사랑에 빠지는데… 나비부인과는 정반대로 이번에는 갈리마르가 진심이었다.

시누아즈리와 자포니즘은
또 뭐길래

반 고흐의 초기 작품은 대체로 어둡고 칙칙했다. 파리로 건너가 자포니즘의 영향을 받기 시작하면서 고흐 그림은 다양한 색채로 뒤덮이기 시작한다. 고흐의 파리 시대를 대표하는 작품으로 '탕기 영감의 초상화(1887년)'가 꼽힌다.

클로드 모네의 '기모노를 입은 카미유'(왼쪽), 반 고흐의 '탕기 영감의 초상화'(오른쪽)
기모노를 입은 노란 머리의 서양 여성과 탕기 영감 뒤 후지산·일본 여인 등 일본풍 배경이 이채롭다.

자신에게 물감과 캔버스를 아낌없이 지원해 준 후원자이자 반 고흐라는 화가의 가치를 제대로 인정해 준 탕기 영감을 고흐는 아버지처럼 여겼다. 고마운 마음을 담아 탕기 영감 초상화를 그렸는데, 그림 뒤 배경에 뜬금없게도 일본 후지산이 그려져 있다. 파리에서 활동한 고흐의 그림에 왜 후지산이?

'우키요에'라는 단어를 들어보셨을지? 일본 에도시대(1603~1868)에 서민층을 중심으로 발달한 풍속화를 일컫는다. 우키요에에서 '우키요'는 '덧없는 세상' '둥둥 떠다니는 세상'이라는 의미다. '덧없는 세상, 인생 신나게 즐기며 살아보자'라는 생각이 고스란히 담긴 그림이 우키요에다. 주로 목판화로 만들어졌는데, 파도와 후지산으로 유명한 호쿠사이가 우키요에의 대표적인 대가다. '가나가와 해변의 높은 파도 아래'라는 작품은 제목과 작가는 몰라도 그림을 보면 대부분 "아~" 할 만큼 유명한 그림이다. 파도나 후지산 같은 풍경도 있지만, 풍속화인 만큼 게이샤, 광대, 요괴 등 다양한 인

우키요에의 대가 호쿠사이 작품 '가나가와 해변의 높은 파도 아래'

물과 스토리가 담겨 있다.

　우키요에가 유럽에 알려지면서 유럽의 많은 예술가가 우키요에에 매료됐다. 서구와는 너무 다른 이국적인 동양의 무엇인가가 호기심 많은 예술가의 감성을 제대로 건드렸다. 고흐도 그중 한 명이었다. 고흐뿐일까. 클로드 모네의 '기모노를 입은 카미유', 제임스 티소의 '일본 물건을 바라보는 젊은 여성들' 등 일본색이 풀풀 풍기는 그림이 꽤나 그려졌다. 이처럼 유럽에서 많은 사람이 일본풍을 즐기고 일본 문화에 매료된 현상을 '자포니즘'이라 한다.

　회화에서 시작한 자포니즘은 이후 공연예술계에도 밀려들었다. 대표적인 작품이 오페레타 '미카도'다. 상류 계급의 오락이었던 오페라를 조금 더 가벼운 서민적인 오락물로 만든 게 오페레타다. 오페라와 뮤지컬의 중간 어드메쯤? 1885년 런던 사보이극장에서 초연된 '미카도'는 엄청난 인기를 끌었다. 극 중 일본 왕 이름이 '미카도'다. 얼핏 보면 메이지유신 이전 개화되지 않은 일본 사회를 비웃고 풍자하는 내용 같아 한때 영국과 일본 사이에 외교적 마찰이 일기도 했지만, 한 꺼풀 벗겨보면 일본에 대한 우호적인 시각이 깔려있다는 평이다. 불합리한 사회 구조와 달리 바탕에는 선량한 인간성이 깔려있다. 뭐 그런? '미카도'의 성공에 영향을 받았을까. 그 시절 즈음 푸치니는 런던에서 '나비부인'이라는 연극을 본 후 바로 오페라 '나비부인'을 작곡했다.

　'자포니즘'과 유사한 단어가 '시누아즈리(Chinoiserie)'다. 자포니즘의 주역이 일본이라면, 시누아즈리의 주인공은 중국이다. 시누아즈리는 중국풍, 중국 양식을 뜻하는 프랑스어다. 사실 서구에서는 자포니즘보다 시누아즈리가 먼저였다.

　17세기 후반부터 18세기 말까지 유럽의 후기 바로크·로코코 양식의 미술에 가미된 중국풍 시누아즈리가 시작된 계기는 중국의 청화자기다. 당시 유럽에서 청화백자로 방을 꾸민다는 건 최고의 권력과 부를 가지고 있음을 의미했다. 자기들은 만들지 못하는 청화자기를 엄청나게 만들어 대던 중국에 대한 경외심은 중국풍과 중국 문화에 대한 동경으로 이어졌고 그게 '시누아즈리'의 시작이다. 베르사유궁 정원 안에 있는 '자기(磁器)의 트리아농 궁'이 대표적인 시누아즈리 건축물이다. 시누아즈리 그림도 쉽게 찾아볼 수 있다. 특히 프랑스아 부세의 '중국식 정원'이나 '화장' 등의 작품은 인물만 서양인일 뿐, 인물을 가리면 배경이 중국인지 서양인지 알 수 없을 정도로 모호하다.

　시누아즈리와 자포니즘은 서양 도자기에서도 찾아볼 수 있다. 스포드, 스태포드셔, 부스, 처칠, 로얄덜튼, 민턴 등 다양한 브랜드에서 경쟁적으로 활용한 '푸른 버드나무(blue willow)' 패턴이 있다. 그림이 조금씩 다르지만 중국풍 건물에, 가운데는 버드나무가 배치되어 있고, 하늘에는 새 두 마리가 날고 있고, 누군가 노를 젓고 있는 배 한 척, 아래쪽 다리 위에는 다리를 건너는 중국인 남자 3명이 묘사되어 있는 내용은 유사하다.

　중국의 한 부잣집 딸이 하인과 사랑에 빠져 결혼식 전날, 배를 타고 도망갔다. 머리끝까지 화가 난 아버지는 둘을 반드시 잡아 오라며 하인 3명을 보냈고 두 사람은 결국 붙잡혀 죽임을 당했다. 그들을 가여이 여긴 신이 두 사람을 한 쌍의 비둘기로 다시 태어나게 해주었냐는 그런 이야기. 이 이야기가 워낙 인기가 있어 1914년 무성영화로도 만들어졌다. 서양 도자기 회사들이 중국 설화에서 모티브를 얻어 만든 것이 '블루 윌로우' 패턴이냐고? No No~ 사실 중국에는 이런 스토리가 없다. 서양인들이 만들어 낸 스토리라는 것이 정설이다.

자포니즘의 대명사 '미카도'도 도자기로 만들어졌다. '로얄 크라운 더비'라는 영국 도자기 브랜드가 있다. 로얄과 크라운은 둘 다 왕실 조달 업체임을 뜻하는 단어다. 더비사는 1775년 조지 3세 시절에 '크라운' 칭호를 받고, 1890년 빅토리아 여왕 때 '로얄' 칭호를 받아 로얄 크라운 더비가 됐다. 로얄 크라운 더비의 대표적인 시리즈가 '미카도'다. 오페레타 미카도의 장면 장면이 그려져 있다. 특히 접시는 디너, 라지샐러드, 샐러드, 디저트 등 크기가 다른 접시마다 다른 그림이 그려져 있다. 당시 영국인이 상상한 일본인 모습이라나. 자포니즘, 시누아즈리 풍 다구에 홍차를 마시면서 그들은 무슨 생각을 했을까?

'자포니즘' 시대 대표적 공연 오페레타 '미카도'의 장면들을 그려 넣은 '로얄크라운더비'사의 '블루 미카도' 시리즈 크리머(왼쪽)와 접시(가운데), 맨 오른쪽 접시에는 '시누아즈리'의 대표 사례인 '푸른 버드나무' 패턴이 그려져 있다.

서양 자기의 원류가 된 드레스덴 그리고 마이센

차 한잔에 담긴
스토리 24

"이곳에 진열된 수많은 이국의, 그리고 작센의 아름다운 자기를 일일이 열거하기란 불가능에 가깝다."

-요한 게오르크 키슬러의 『드레스덴 여행기』 中-

"드디어 드레스덴!!!"

독일에서 가장 가보고 싶었던 도시! 전 유럽에서 단 한 곳을 고르래도 단연 '드레스덴'. 이곳에 진열된 수많은 이국의, 그리고 작센의 아름다운 자기를 보기 위하여!!! 드레스덴은 '차'와 '다구'에 관심 있는 이라면 꼭 직접 가보고 싶고 두 눈으로 보고 싶어 할 유럽 도시 중 첫손에 꼽힌다. 드레스덴이 대체 어떤 곳이길래?

드레스덴은 독일을 남북으로 뚝 잘라 가운데 금을 쭈~욱 그으면, 그 금의 맨 오른쪽 즈음에 위치해 있다. 통일 독일 이전 동독에 속했던 드레스덴과 관련한 가장 유명한 문구는 '드레스덴 폭격'이 아닐까.

1945년 2월 연합군은 드레스덴 공습을 결정한다. 1945년 2월 13일부터 사흘간 드레스덴은 철저하게 파괴된다. 연합군 폭격기 527대가 4,000t의 폭탄을 들이부어 드레스덴을 지옥으로 만든다. 당시 3~4만 명의 민간인이 죽은 것으로 알려졌다. 그때 폭격으로 폭삭 무너진 드레스덴의 아름다운 건축물을 동독은 오래도록 방치했고, 통일 후 독일은 대대적으로 드레스덴 재건을 진행했다. 드레스덴의 더없이 빛나던 문화유산이 폭격에 무너져 내린 것을 안타까워하던 드레스덴 시민들은 혹시 몰라 남은 돌을 폐허에서 주워 몇 개씩 집에 간직했고, 재건 때 시민들이 오래도록 간직해 오던 돌을 재사용했다. 드레스덴의 수많은 건축물에 폭격 흔적인 검은 그을음이 선명한 이유다. 예전 돌을 재사용한 부분은 검게 그을려 있고, 새로 돌을 마련해 쌓아 올린 부분은 상대적으로 깨끗해 흑백의 묘한 조화가 두드러지는 건물도 꽤 있다.

재건 후 연평균 170만 명이 찾는 독일의 관광도시로 우뚝 선 드레스덴은 원래 '작센'이라 불렸던 왕국의 주도였다. 영어로는 '색소니(Saxony)'라 표기하는데, 이 색소니의 독일식 발음이 '작센'이다.

동북쪽으로는 폴란드, 동남쪽으로는 체코와 국경을 마주대고 있는 드레스덴은 도시 한가운데 체코에서부터 흘러 내려온 엘베강이 흐른다. 엘베강을 사이에 두고 강 북쪽이 신시가, 강 남쪽이 구시가다. 신시가 쪽에서 엘베강 건너 바라보면 드레스덴의 상징인 츠빙거궁, 잼퍼오퍼(오페라 하우스), 카톨릭 교회 등이 한눈에 들어오는 '환상 뷰'가 펼쳐진다. (강폭이 넓지 않아 다리를 걸어서 건너도 10분이 채 걸리지 않는다.) 엘베강 남쪽 강변에는 벤치들이 주욱 늘어서 있는데 이 곳은 예로부터 '유럽의 발코니'라 불렸다. (하인리히 폰 브륄이 1737년 인근 궁전, 도서관, 정원 등을 설계했기에 '브륄의 테라스'라고도 불린다.) 이같은 엘베강변의 아름다운 풍경과 작센주 주도로시 일찌감치 화려하고 찬란한 건축물과 문화유산이 많았던 덕에 드레스덴은 '독일의 피렌체'로 이름이 높았다.

작센왕국은 한때 신성로마제국 황제 선출권과 폴란드·리투아니아 지배권도 확보했을 정도로 세력이 강성했다. 그 강성했던 시절을 이끌었던 황제 중 한 명이 '강건왕'이라 일컬어지는 아우구스투스 2세(August II, 1670~1733)다. 프랑스 루이 14세를 동경하며 '절대왕'을 꿈꿨던 그는

드레스덴 츠빙거 궁의 '도자기 박물관'

베르사유 궁전을 모방해 드레스덴에 츠빙거 궁을 건설했고 모든 아름다운 것을 동경했다. 드레스덴 궁에 '그린볼트'라 불리는 보석박물관이 있는 것도('그린볼트' 최고 수장품인 '드레스덴 그린'은 무려 '41캐럿' 녹색 다이아몬드 장식이다.) 츠빙거궁 한켠에 뜬금없이 중국과 일본과 도자기로 가득찬 도자기 박물관이 있는 것도 모두 아우구스투스 2세 덕분이다.

유럽인들은 중국을 통해 자기를 알게 된 후 '백색의 황금'이라며 열광했고 자기 유행은 빠르게 전 유럽으로 퍼져나갔다. '백색의 황금'이라는 단어에서 유추해볼 수 있듯 가격도 어마어마했다. 프로이센의 프리드리히 1세가 소장한 1m 높이 청화백자 화병을 작센 공국 아우구스투스 2세가 자신의 기마병 600명과 바꿨다는 기록도 있을 정도다. 이 모습을 지켜본 한 궁정학자는 '작센 왕국의 피를 담은 항아리'라고 한탄했다는 기록이 역사책에 남아있다.

푸른색 청화백자 만으로도 난리가 날 지경인데, 여기에 채색 도자기까지 접하고는 유럽인들은 더 난리가 났다. 특히 일본이 자기를 만들수 있게 된 이후 동양 자기에 빠진 유럽인을 겨냥해 유럽인 취향에 맞는 자기를 대량으로 만들어 유럽에 수출했는데, 주로 아리타 지역에서 만들어졌다 해서 '아리타 자기'라 불린다. (임진왜란 때 잡혀간 조선 도공 이삼평의 후예들이 아리타에서 조선 청화백자를 재현한 것으로 알려져 있다.) 아리타 인근 이마리 항구를 통해 수출되었기 때문에 '이마리 자기'라고도 불린다.

중국과 일본 도자기에 푹 빠진 아우구스투스 2세는 아시아를 오가는 상인들이 중국과 일본의 도자기를 가져오는 족족 다 사들였고, 죽기 전까지 3만 5,000점 넘게 모았다. 그 소장품을 지금 츠빙거 궁 한켠에 자리한 '도자기 박물관'에서 만나볼 수 있다. 일반인은 평생 하나 만나보기도 힘든 명·청 시대 자기는 물론 17~18세기 화려한 자기들이 끝없이 펼쳐져 있는 곳. "도대체 아우구스투스 2세의 부는 어느 정도였을까" 부러움 섞인 감탄사가 절로 나온다.

보석 하나만 모아도 쉽지 않을 판에, 보석만큼 아니 어쩌면 보석보다 더 비쌌을 도자기를 모으는 호사 취미를 갖고 있던 아우구스투스 2세는 늘 돈에 쪼들렸다. 그런 아우구스투스 2세에게 절호의 기회가 왔으니, 바로 '요한 프리드리히 뵈트거'라는 이름을 가진 연금술사와의 만남이다.

프로이센에서 "쇠를 금으로 만들 수 있다." 큰소리치다 '뻥'이 들통 날 위기에 처한 뵈트거는 당시 작센으로 몸을 피신해 있었다. 그 뵈트거를 만난 아우구스투스 2세는 "내 밑에서 자기를 만들어 내면 살려주고, 그렇지 못하면 프로이센에 돌려보내 죽음에 이르게 하겠다."고 뵈트거를 위협한다. 뵈트거는 이제 금 대신 자기를 만들어 내기 위해 사력을 다해야 했다. 아우구스투스 2세는 뵈트거를 드레스덴에서 30km 정도 떨어져 있는 작은 도시 마이센의 '알브레히츠 부르크 성'에 가둬놓고 자기를 만들어 내라 닦달했다.

그런데 이게 웬일. 마침 작센과 헝가리 국경 근처에 고령토가 나는 땅이 있었다. 그 고령토를 이용해 1708년 뵈트거는 드디어 자기를 만들어 내는 데 성공했다. 유럽 최초의 자기가 만들어진 '마이센'의 영광이 시작된 지점이다. 그렇게 시작된 '마이센' 자기는 지금도 '유럽 도자기계의 에르메스'로 불리운다.

끝내 도자기를 만들어 낸 뵈트거는 이후 영광을 찾았을까. 천만의 말씀. 아우구스투스 2세는 뵈트거를 비롯해 함께 연구한 사람들을 끝끝내 마이센 알브레히츠 부르크 성에 감금하고 죽도록 도자기만 만들게 했다. 자기를 만드는 비법이 새어나갈까 우려하기도 했고, 무엇보다 자

마이센성의 전경

마이센 공방에서는 지금도 장인들이 직접 하나하나 손으로 그림을 그린다.

기를 만들어 내는 족족 비싼 값에 팔 수 있었기에 작센 왕국 재정에도 큰 도움이 됐던 때문이다. 이후 세월이 흐르면서 한두 명씩 탈출에 성공하는 이가 생겼고 그들을 통해 마이센 자기 제작법이 전 유럽으로 전파됐다.

🎬 집으로 가는 길

늦깎이 초등학생 17살 소녀 홍연(전도연)의 21살 총각 선생님 강수하(이병헌) 짝사랑 스토리 〈내 마음의 풍금〉 영화를 아실런지. 〈집으로 가는 길〉은 딱 중국판 〈내 마음의 풍금〉이다.

중국 전도연은 장쯔이다. 순수하고 천진난만한 장쯔이가 한없이 사랑스럽게 나오는 영화 〈집으로 가는 길〉에서 18세 산골 마을 처녀 쟈오 디는 마을 학교에 부임해 온 20살 선생님을 보고 첫눈에 반한다. 선생님이 쟈오 디 집에서 저녁을 먹기로 한 날, 갑자기 선생님이 와서 "도시에 잠시 다녀오게 되어 한동안 못 보겠지만 저녁은 꼭 먹으러 오겠다"고 약속한다. 그러나 선생님은 약속을 못 지키고 마을을 떠나게 되고, 쟈오 디는 준비했던 저녁을 보자기에 싸서 선생님이 탄 달구지를 헐레벌떡 쫓아가지만 중간에 넘어져 구르고 음식이 담겼던 그릇은 산산조각 난다.

그렇게 짝사랑을 보내고 시름시름 앓는 쟈오 디를 위해 엄마는 산산조각난 그릇을 수리한다. "난 못 값만 받는다."면서도 "새 그릇 사는 게 더 쌀 것"이라고 얘기하는 그릇 수리업자에게 엄마는 "우리 딸 때문에 고치는 것"이라며 "그것 쓰던 사람이 떠났는데 우리 딸이 그 사람을 좋아했다."고 얘기한다. 그 말을 들은 그릇 수리업자가 한 말.

"물 한 방울 새지 않게 고쳐서 따님을 기쁘게 해줄게요."

상처 회복하고 불완전함 즐기는
퍽퍽한 시대의 위안 '킨츠기' 美感

이 나간 그릇을 쓰다 "복 나가니 빨리 버려라"라는 얘길 들어본 적이 있으실지.

우리는 예부터 이가 나간 그릇을 사용하는 것을 금기시했다. '복 나간다'는 반응은 애교다. 재수가 없다느니 별별 말이 따라붙는다. 어찌 보면 복 나간다는 것은 부차적이고, 이 나간 그릇에 음식을 먹다 입술을 다치고 뭐 그런 걸 걱정한 것은 아닐까? 진짜 이유야 어떻든 그런 문화(?)에 익숙해서인지 어쩌다 식당에서 이 나간 그릇에 서빙되는 음식을 보노라면 음식을 먹고 싶은 맘이 깨끗이 사라질 정도다.

이 나간 그릇을 무조건 버리는 것은 그러나 전 세계적으로 행해지는 일상은 아니다. 빈티지 그릇을 모으는 분은 알겠지만 서양에서는 이 나간 그릇을 '칩이 있다'고 표현한다. 칩이 있는 그릇은 하자가 있는 만큼 가격이 싸지기는 하지만 그렇다고 버리지는 않는다.

일본과 중국에서는 아예 수리해서 쓴다. 특히 일본에서는 '금으로 잇다'는 의미를 지닌 '킨츠기(金継ぎ)'라는 도자기 수리법이 엄청 발전했다. 그냥 수리해서 쓰는 정도가 아니다. 수리함으로써 더욱 아름다워지고, 이전과는 전혀 다른 새로운 그릇이 탄생한다고 믿는다. 수리해서 한결 근사해진 기물은 이전에 비해 더 비싼 몸값을 자랑하기도 한다. 이런 이유로 일부러 멀쩡한 도자기를 깬 후 수리해 팔던 도공도 있었다. 우리의 시선으로 보면 일견 이해가 되지 않는 모습이다.

'킨츠기'는 차를 마시는 이들에게는 아주 익숙한 단어다. 귀한 다구가 깨졌을 때 버리는 대신 킨츠기를 해서 되살려 다시 쓰는 게 일반적이기 때문이다.

킨츠기는 깨진 도자기 조각을 옻칠해서 이어 붙이고 이어 붙인 선을 따라 금가루나 은가루로 장식하는, 일종의 공예다. 말로 하니 간단해 보이지만 보통 신경을 써야 하는 작업이 아니다. 깨진 조각을 일일이 모아 자리를 맞춘 후 옻을 칠하고 오랜 기간 말려야 한다. 건조 시간이 길수록 견고해지는 옻의 특성상 말리는 기간은 최소 한 달에서 길게는 수개월까지도 걸린다.

킨츠기는 크게 혼킨츠기(本金継ぎ)와 간이킨츠기(簡易金継ぎ)로 나뉜다. 혼킨츠기는 천연 재료만을 사용하는 전통적인 방식이다. 간이킨츠기는 그렇게 오랜 시간 기다릴 수 없다며 합성수지인 에폭시를 사용해 작업 시간을 단축시킨 현대적 방식이다. 간이킨츠기는 평균 1~3일 만에 작업을 완성할 수 있다.

좀 복잡해 보이지만 그래도 설명대로 잘 따라 해볼 수 있을 것

까만색 도자기에 금분으로 수리한, 전형적인 '킨츠기' 작업

백자 조각 대신 옻칠로 메워 수리했다.

같다고? 사실 킨츠기는 고도의 집중력이 요구되는 지난하고 섬세한 작업이다. 또 공예의 일종이니 만큼 옻이나 금분·은분의 발라진 모양새와 조화, 이음새의 자연스러움 등 완성도 있게 작업을 마무리하는 게 보통 까다로운 일이 아니다. 그릇에 따라 금분이 어울리기도, 은분이 어울리기도, 아예 검은색이나 붉은색 또는 생옻칠이 어울리기도 한다.

어떤 재료를 사용할 것인가는 그저 문제 된 부분을 수리하는 정도가 아닌, 센스와 예술의 영역으로 올라선다. 금분이나 은분이 비싸다고 너무 적게 뿌려도 안 되고 예쁘게 잘 만들어 보겠다고 너무 과하게 뿌려서도 안 된다. 공예적 기술과 예술적 감각이 모두 필요하다는 의미다. 이제 귀한 그릇은 아무에게나 맡길 수 없기 때문에 킨츠기를 잘하는 것으로 정평이 난 전문가에게 맡겨야 한다고 얘기하는 게 이해가 되실는지.

여기서 질문. 깨진 조각을 모두 잘 찾으면 다행이지만 여러 가지 이유로 깨진 조각 일부를 찾지 못했다면? 그런 경우는 어쩔 수 없이 버려야 하는 것 아니냐고? 답은 '완전 No'다. 이럴 때도 깨진 그릇을 살리는 몇 가지 방법이 있다.

킨츠기는 보통 자기 조각으로 수리하는 것을 가리킨다. 깨진 조각을 모두 찾았다는 의미다. 살짝 이가 나간 부분은 옻으로 메꾸면 된다. 깨진 조각 일부를 소실했을 때 기존 도자기와 비슷한 색과 느낌의 다른 조각을 찾아 끼워 맞추고 킨츠기할 수 있다. 이런 방법을 '토모츠기'라 부른다. 비슷한 색과 느낌의 다른 조각조차 찾을 수 없다면? 그럴 경우는 아예 다른 색과 느낌의 조각을 끼워넣기도 한다. 이런 수리법을 '요비츠기'라 한다. '토모츠기'와 '요비츠기' 모두 일종의 '패치워크' 기법이라고 하면 바로 이해가 되시려나?

이렇게 '토모츠기'나 '요비츠기'를 통해 탄생한 작품은 기존 도자기와는 아예 다른 새로운 미감의 작품이 된다. 수리가 잘 된 작품은 아예 처음부터 의도하고 만든 게 아닌가 싶을 정도로 근사한 경우도 종종 있다. '토모츠기'든 '요비츠기'든 비슷하거나 아예 다

왼쪽처럼 완전 다른 조각으로 수리하는 방식을 '요비츠기', 오른쪽처럼 비슷한 조각을 맞춰 넣어 수리하는 방식을 '토모츠기'라 부른다.

예술작품 반열에 오른
킨즈키 수리 다완

르거나 어쨌든 조각이 있어야 가능하다. 조각 자체가 하나도 없다면? 이럴 때도 방법이 있다. 비어 있는 공간에 철사를 끼워 넣어 뼈대를 만든 후 거기에 면보 같은 천을 붙이고 옻칠을 하고 이 과정을 반복하면서 없는 면을 메워낸다. 새로 만들어진 면에 옻칠을 하고 금분이나 은분을 칠하면 된다.

깨진 도자기를 버리지 않고 새로운 아름다움으로 승화시킨 '킨츠기'는 일본의 와비사비 정신을 대표하는 단면이다. '와비'는 덜 완벽하고 단순하며 본질적인 것을, '사비'는 오래되고 낡은 것을 뜻한다. 두 단어가 합쳐진 '와비사비'는 부족하지만 그 내면의 깊이가 충만함을 의미한다.

'와비사비'는 일본의 다성(茶聖) 센노리큐로부터 확립된 일본의 독특한 미감이다. '결점, 불완전함, 비대칭, 불규칙함을 있는 그대로 받아들이고 그 안에서 미감을 찾는다' 정도로 이해해 볼 수 있겠다. 센노리큐 제자들이 센노리큐 철학을 집대성한 책 '남방록'에 '와비'라는 단어가 처음 나온다.

어쩌면 상처를 회복하고 그 불완전함을 기쁘게 즐기는 '킨츠기' 미감은 퍽퍽한 오늘날을 살아가는 우리에게 위안이 되는 단면이 아닐까. 그뿐인가. 전혀 쓸모없을 것 같던 깨진 파편들이 킨츠기할 때 아주 유용한 조각이 된다. 스스로가 한없이 작게 느껴지고 의기소침해지는 어느날, 햇살 내리쬐는 창가에서 킨츠기한 기물을 이리저리 돌려보고 쓰다듬으며 버둥대곤 했다. "나도 언젠가는 너처럼 아름다워질 수 있겠지" 속삭이며.

일본에서 킨츠기를 했다면 중국에서는 '거멀못 수리'를 많이 했다. '쥐츠(锔瓷)'라는 이름의 수리 방식이다. 스테이플러 심으로 박은 것처럼 'ㄷ'자 모양 얇은 금속 재질로 깨진 두 조각을 이어 붙이는 방법이다. 주로 동이나 은 재질 이음매를 사용한다.

킨츠기든 거멀못 수리든 요즘은 아예 처음부터 킨츠기와 거멀못 수리를 한 듯한 새 제품도 종종 볼 수 있다. 그만큼 킨츠기와 거멀못 수리 미감에 빠진 작가와 그런 작품에 기꺼이 지갑을 여는 소비자가 많다는 의미일 터다.

도자기뿐 아니라 다양한 분야 아트에서도 킨츠기 미감을 찾아볼 수 있다. 2025년 3월 25일에 시작해 8월 17일까지 이어진 뉴욕 메트로폴리

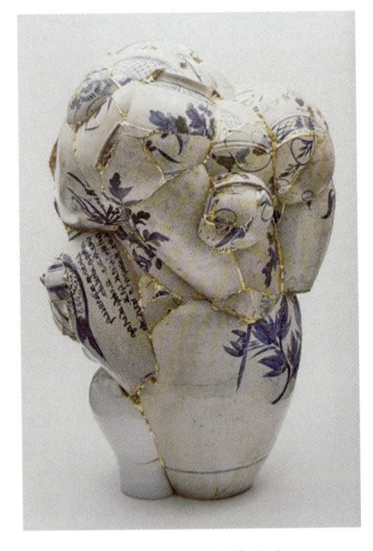

이수경 작가의 '번역된 도자기' 연작

탄 미술관 'Monstrous Beauty: A Feminist Revision of Chinoiserie' 그룹전. 전시의 중심 공간인 아트리움에 이수경 작가의 '번역된 도자기' 연작 작품이 설치돼 있었다. 깨지고 버려진 도자기 파편에 주목한 이 작가는 그 파편을 새롭게 조합하고 이어 붙이면서 완전 새로운 예술 작품을 만들어 냈다. 이수경 작가는 "깨진 것들이 다시 모여 더 강해지고, 파편이 만나면서 새로운 질서를 형성하는 과정 자체가 예술"이라고 말한다.

농구와 관련된 작품을 시리즈로 선보이고 있는 아티스트 빅디 솔로몬의 '킨츠기 코트'도 대표적인 사례다. 미국 로스앤젤레스 한 마을에 망가진 채 방치돼 있던 농구 코트의 빈틈을 금가루가 묻은 레진을 채워 넣어 굳히는 방식으로 바닥을 평탄하게 만들고 '킨츠기 코트'라 이름 붙였다.

나도 해볼까 '킨츠기 멍'

차 한잔에 담긴
스토리 25

언제부턴가 킨츠기를 배우는 일반인이 늘어나고 여기저기서 '킨츠기 클래스'가 열리는 게 새로운 트렌드가 됐다. 깨진 기물을 직접 고쳐 쓰고 싶다는 열망에서 그렇기도 하지만, 킨츠기를 하면서 아무 생각 없이 몰두하는 과정이 일종의 '힐링타임'이 된다는 이유에서다. 일종의 '킨츠기 멍'이다. 클래스에서 배울 수도 있지만 간단한 킨츠기는 혼자서도 시도해 볼 수 있다.

일반적인 킨츠기 과정은 다음과 같다.

① 미리 조각을 맞춰본다. 이 과정을 통해 작업 순서와 방향을 가늠해 볼 수 있다.
② 깨진 단면을 사포로 곱게 다듬고 붓으로 생 옻을 바른다.
③ 밀가루와 생 옻을 잘 반죽해 깨진 단면에 다시 바른다.
④ 단차가 생기지 않도록 잘 붙인 후 마스킹테이프를 붙이고 2~3주 잘 건조시킨다.
⑤ 도자기가 잘 건조되면 굳어서 지저분하게 튀어나온 옻 반죽을 떼어낸다.
⑥ 생 옻을 붓으로 접합 부위에 잘 바른다.
⑦ 생 옻과 토분을 섞어 반죽한 후 접합 부위에 다시 바른다. 이 반죽으로 이가 나간 부분을 메울 수 있다.
⑧ 1~3일 다시 건조시키고 잘 마르면 사포로 매끈하게 다듬는다.

⑨ 작업할 부분에 생 옻을 붓으로 바른 후 색깔 옻을 다시 바른다. 이때 금분이냐 은분이냐에 따라 색깔 옻의 색이 달라지는데, 금분을 바를 때는 붉은 옻을, 은분을 바를 때는 검정 옻을 바른다.
⑩ 1~2일 건조시킨다.
⑪ 사포로 갈아준 후 다시 생 옻을 발라준다. 이후 색깔 옻을 바르고 색깔 옻이 어느 정도 마르면 그 위에 붓으로 금분이나 은분을 발라준다. 옻이 너무 안 말랐으면 금분은분을 흡수하고, 너무 많이 말랐으면 분이 안 발리므로 적당한 타이밍을 찾는 게 중요하다.
⑫ 킨츠기 후 바로 사용하지 말고, 두어 달 건조한 후 사용하는 게 좋다.

적벽대전

우리나라 사람들에게 가장 유명한 책 한 권을 꼽으라면? 여러 훌륭한 저작이 있겠지만, 단연 삼국지 아닐까. 보통 '삼국지연의'라 불리는 그 책이다. 역사가 진수가 쓴 '삼국지'를 바탕으로 원과 명 교체기 인물인 나관중이 재구성한, 일종의 장편 역사소설이다.

삼국지에는 관도대전, 이릉대전, 적벽대전의 3대 대전이 나온다. 3대 대전 중 가장 유명하고 가장 많은 스토리가 담겨 있는 전쟁은 단연 적벽대전(赤壁大戰)이다.

"조조는 적벽에 도착해 유비와 싸웠지만 형세가 불리했다. 이때 역병이 유행해 관리와 병사가 많이 죽었다. 그래서 조조는 군대를 되돌리고, 유비는 형주와 강남의 여러 군을 차지하게 되었다."

정사 '삼국지'의 위서 무제기 편에 나오는 적벽대전에 대한 서술은 이렇게 단 세 문장으로 되어 있다. 그 세 문장에 다양한 스토리가 덧붙여져 '삼국지연의'의 '적벽대전'편이 탄생했고, 2008년 오우삼 감독은 그 스토리에 또 다양한 상상력을 덧붙여 영화 〈적벽대전〉을 만들어 냈다.

왜 적벽대전일까. 무엇보다 많은 이가 열광하는 전형적인 '다윗과 골리앗' 스토리라는 점부터 심금을 건드린다. 당시 승승장구하던 조조가 천하통일을 하겠다며 남하하고 있던 상황. 그 절체절명의 순간에 역시 적이었던 촉의 유비와 오의 손권이 손을 잡는다. 손은 잡았지만 여전히 연합군 5만 군사는 조조의 30만 대군에 비하면 바람 앞의 촛불 같은 세력에 불과했다. 그런데 연합군 5만 군사는 조조의 30만 대군을 추풍낙엽처럼 쓸어버린다. 게다가 승리의 주역이 삼국지 스토리의 가장 사랑받는 두 주인공 유비와 제갈량 아닌가. 내내 마음 졸이다 환호성을 지르며 팔짝팔짝 뛸 수밖에 없는 플롯인 셈이다.

"더 끓이면 물이 늙어 마실 수 없어요"
어쩌면 다구보다 더 중요한 물

영화 〈적벽대전〉을 '다윗과 골리앗' 스토리로 만든 주인공은 촉의 제갈량과 오나라 손권의 책사 주유다. 워낙 군사력이 열세한 오·촉 연합군의 제갈량과 주유는 바람을 이용해 조조군을 화마로 몰아넣어 물리친다는 계책을 세운다. 문제는 출병 시간. 조조가 출병하려는 시간에 맞춰 출병이 너무 일렀다. 그 시간에 출병이 이뤄지면 모든 게 도로아미타불. 바람에 기대어 승리의 기회를 잡아내기 전에 조조군에 연합군이 몰살당할 가능성이 농후했다. 고민하던 연합군 앞에 "내가 조조를 잡아 시간을 끌어보겠노라"며 나선 이가 주유의 아내 소교(린즈링)다. 영화에서 어린 시절 조조가 짝사랑했던 여인으로 그려진 소교는 "위험하다"며 다들 말렸지만, 거침없이 자신만의 출병을 단행한다.

그렇게 홀로 조조를 찾아간 소교는 "이 싸움이 끝나고 네가 끓인 차를 음미하겠다."며 내치려는 조조에게 "먼저 한잔 드시지요, 긴장도 푸실 겸."이라면서 막아선다. 정갈한 동작으로 차를 우려내는 소교. 우선 다건(찻자리에 쓰는 작은 수건)으로 손등과 손바닥을 정갈하게 닦고 다하(찻잎을 담아두는 작고 넓적한 그릇)에 담긴 찻잎을 차시로 긁어 차를 우리는 다구인 다관에 넣고 동주전자 안에서 끓는 물을 나무 국자로 덜어내어 차를 우린다.

"서둘지 마십시오. 우선 차 색을 보시고 차 향을 맡으세요."
"차를 끓임에 있어 무엇이 가장 어렵지?"
"찻잎, 가열시간, 물의 질, 찻잔 모두 중요하지요."
(촛불을 통해 바람의 방향이 막 바뀌려는 찰나, 조조가 이를 알아챌까 초조해하며 조조의 시선을 끌기 위해 소교는 조조의 관심을 다시 자신에게 돌리려)
"끓이는 방법이 가장 어렵습니다. 물고기 눈 같은 거품이 일도록 끓임이 첫 번째요. 가장자리가 용솟음치도록(구슬 같은 거품이 일도록) 끓이는 게 두 번째 끓음인데 이때 가장 향기로와요. 파도처럼 힘찬 물결이 이는 것이 세 번째 끓음인데 더 끓이면 물이 늙어(쇠해져) 마실 수 없게 되지요."

영화 〈적벽대전〉의 한 장면 ⓒChina Film Group Corporation

두근두근한 마음을 누르며 차를 우리던 소교가 잠시 실수해 찻물이 넘칠락 말락 한다.

"넘친다 넘쳐."
"승상께서는 이 찻잔과 같습니다. 항상 모든 게 넘쳐 계시기에 다른 이의 말을 더 담지 못하시지요. 가슴에 넘치는 야심을 품고 적벽에 오셨으니 누군가 그 가슴을 비워줄 것입니다."

예로부터 물맛이 차 맛을 결정짓는다 할 만큼 다인들은 찻물에 민감했다. 차 맛을 가장 좋게 하는 물을 찾기 위해 이런저런 약수터를 전전했다. 지금도 통도사 인근 약수터에서 물을 길어와 꼭 그 물로 차를 우려 마신다는 이도 상당수다. 통도사에서도 '옥련암' 물을 최고로 치는 이도 여럿이다.

그렇게까지 해서 차를 마셔야 하냐고? 꼭 그렇게까지 해서 차를 마셔야 할 일은 아니지만, 물맛이 차 맛에 엄청난 영향을 끼친다는 사실은 '팩트'다. 약수터 물까지는 아니어도, 차를 우릴 때 어떤 생수를 선택하느냐는 매우 중요하다. 보통은 '삼다수'나 '백산수'로 우리는 게 차 맛을 가장 잘 뽑아낸다고 알려져 있다. 생수 맛이 다 그게 그거지, 뭐가 다르냐고? 과학적인 근거가 있다.

TDS라는 수치가 있다. 커피에 관심이 많다면 들어봤을 용어로, 커피의 총체적인 플레이버에 가장 큰 영향을 미치는 수치로 알려졌다. 그 TDS가 커피뿐만 아니라 차의 총체적인 플레이버에도 큰 영향을 미친다. TDS는 총 용존 고형량(Total Dissolved Solid)의 약자다. 물속에는 다양한 미네랄 등이 녹아 있는데, 미네랄 등이 많이 녹아 있어 총 용존 고형량이 많아지면 TDS 수치는 높아진다. 거꾸로면 당연히 TDS 수치가 낮아진다. 물속에 미네랄이 많은 용암수나 미네랄 워터 등이 TDS가 높다고 보면 된다.

그럼 백산수와 삼다수의 TDS는 어느 정도일까? 백산수와 삼다수는 생수 중에서도 가장 TDS가 낮은 생수다. 증류수의 TDS가 0이라고 하면 삼다수는 33, 백산수는 48 정도 나온다. 볼빅이 92, 미네랄이 유독 많은 것으로 유명한 에비앙은 무려 267이 나온다. 비싼 차를 비싼 물에 우려 마시겠다고 에비앙을 사용했다간 오히려 차 맛을 해칠 수 있다는 의미다.

그럼 왜 TDS가 낮은 물이 차를 우리기에 좋을까. 물속에 다양한 미네랄이 녹아 있으면 아무래도 좀 더 두텁고 다양한 맛이 난다. TDS가 낮은 물은 흔히 말하는 '맹 맛'에 가깝다. 생수만 마실 때는 두텁고 다양한 맛이 나는 물이 괜찮을 수도 있지만, 그런 물에 차를 우리면 차의 원래의 맛을 느끼기 어려울뿐더러, 차 맛에 독특한 물맛이 가미되면서 오히려 안 좋은 풍미를 자아내기도 한다.

지금이야 과학적으로 TDS가 차 맛에 영향을 끼친다는 사실이 알려졌지만, 예전에는 그런 내용을 몰랐을 터. 그저 수많은 경험에 의해 "어디 물을 쓰면 차 맛이 좋다더라" 정도로 알음알음 전해졌을 것이다. 결국 그 '어디 물'이 알고 보면 TDS 낮은 물이었을 공산이 크다.

물의 종류뿐 아니라 물을 끓이고 담는 다구의 소재도 차 맛에 영향을 끼쳤다. 일본은 예로부터 무쇠솥에 끓인 물을 최고로 쳤고, 그래서 일본에서는 무쇠솥과 무쇠주전자가 발달했다. 은탕관이나

물의 종류뿐 아니라 물을 끓이고 담는 다구의 소재도 차 맛에 영향을 끼친다. 무쇠솥과 주전자에 물을 끓이면 차를 우렸을 때 더 맛이 좋아진다고 알려져 있다.

동탕관에 끓인 물을 쓰는 이유도 비슷하다.

영화에서는 '물을 얼마나 끓일 것인가'에 대한 대사가 꽤 정교하게 나온다. '물고기 눈 같은 거품이 일도록 끓은 후 가장자리가 용솟음치게(구슬 같은 거품이 일도록) 끓는 상태로 들어갈 때 그 물로 차를 우리면 된다.' 정도로 정리해 볼 수 있겠다. (거기서 더 끓인 물로 차를 우리면 차 맛이 없다는데, 실험해 보지 않아 확인 불가다.)

여기서 '물고기 눈처럼 끓인다'는 표현은 물이 끓는 모양을 묘사한 직유법(직접적으로 비유)이기도 하겠지만, 동시에 일종의 관용어다. 게 눈은 물이 끓기 시작할 때 일어나는 자잘한 기포를 말한다. 소식(소동파)의 시원전다(試院煎茶: 과거 시험장에서 차를 끓인다)라는 시에 "게의 눈을 이미 지나서 물고기 눈이 나오니, 쐐애쐐애 솔바람 소리와 흡사하구나"(蟹眼已過魚眼生 颼颼欲作松風鳴)라는 구절이 있다. 이후 중국인은 물론 우리 조상들도 찻물을 묘사할 때 '게의 눈'과 '물고기 눈'이라는 표현을 자주 쓰곤 했다.

🎬 〈러브사라: 세상의 모든 디저트〉와 〈노팅힐〉

런던 서부에 위치한 노팅힐은 런던에서도 예쁜 건물과 고급 레스토랑 등으로 유명한 곳이다. 매년 8월 마지막 주 일요일에는 노팅힐 카니발이 열리는데, 세계에서 가장 규모가 큰 거리 축제 중 하나면서 대표적인 '포용성 축제'로 불린다.

노팅힐 카니발은 2차 세계대전 이후 1948년에서 1971년 사이 카리브해에서 영국으로 건너온 수십만 명의 이주민에서 유래했다. '윈드러시 세대(1948년 카리브해에서 처음 영국으로 건너온 이민자들이 '엠파이어 윈드러시'호를 타고 왔다 해서 '윈드러시 세대'라는 이름이 붙었다.)라 불리는 이들은 부당한 대우와 인종차별을 견디다 못해 1958년 노팅힐에서 폭동을 일으켰다. 이후 상처를 극복하는 과정에서 탄생한 카니발은 '다문화주의'를 기념하고 이주민과 그 후손이 영국 사회에 기여한 방식을 기억하는 축제로 발전해 왔다.

이런 이유로 노팅힐은 다양한 국가 출신이 살고 있는 런던에서도 특히 다문화의 성지 같은 곳으로 여겨진다. '세상의 모든 디저트'를 보여주며 맘껏 눈호강 시켜주는 영화 〈러브사라: 세상의 모든 디저트〉가 노팅힐을 배경으로 할 수밖에 없는 필연적 이유가 있던 셈이다.

엘리자 슈뢰더 감독 데뷔작인 영화는 열심히 자전거 페달을 밟으며 어딘가로 가고 있는 그녀의 뒷모습을 보여주며 시작한다. 핸드폰 전화벨이 울리고 연결된 무선 이어폰으로 누군가의 목소리가 흘러나온다.

"사라 나야, 이사벨라. 우리 베이커리 앞에서 기다리는 중이야. 빨리 와."

그날은 같은 요리 학교에서 공부하고 함께 베이커리를 오픈하기로 한 사라와 이사벨라가 매장을 계약하기로 한 날. 이사벨라는 사라에게 "빨리 오라"는 재촉 전화를 건다. 그러나 그날, 이사벨라는 사라와 만나지 못했다. 사라가 갑자기 사고로 그만⋯.

'세상의 모든 디저트' 맛보고 싶은 당신
'세상의 모든 tea' 꿈꾸는 당신…

 노팅힐 거리에 베이커리를 연다는 이사벨라와 사라의 꿈은 사라의 사고 이후 어디서부터 손댈지조차 모르게 된 애물단지로 전락한다. 파티셰인 사라 없이는 혼자서 베이커리를 열 엄두를 내지 못하는 이사벨라. 설상가상 부동산은 계약을 철회해 줄 수 없으니 알아서 해결하라며 냉담한 반응이다. 엄마가 갑자기 없어진 사라의 딸 '클라리사'는 오래도록 교류가 없던 외할머니 '미미'를 찾아간다. 그리고 이사벨라, 클라리사, 미미 세 사람은 비록 각각 방법은 달랐지만 자신들이 사랑했던 사라를 위해, 그녀의 꿈이었던 베이커리 '러브 사라'를 열기로 마음을 모은다.

 사라 자리를 대신할 파티셰를 찾기 위해 면접을 진행하는데 영 맘에 드는 지원자가 없다. 그런데 이게 웬일? 잘생긴 미슐랭 스타 레스토랑 셰프 '매튜'가 이름도 없는 초짜 베이커리의 파티셰를 하고 싶다며 찾아온다. 알고 보니 사라와 이사벨라, 매튜는 요리학교 친구였고, 매튜와 사라는 잠시 사귀었던 사이. "매튜는 절대 안

돼. 사라도 원하지 않을 거야" 목소리를 높이는 이사벨라를 뒤로 하고 미미와 클라리사는 "그럼 대안이 있냐"며 매튜를 받아들인다.

영화 후반부는 그들이 어떻게 지난 앙금을 풀고 사라를 멋지게 떠나보내는지, 또 '러브 사라'를 어떻게 고향 같은 따뜻한 베이커리로 만드는지의 스토리로 가득차 있다.

따뜻한 베이커리 '러브 사라' 안에는 정말 '세상의 모든 디저트'가 있다. 런던, 그중에서도 특히 노팅힐에 세상의 모든 사람이 다 모인 것처럼. 포르투갈식 에그타르트 '파스텔 드 나타', 초콜릿 소스로 코팅한 후 코코넛 가루를 뿌린 호주 전통 케이크 '레밍턴', 덴마크식 시나몬롤 '카넬스네일(시나몬 달팽이)', 얇은 파이 반죽 사이에 견과류를 넣고 달콤한 시럽을 올린 튀르키예의 '바클라바', 오렌지가 올라간 이태리의 '오렌지 세몰리나 케이크', 라트비아 출신 택배 기사를 위한 '크링클', 어느 일본 여성이 주문한 '말차 크레이프 케이크' 등등.

차를 얘기할 때 디저트 이야기를 빠뜨릴 수 없다. 서양식 홍차에 디저트를 곁들인다면, 동양식 찻자리에는 '다식'이라는 이름으로 곁들여진다. 특히 말차는 "말차도 좋지만 함께 나오는 화과자(와가시)가 좋아 말차를 마신다"는 이가 상당수일 정도다.

영화 〈일일시호일〉에는 일본 말차에 곁들여지는 다양한 '화과자'가 등장해 눈이 호사스럽다.

포트넘&메이슨 '애프터눈티'는 조금씩 메뉴가 달라지긴 해도 3단 트레이 구성의 정석은 절대 넘어서지 않는다. 출처: 사진 포트넘&메이슨 홈페이지

　디저트계 '갑 중의 갑'은 그중에서도 영국에서 시작된 애프터눈티 3단 트레이 아닐까. 그냥 3단을 쌓는다고 3단 트레이가 아니다. 원래 트레이를 쌓는 데는 엄격한 원칙이 있다. 3단 트레이는 아래 접시에 담긴 음식부터 먹는데 맨 아래층은 출출함을 달래줄 샌드위치, 가운데 층은 영국인의 국민 간식 스콘, 맨 위 칸은 각종 달달구리 디저트로 구성하는 게 원칙이다. 전통과 격식을 깐깐하게 따지고 중시하는 영국의 티룸에서는 여전히 이 원칙에 따라 애프터눈티 3단 트레이를 내는 곳이 상당수다.

　최근 한국에 홍차티룸이 많이 생기고 카페에서 애프터눈티를 내놓는 곳도 많아졌지만, 생각보다 이렇게 구성된 3단 트레이 애프터눈티를 만나기는 그리 쉽지 않다. 서양에 애프터눈티 3단 트레이가 있다면, 동양에는 색과 모양이 화려한 것으로 정평이 난 화과자가 있다. 워낙 비주얼이 좋아 '첫맛은 눈으로 먹고 끝맛은 혀로 먹는다'라는 말이 있을 정도다. 손으로 정교하게 만드는 화과자는 단

맛이 강해 말차와 함께 먹는 것이 일반적이다.

그럼 홍차도 아니고 말차도 아니고 다른 차를 마실 때는?

일본에서는 센차, 반차 등 증청녹차(쪄서 만든 일본식 녹차)에도 대부분 화과자가 함께 나온다. 중국과 한국에서 차를 마실 때는 맛이 강하지 않은 다식이 곁들여지는 게 보통이다. 중국의 찻자리에서 흔히 볼 수 있는 다식은 해바라기씨, 호박씨, 수박씨, 땅콩 같은 견과류다. 대만 우롱차를 마실 때는 파인애플 잼이 들어 있는 대만 구움과자 펑리수를 선택하면 나름 조화롭다. 우리나라에서는 단맛이 별로 없는 가래떡이나 절편, 증편, 더덕정과 도라지정과 등 각종 정과, 송화다식, 양갱 등이 다식으로 선호된다.

맺으며

그리고
―――――――
매일매일 좋은 날
―――――――

🎬 일일시호일

〈아무도 모른다〉〈그렇게 아버지가 된다〉〈바닷마을 다이어리〉〈어느 가족〉 등의 작품을 통해 한국에서도 꽤 이름이 알려진 고레에다 히로카즈 감독. 그 고레에다 감독의 뮤즈로 유명했던 배우가 키키 키린이다.

우리말로 풀어내면 '매일매일 좋은 날'쯤 되는 영화 〈일일시호일〉은 키키 키린의 유작으로 유명하지만, '차'가 등장하는 영화 하면 첫손에 꼽히는 작품이기도 하다. 다도를 통해 인생을 배웠다는 모리시타 노리코가 본인 이야기를 담담하게 적은 같은 제목의 에세이 책이 40만 부 이상 팔려나가는 등 대히트를 치면서 드라마로 제작됐고, 영화로도 만들어졌다.

스무 살의 노리코는 원하는 대학에 가지도 못했고, 하고 싶은 일이 뭔지도 모른다. 그러다 엄마의 권유로 우연히 시작한 다도. 25년 동안 일은 몇 번이나 벽에 부딪히고, 정신적인 슬럼프도 경험하고, 이별과 만남을 되풀이하는 등 다양한 경험을 하는 와중에도 노리코는 토요일이면 반드시 다도를 하러 갔다. 숯 냄새와 솔바람 속에서 오로지 오감으로 마음을 맑게 가라앉히고 그렇게 자신이 계절의 일부이고 자연의 일부임을 깨달아 간다. 그리고 항상 똑같은 것 같은 다도지만, 매일매일 새롭고 좋은 날 안에서 늘 새롭고 좋은 다도였음을 깨닫는다.

키키 키린은 영화에서 노리코의 다도 선생님 다케다 아주머니로 나온다. 그녀는 매년 연초에 다회를 열고 이렇게 말한다.

> *이렇게 또 새해 첫 다회가 다가왔네요. 한 해 한 해, 같은 일이 반복되지만 최근에 이런 생각이 들었습니다. 이렇게 매해 같은 일을 할 수 있다는 게 행복이구나, 하고요.*

그 작은 것들이 모여 그려진,
매일매일 소중했던 내 인생

책의 마무리는 차 하면 가장 먼저 떠오르는 영화 〈일일시호일〉로 맺고 싶었습니다. 영화에서는 형식미의 극치를 달리는 일본 다도를 배우는 장면이 반복되는데, 그 지루하리만치 잔잔한 과정을 오롯이 따라가다 보면 "인생이 꼭 대단한 무언가가 있어야 하는 게 아니라, 하루하루 열심히 살아가는 그 자체가 아름다운 것"임을 저절로 느끼게 됩니다.

"다실에 들어갈 때는 항상 왼발부터 들어가는 거야. 문지방과 다다미 가장자리 선은 절대 밟지 않도록 해야 해… 다다미 한 장에 여섯 걸음으로 걷도록 해. 그리고 일곱 걸음째에 다음 다다미로 넘어가는 거야."

손수건을 접는 방법에서부터 다실에서 걷는 법, 가마에서 찻물을 뜨는 법, 그리고 그 물을 다완에 따르는 법 등 모든 것에 복잡한 절차가 있습니다. 이렇게 복잡한 절차가 필요하고, 그 절차를 꼭 지켜야 하는가 하는 질문은 쓸데없는 것으로 치부됩니다. "왜 그렇게 하느냐"라는 노리코의 질문에 다케다 선생님은 "이유는 상관없어. 일일이 왜냐고 물으면 나도 곤란해. 의미 같은 건 몰라도 되니까 어쨌든 그렇게 하도록 해"라고 답합니다.

노리코가 몸이 저절로 움직이는 경지에 이르기까지 오랜 시간 다도를 익히고 또 익힌 것은 한 잔의 말차(抹茶)를 제대로 말아내기 위해서입니다. 말차에 어울리는 화려하고 앙증맞은 화과자를 감상하는 것은 보너스죠.

영화를 보신 분들께 책도 꼭 한번 읽어보시라 추천드리고 싶습니다. 영화에서 다하지 못한 잔잔한 감동 포인트가 몇 가지 더 있습니다. 그중 한 단락을 소개합니다.

> 새해 첫 다회에는 반드시 그해의 십이지와 관련된 도구가 등장한다. 일 년의 마무리는 언제나 '올해도 무사히 보내고 마지막 날을 맞이했습니다'라고 쓰인 족자와 십이지 다완과 함께했다. 그 뒤로는 나무 상자에 넣어서 선반 안쪽 깊숙이 보관하게 되고, 12년 후 다시 그 십이지의 해가 돌아올 때까지 햇빛을 보는 일은 없다.
> "말도 안 돼요, 12년에 한 번이라고요? 그럼 이 다완은 살아 있는 동안 서너 번밖에 못 쓴다는 거잖아요."
> 그때 "말도 안 돼!" 하고 외쳤던 스무 살의 나를, 지금의 내가 십이지 다완을 보며 그리워한다.
> "지난번에 이 다완으로 연한 차를 마셨을 때 나는 서른둘이었지. 어찌어찌 책을 한 권 막 냈을 때였어. 다음에 이 다완으로 차를 마시게 되는 나는 쉰여섯, 과연 어디에서 누구와 어떤 인생을 보내고 있을까?"
> 십이지 다완을 바라볼 때면 다들 아득한 저편에서 자신의 인생을 바라보게 된다. '십이지 다완을 바라보면서 돌아보는 자신의 인생'.
> -모리시타 노리코, 『매일매일 좋은 날』 中-

영화 〈일일시호일〉에서 주인공 노리코가 다도 스승인 다케다 선생님께 다도를 배우는 장면

    인생은 대단한 뭔가가 있는 게 아니라 작은 것이 모이고 모여 만들어진다는 것을, 그 작은 것이 모여 그려진 인생이 뒤돌아보니 매일매일 좋았고 또 한없이 소중했다는 것을, 영화와 책을 보며 다시 한번 깨닫습니다. 그리고 또 깨달았습니다. 노리코는 다도를 통해 인생을 배웠고, 노리코의 이야기를 통해 우리도 인생을 배웠음을.

    4년여 동안 「차라는 렌즈를 통해 보는 무궁무진한 역사 문화 예술 인문학 스토리」 칼럼을 연재하고 책을 준비하는 시간은, 매일매일 같은 날이면서 매일매일 다른 날이었고 또 매일매일 좋은 날이었습니다. 심지어 매일매일 성장하는 날이었습니다. 앞으로의 제 매일매일 좋은 날은 어떤 날들일까요.

    어쩌면 인생은 자신만의 렌즈를 찾아나가는 과정은 아닐까요? 제가 '차'라는 렌즈를 찾아낸 것처럼 독자 여러분도 여러분의 렌즈를 찾아내시길. 그리고 거기에 스토리를 덧붙이면서 매일매일 좋은 날, 매일매일 성장하는 날을 만들어 가시기를. 그리고 이 책이 독자 여러분이 자기만의 렌즈를 찾는 여정에 작은 점 하나가 될 수 있기를.

■ **칼럼 페이지**

「김소연 기자의 영화로 보는 차 이야기」는 영화와 드라마 속에서 만난 차와 관련된 이야기를 술술 읽어나갈 수 있게 풀어낸 칼럼입니다. 이 칼럼은 아래 QR 코드를 통해 기사 원문으로도 확인하실 수 있습니다.

번호	제목	URL	QR
1	호문소연	https://n.news.naver.com/article/024/0000084490?type=journalists	
2	비포 선라이즈	https://n.news.naver.com/article/024/0000088559?type=journalists	
3	애프터 양	https://n.news.naver.com/article/024/0000085012?type=journalists	
4	겨우 서른	https://n.news.naver.com/article/024/0000079277?type=journalists	
5	고스포드파크	https://n.news.naver.com/mnews/article/024/0000100310?sid=110	
6	마리 앙투아네트	https://n.news.naver.com/article/024/0000081227?type=journalists	
7	보보경심	https://n.news.naver.com/article/009/0004987049?sid=004	
8	경주	https://n.news.naver.com/article/009/0005000395?sid=004	
9	벌새	https://n.news.naver.com/article/009/0005015330?sid=004	
10	거유풍적지방	https://n.news.naver.com/article/024/0000086360?type=journalists	
11	커피 오어 티	https://n.news.naver.com/article/024/0000080550?type=journalists	
12	빅토리아&압둘	https://n.news.naver.com/article/009/0005041811?sid=004	
13	공작부인: 세기의 스캔들	https://n.news.naver.com/article/024/0000081920?type=journalists	
14	안나 카레니나	https://n.news.naver.com/article/024/0000079779?type=journalists	

15	차금	https://n.news.naver.com/article/024/0000083543?type=journalists	
16	음식남녀	https://n.news.naver.com/article/009/0005027203?sid=004	
17	상견니	https://n.news.naver.com/article/024/0000087469?type=journalists	
18	리큐에게 물어라	https://n.news.naver.com/article/024/0000082556?type=journalists	
19	비긴어게인	https://n.news.naver.com/article/024/0000090931?type=journalists	
20	나기의 휴식	https://n.news.naver.com/article/024/0000083707?type=journalists	
21	다즐링주식회사	https://n.news.naver.com/article/009/0005056586?sid=004	
22	추격자	https://n.news.naver.com/article/024/0000087909?type=journalists	
23	아웃오브아프리카	https://n.news.naver.com/article/024/0000099139?type=journalists	
24	매디슨 카운티의 다리	https://n.news.naver.com/article/024/0000091579?type=journalists	
25	타샤듀더	https://n.news.naver.com/article/024/0000089694?type=journalists	
26	나비부인&M.버터플라이	https://n.news.naver.com/article/024/0000092204?type=journalists	
27	집으로 가는 길	https://n.news.naver.com/article/024/0000097100?type=journalists	
28	적벽대전	https://n.news.naver.com/article/024/0000086759?type=journalists	
29	러브 사라	https://n.news.naver.com/article/024/0000092780?type=journalists	
30	일일시호일	https://n.news.naver.com/article/009/0004975532?sid=004	

■ 참고문헌

- Cha Tea 홍차 교실 지음, 한국티소믈리에연구원 옮김, 『홍차 속의 인문학』, 한국티소믈리에연구원, 2018.
- Cha Tea 홍차 교실 지음, 김명진 옮김, 『영국 찻잔의 역사·홍차로 풀어보는 영국사』, 한국티소믈리에연구원, 2014.
- Cha Tea 홍차 교실 지음, 박지영 옮김, 『홍차와 함께하는 명화 속 티타임』, 북드림, 2023.
- Cha Tea 홍차 교실 지음, 한국티소믈리에연구원 옮김, 『홍차로 시작된 영국 왕실 도자기 이야기』, 한국티소믈리에연구원, 2021.
- 모리시타 노리코 지음, 이유라 옮김, 『매일매일 좋은 날』, 알에이치코리아, 2019.
- 문기영 지음, 『일본녹차 수업』, 이른아침, 2022.
- 박영자 지음, 『홍차 너무나 영국적인』, 한길사, 2014.
- 박전열 지음, 『(다인도서 5) 남방록 연구 – 일본 다도의 원리와 미학』, 이른아침, 2012.
- 베아트리스 호헤네거 지음, 조미라·김라현 옮김, 『차의 세계사』, 열린세상, 2012.
- 야마모토 겐이치 지음, 권영주 옮김, 『리큐에게 물어라』, 문학동네, 2017.
- 오카쿠라 덴신 지음, 이동주 옮김, 『차 이야기』, 기파랑, 2012.
- 이소부치 다케시 지음, 강승희 옮김, 『홍차의 세계사, 그림으로 읽다』, 글항아리, 2010.
- 정은희 지음, 『(살림지식총서 308) 홍차 이야기』, 살림, 2007.
- 제임스 노우드 프랫 지음, 문기영 옮김, 『홍차 애호가의 보물상자』, 글항아리, 2016.
- 헬렌 세이버리, 『차의 지구사』, 휴머니스트, 2015.

茶가일상

차 한잔에 이렇게 재미있는 역사·문화·예술·영화 스토리가?

ⓒ 김소연 2025

초판 1쇄 발행 2025년 11월 10일
　　 2쇄 발행 2025년 11월 18일

지은이 Author ｜ 김소연 Kim Soyeon
펴낸이 Publisher ｜ 김종필 Kim Jongphil
펴낸곳 Publishing Company ｜ ㈜아트레이크 ARTLAKE
인쇄 ｜ 재영피앤비
글 Writer ｜ 김소연 Kim Soyeon
기획·편집 PM·Editor ｜ 진유림 Jin Yourim
디자인 Designer ｜ 임지선 Lim Jisun
교정·교열 Proofreading ｜ 정윤조 Jeong Yoonjo
마케팅 Marketer ｜ 한보라 Han Bora

등록 제 2024-000075호 (2020년 8월 25일)
주소 서울특별시 마포구 월드컵북로 400, 5층 22호실 (상암동, 서울경제진흥원)
전화 (+82) 02 517 8116
홈페이지 www.artlake.co.kr
이메일 artlake73@naver.com

여기 실린 모든 글과 사진은 신저작권법에 따라 보호받는 저작물이므로 무단 전재와 복제를 금합니다. 이 책의 내용을 이용하려면 저작권자와 ㈜아트레이크의 동의를 받아야 합니다.
The contents of this publication shall not be duplicated, used or disclosed in whole or in part for any purpose without the express written consent of the publisher

저작권자와 연락이 닿지 않아 미처 확인하지 못한 도판의 경우 확인이 되는 대로 협의하겠습니다.

ISBN 979-11-94329-01-5 03900

책값은 뒤표지에 적혀 있습니다.
파본은 본사나 구입하신 서점에서 교환하여 드립니다.